数字化的
小学生综合素质评价

朱娅君 黄强 等 编著

中国财经出版传媒集团
中国财政经济出版社
·北 京·

图书在版编目（CIP）数据

数字化的小学生综合素质评价 / 朱娅君，黄强等编著. -- 北京：中国财政经济出版社，2024.9（2024.12重印）.

ISBN 978-7-5223-2802-7

Ⅰ. G632.47-39

中国国家版本馆CIP数据核字第2024ZW9690号

责任编辑：杨　然　　　　责任校对：胡永立

封面设计：陈宇琰　　　　责任印制：张　健

数字化的小学生综合素质评价

SHUZIHUA DE XIAOXUESHENG ZONGHE SUZHI PINGJIA

中国财政经济出版社 出版

URL：http：//www. cfeph. cn

E-mail：cfeph@ cfeph. cn

社址：北京市海淀区阜成路甲28号　邮政编码：100142

营销中心电话：010-88191522

天猫网店：中国财政经济出版社旗舰店

网址：https：//zgczjjcbs. tmall. com

北京厚诚则铭印刷科技有限公司印刷　各地新华书店经销

成品尺寸：170mm×240mm　16开　16.25印张　233 000字

2024年9月第1版　2024年12月北京第2次印刷

定价：58.00元

ISBN 978-7-5223-2802-7

（图书出现印装问题，本社负责调换，电话：010-88190548）

本社图书质量投诉电话：010-88190744

打击盗版举报热线：010-88191661　QQ：2242791300

本书编写组

（按姓氏拼音排序）

付思涛　高施施　官虹礽　何沐恩　黄　强

冷雪宁　李　贞　刘　璟　刘迎梅　卢　丹

马态涛　单素丽　田晓岚　王磬雯　王　译

谢　霜　杨和柳　余泽晶　余紫荆　詹妍婷

张　婷　张　艳　章　姣　周　科　周之桦

朱娅君

序　言

朱娅君校长是个“故事大王”。2022年，我受教育部小学校长培训中心之邀，担任成都市未来教育家项目的导师，朱校长是我指导的学员校长之一。每次未来教育家项目集中开展活动，我都会听她“眉飞色舞”地讲故事，从学校顶层设计到整合课程建设，从学生评价到“柒晓屋”，感觉她执掌的四川天府新区第七小学（以下简称“天府七小”）是一所生动活泼的学校，一所勇于创新的学校，一所有故事的学校。后来，随着项目的推动，我还多次去了天府七小的学校现场，亲身感受到天府七小教师脸上洋溢的笑容和学生身上散发的活力。现在，朱校长带领她的团队，将该校推动小学生综合素质评价的“故事”整理成书，邀我作序，遂欣然应允。诚望更多的教育工作者听到他们的故事，看到他们的变革与成效，也学习借鉴他们的最佳实践。

天府七小的综合素质评价是在学校顶层设计引领下推动的。朱校长甫一接手天府七小，就开始着手凝练学校的办学愿景。经过多轮讨论和反复斟酌，学校将办学愿景表述为“办一所孩子们想来的学校”，建设每一天都新鲜、每一人都闪耀、每一处都精彩的活力校园。这种表述很朴实，但又很生动，凝聚和鼓舞着教师们。当然，有了这愿景的引领，学校的每一项工作，包括小学生综合素质评价工作，都要服务于愿景的达成。于是，针对以往综合素质评价导向不明、手段生硬、主体单一等问题，天府七小的小学生综合素质评价提出了一些变革性思路。他们强调，学校必须锚定“立德树人”根本任务，从“育分”到“育人”，以学生的全面发展为纲，系统设计学生综合素质评价体系，评价指标覆盖德、智、体、美、劳各个方面，引领学校生动活泼地发展。在实施过程中，他们创造性地开发多种场景与课程，如超市、共享健身房、农场、室外音乐厅，让学生仿佛置身于“儿童城市”，在生活中轻松参与学习，自然而然地接受评价，并在评价中收获成长。

天府七小综合素质评价的第二个特点是将评价与课程、教学结合起来。很多学校的综合素质评价都指向学科以外的评价。天府七小的综合素质评价扎根于课程、课堂与教学，并且在新课标的引领之下。在天府七小的评价维度总表中，第一模块就是学科学习，然后具体分成语文、数学、英语等学科，每个学科之下则是学校在深入研读课标后，结合学校实际提出的校本化学科核心素养指标，引导学生不再像过去那样只是学知识、练习题，而是在学习之后发展核心素养。以数学为例，天府七小将学生综合素质评价中的具体核心素养指标定为善运算、乐表达、会分析、倾听与合作，学生要学习的不仅是算术运算等数学技能，而且是融入了跨学科的表达、倾听与合作。在学科学习之外，综合素质评价还包括生活德育、心理健康等多方面的指标。多方面、多维度的各种指标综合起来，就勾勒出天府七小“七悦”少年的画像，他们悦学识、悦生活、悦运动、悦实践、悦创意、悦合作、悦担当，在快乐中学习与成长。

天府七小综合素质评价的第三个特点就是数字化。中共中央、国务院于2021年印发的《深化新时代教育评价改革总体方案》明确指出，中小学要“创新评价工具，利用人工智能、大数据等现代信息技术”，探索开展学生各年级学习情况全过程、全要素综合评价。在相关政策的推动下，很多学校都在推进综合素质评价数字化，建设相关平台，取得了积极进展，但一些学校出现了评价增加师生负担，甚至侵犯学生隐私的问题。在天府七小，学生综合素质评价的每一方面数据都是动态采集，在过程中自然生成，数据处理也采用创新算法，师生不需要为此额外做很多工作。有了这些数据，学生可以凭所获评价积分兑换自己喜爱的奖品，可以在“七小银行”体验理财课程。教师则可以借助学生积分系统线上使用平台给学生的学科学习或其他方面精准“画像”，刻画其优势与不足，从而更好地识别和满足学生成长的个性化需求，起到减负增效的效果。数字化的综合素质评价赋能了教师发展，也更为有效地促进了学生的成长。

综合素质评价数字化实践是天府七小综合变革的一个部分，也是天府七小故事中的一个篇章。天府七小在朱娅君校长的领导下，在学校全体干部与教师的共同努力下，每天都在变化，时时都在成长。感谢天府七小这群怀揣梦想、富有活力的教育人，他们用自己的智慧与巧思，在一方校园中执着探索，把学校建设成一个学生真正想来的地方！

期待四川天府新区第七小学百尺竿头，更进一步！

教授、博生导师

2024年7月15日于北京师范大学英东楼

目　录

第1章 评价系统的变革思考

1.1 教育评价现存问题

1.1.1 政策落实不到位

教育评价改革事关教育发展方向，事关建设教育强国成败。新中国第一个关于教育评价系统性改革的文件——2020年中共中央、国务院印发《深化新时代教育评价改革总体方案》（以下简称《总体方案》），明确提出“改革学校评价，推进落实立德树人根本任务”，并提出“四个评价”：改进结果评价、强化过程评价、探索增值评价、健全综合评价。随后，2022年4月教育部印发《义务教育课程方案和课程标准（2022年版）》，落实党中央、国务院“双减”政策要求，强化课程育人和评价育人导向，深化核心素养导向，同时对学生的评价提出了更高的要求：全面落实新时代教育评价改革要求，更新教育评价观念，创新学业评价方式方法，提升评价质量。相关政策的出台足以彰显国家对教育评价的重视程度，国家已经把教育评价作为一项重大举措来推动教育的高质量发展。

当前，小学阶段的教育评价存在一定的实际障碍，如标准化评价限制了小学生的全面发展；改革理念与实践脱节，缺乏以核心素养为基础的评价标准；学生的主体地位在学业评价过程中被忽视，评价存在过度关注结果而忽视过程，侧重外部评价而忽视内部评价，强调知识评价而漠视情感、态度、价值观评价等问题。

1.1.2 小学阶段教育评价存在的痛点

1.评价目的功利

学业成绩的优劣是评价学生的唯一标准，成绩高低很大程度上决定了学生在校的生活质量甚至发展前景。也就是说，根据成绩来定夺学生是否被评为“优秀生”，是否能进入名校、好班级。这种唯分数论的评价方式使教育异化，导致学校和教师只关注学生的考试成绩和升学率，忽视了对学生成长过程和个体差异的关注，抹杀学生个性，影响了教育公平的实现以及学生的全面发展。①

2.评价手段生硬

传统教育评价往往通过单一的纸笔测试或辅助以少量的表现性方式对学生进行评价，更注重阶段终结性评价而忽略过程性评价，忽视了对学生综合素养的分析与培养，忽视了学生在过程中的努力与付出。这种单一的评价方法无法全面反映学生的发展状况，也难以引导学生进行多元智能发展。

3.评价导向不明

评价的目的、内容和方式缺乏内在的一致性。教师想对学生的学习

① 郑利霞.多元智能理论及其对我国学生评价的启示［J］. 教学与管理，2007（21）：3-4.

态度、兴趣养成、学习习惯、思维能力等综合素养进行评价，但评价的内容和方式并不能与之相匹配，从而导致评价结果很难成为教育者改进教育教学的依据，也没有相应的信息技术将数据可视化，为学生下一个阶段的发展提供反馈。这样的评价难以成为引领学生走向自主发展的有效手段。

4. 评价主体单一

目前的教育评价体系，评价主体较多集中于教育管理者一方，小学阶段的教育评价一般是教师对学生各方面表现的评估，难免出现教师过于主观或过于严厉，对学生的评价失之偏颇的情况，没有充分考虑到学生的自我评价或他人评价，这样的结果往往会导致一些学生产生自卑、厌学等消极情绪，影响学生内驱力的发展。

5. 评价速度滞后

在传统的小学教育评价管理中，评价体系的建造具有一定的滞后性，往往是在一段时间后进行的阶段性评价。这样的评价体系不利于学校的发展以及学生和家长及时、充分地了解学生的实际情况。

随着国家政策要求的变化以及科学技术的发展，小学阶段的教育评价势必做出变化和改革。学校管理评价中对评价维度的全面性、评价对象的多维性、评价方法的多样性、评价设备的科学性等要求也将越来越高。

1.2　评价变革的“定盘星”

聚焦当前教育评价存在的问题，教育评价改革应运而生。教育评价改革事关教育发展方向，如何确定教育评价变革这杆秤上的“定盘星”，即教育评价变革的准绳？如何定下教育评价变革的基调，保持正确的行进方向？纵观国内外教育评价变革的发展历程、对教育本源的理解，以及新时代我国对教育评价改革的目标和要求落脚在“人的发展”这一根本追求和任务上，我们不难找到问题的答案。

1.2.1 中西方教育评价的发展历程——从“育分”走向“育人”

中西方对教育评价的研究历史，展现了各自文化和社会背景下教育质量和效果评估方法的发展和变化。

1. 西方教育评价的发展历程

在西方，教育评价的历史可以追溯到古希腊时期，当时的评价主要是口头讨论和辩论的形式。教育评价作为一个系统化的研究领域，主要是在20世纪初期随着心理测量学的发展而兴起。教育评价的正式概念由美国人泰勒提出。迄今为止，学者们从不同角度对教育评价理论的发展进行了不同的划分，其中较为有影响力的是古贝和林肯提出的“四代理论”[①]，具体内容如图1-1所示。

通过对西方教育发展史的梳理，不难发现西方教育评价理论逐渐从管理导向向民主导向转变，围绕着量化研究思想与质化研究思想、科学主义思想与人文主义思想、关注社会与关注人、从一元思想到多元思想四条主线进行发展。教育评价理论经历了从以“测验”为中心，到以“目标”为中心，再到以“决策”为中心，进而强调以“人”为中心。[②]这反映了社会发展的需要，同时也不断完善了评价对人的发展的促进作用研究的科学性。

① 杨彩菊，周志刚. 西方教育评价思想嬗变历程分析［J］. 国家教育行政学院学报，2013（5）：50–54.

② 刘佩佩. 西方教育评价发展历史沿革［J］. 戏剧之家（上半月），2013（7）：243–244.

图 1–1　西方教育评价理论的发展历程[①]

2. 我国教育评价的发展历程

早在西周时期，我国就有了对学生学习质量进行考评的制度。2000 多年前，我国最早一部教育专著《学记》对学生考核评价进行了专门论述，当时已具有了明确的教育考核评价目标、时距、要求等，表明早期学生质

① 张华. 课程与教学论［M］. 上海：上海教育出版社，2000：384.

量考核制度已具雏形。隋炀帝大业二年（公元606年），我国开历史先河实行了开科举士、分科举人的科举考试制度，直至1905年科举选士制度废除，前后延续了近1300年的时间。[①]然而这些只是教育评价的渊源，还不是严格意义上的教育评价。

随着新式学校的兴起，我国现代教育评价逐渐从传统的社会选拔方式转向学校内部的专项评价，以促进学校教育质量和管理效率的提升。在西方测量和教育评价理论的影响下，我国现代意义上的教育评价开始发展起来，经过100多年的曲折发展，逐步形成了中国现代教育评价体系。

有学者对我国30余年的教育评价研究发展历程进行了研究，以对教育评价研究发展产生深刻影响的党和国家出台的政策文件作为关键节点，将教育评价研究历程划分为概念深化、转型探索、新兴发展三个阶段，[②]如图1-2所示。

纵观我国30余年教育评价的发展历程，不难发现以下几点：教育评价取向从工具主义取向向人本主义倾向转变；教育元评价从单纯追求标准化向更加关注教育质量转变；教育评价工具从传统纸笔化向现代智能化发展；教育评价体系由单一化逐步走向多元化；教育评价改革由局部性调整到全局性变革。

3. 总结分析

中西方在教育评价研究的发展历史中各具特色，西方教育评价从个体智力和学业成绩的测量发展到更加关注教学过程和学习态度的全面评价；我国则从传统的考试制度逐步转向素质教育和综合素质评价。两者在不断地发展中都越来越重视评价的多元化和过程性，旨在更好地促进学生的全面发展和终身学习。

---

① 万虎. 论我国教育评价思想的源流历史和发展趋势［J］. 科教导刊（上刊），2010（3）：9-10.

② 司林波，马佩玺，乔花云. 近三十年国内教育评价研究的发展历程、热点领域及变迁特征［J］. 现代教育管理，2023（11）：63-73.

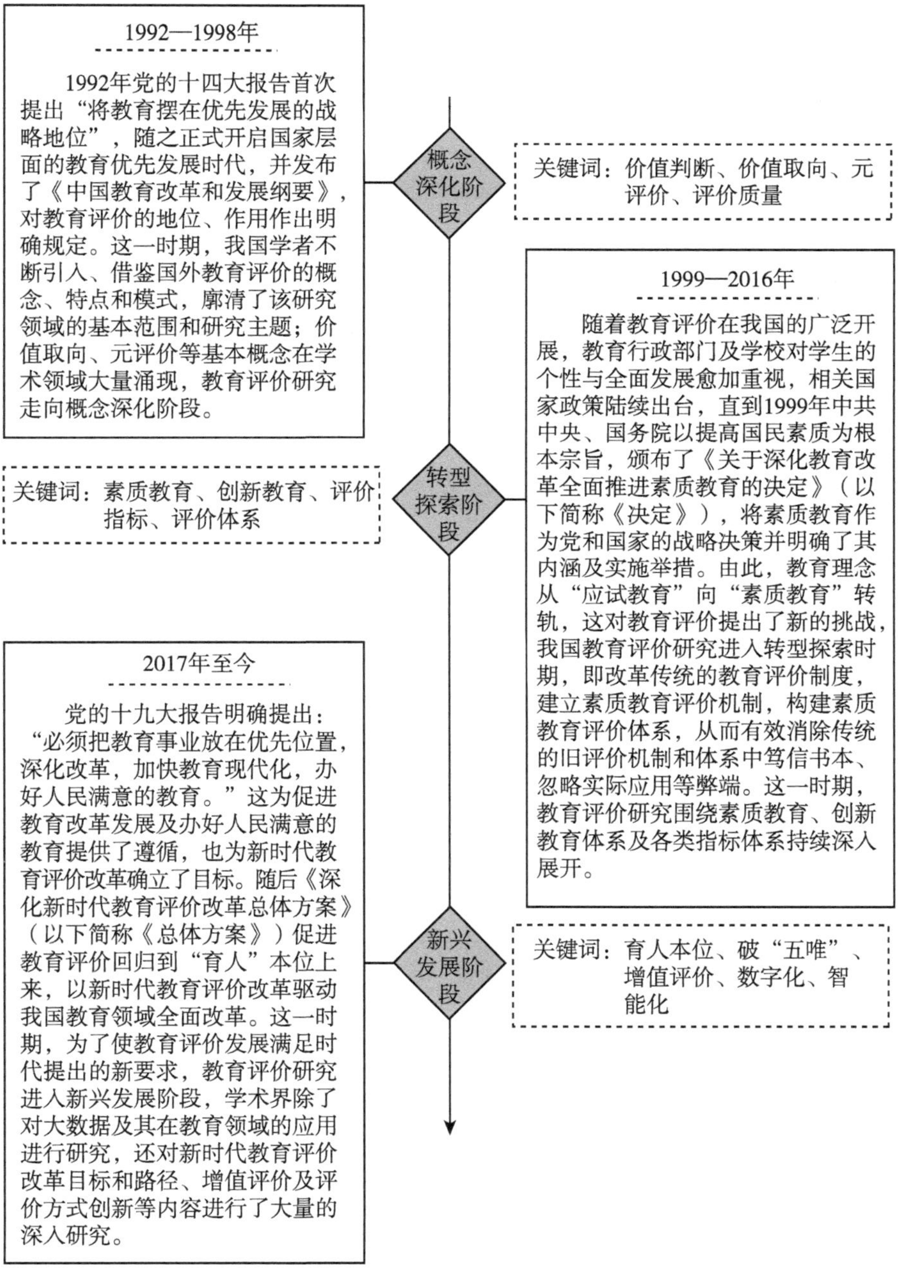

图 1–2　我国 30 余年教育评价的研究历程

1.2.2 中西方对教育本源的理解演进——指向人的全面发展

1. 西方视角

在西方视角下，对哲学、心理学和教育学发展的几个关键领域进行比较分析，发现教育本源从古至今都锚定“教育为促进人的发展”这一核心理念。

西方的哲学、心理学和教育学理论为“人的全面发展”理念提供了坚实的理论基础。这些理论强调了个体的德性、智慧、身体、情感和社会责任的全面培养，以及教育在促进个体自我实现和社会适应中的核心作用。具体内容如表1–1所示。

表1–1 西方视角下不同领域的主要育人理念

研究领域	代表人物/理论	代表思想
哲学基础	古希腊哲学家，如柏拉图和亚里士多德	柏拉图在《理想国》中提出了“哲学王”的概念，强调教育的目的在于培养理想的统治者，这需要全面的德性和智慧的培养；亚里士多德在《尼各马科伦理学》中提出了幸福生活（Eudaimonia）的概念，认为通过德性的实践达到全人的发展是实现幸福生活的关键
	启蒙时代思想家，如卢梭、洛克等	强调自然和个人自由在教育中的重要性，卢梭在《爱弥儿》中提出，教育应该顺应个体的自然发展，促进其身心全面健康成长；洛克在《教育漫谈》中强调理性、德性和身体的培养，认为这是教育的主要目标
心理学视角	皮亚杰认知发展理论	强调儿童认知发展的阶段性，认为教育应该顺应儿童的认知发展阶段，通过探索和实践促进其认知能力的发展
	维果斯基社会文化理论	社会文化环境和社会互动对个体认知和心理发展至关重要，他的理论强调了教育在促进个体内化社会文化工具和实现潜能方面的作用

续表

研究领域	代表人物/理论	代表思想
心理学视角	霍华德·加德纳多元智能理论	智能不仅是语言和逻辑数学能力，还包括音乐、空间、身体运动、人际交往等多种智能，这一理论支持了学生个性化和全面发展的教育理念
教育学理论	约翰·杜威实用主义教育哲学	教育的目的在于为生活准备，强调学习是一个积极的、基于经验的过程；杜威提倡学校应成为一个社会的缩影，通过实践活动促进学生的全面发展
	保罗·弗莱雷批判教育学	《被压迫者教育学》中提到，教育应当解放个体，促进其批判意识的觉醒；弗莱雷强调对话和反思在促进个体自我意识和社会意识发展中的重要性
	布鲁纳建构主义学习理论	强调学习是一个主动构建知识的过程，教育应该提供丰富的、有意义的学习情境，支持学生通过探索和发现来构建知识，促进其创造性和批判性思维的发展

2. 我国视角

“人的全面发展”理念根植于我国的传统文化、哲学思想以及近现代的教育实践。这些理念强调了道德修养、智慧培养、身体锻炼和美感培育的全面性（见表 1-2）。

表 1-2　　我国视角下不同领域的主要育人理念

研究领域	关键词	主要内容
儒家思想	德性教育	儒家思想中“仁爱”和“礼”的教育，强调个体的道德修养和社会责任感；孔子提出“有教无类”和“因材施教”，体现了对个体差异的尊重和对个性化发展的重视
	学以致用	儒家还强调学习与实践的结合，认为学习的目的在于实际应用，这与现代教育中强调的学以致用和终身学习的理念相契合
道家思想	自然发展	道家思想中的“无为而治”，强调顺应自然和个体内在倾向的重要性，这与现代教育中强调顺应学生自然发展的趋势相一致
	独立思考	道家倡导的自我反省和独立思考，为现代教育培养学生批判性思维和创新能力提供了哲学基础

续表

研究领域	关键词	主要内容
佛家思想	心性修养	佛教强调内心世界的探索和心性的修养，这对现代教育强调的情感教育和心理健康具有启示意义
	普遍平等	佛教的普遍平等观念，促进了现代教育强调的教育公平和包容性的发展
近现代教育实践	马克思主义的影响	在近现代，马克思主义对我国教育产生了深刻影响，特别是关于全面发展的理念，强调在物质、政治、精神、文化等方面全面发展的人
	素质教育	改革开放以来，我国教育政策强调从应试教育向素质教育转变，目标是培养德、智、体、美、劳全面发展的社会主义建设者和接班人

我国的教育理念经历了从传统文化的道德修养、智慧培养到近现代的素质教育的演进，体现了对人的全面发展的持续追求。这些理念不仅强调了知识和技能的学习，更注重个体的道德情操、身心健康、社会责任感以及创新和实践能力的培养，即人的全面发展。

1.2.3 新时代我国教育评价变革的“定盘星”——锚定“立德树人”

新时代教育评价改革，应当首先明白“我们从哪里来”，明确“我们将去向何方”，把握育人方向，更新育人理念。当今世界形势复杂，不确定性因素显著增加。中国这艘巨轮要在动荡的世界中破浪前行，必须实现中华民族的伟大复兴。[①]教育是立国之本，强国之基。教育评价事关教育发展方向，是教育改革的关键领域和实现教育高质量发展的重要抓手。

2020年中共中央、国务院发布了《总体方案》，这是新中国第一个关于教育评价系统改革的文件，是新时代教育评价改革的行动纲领，从根本

① 刘云生.论新时代系统推进教育评价改革［J］.国家教育行政学院学报，2022（2）：13-24.

上改变了教育价值观，并提出阶段性目标，即“到2035年，基本形成具有时代特征、凸显中国特色、体现世界水平的教育评价体系”。“推动构建服务全民终身学习的教育体系，努力培养担当民族复兴大任的时代新人，培养德、智、体、美、劳全面发展的社会主义建设者和接班人”，这就是我国新时代社会发展背景下，从深入理解教育评价的历史演进和教育本源上寻找到的教育评价变革的“定盘星”，即“立德树人”。

1.3　评价变革的“先行棋”

评价变革在当前教育领域的变革中扮演着不可或缺的角色。通过回顾评价变革的必要性，我们深刻认识到过去传统的教学评价存在不少问题。“立德树人”这一“定盘星”为评价变革明确了方向，要求我们打破原有的思维定式，重新建立新的评价指标，使其更符合现代教育的要求。迈出评价变革的第一步，是关键的一步，也是评价变革的“先行棋”，具体实施中我们应考虑哪些因素，从而使评价变革之路顺利开展？围绕着时代要求及已有的成功案例，我们不难发现其中的奥秘。

1.3.1　评价变革的新走向

新时代社会的迅速发展呼吁着促进学生德、智、体、美、劳全面发展，创新德、智、体、美、劳过程性评价方法，完善综合素质评价体系。因此，确定评价的“先行棋”，我们需要明确社会快速发展的大背景下，社会对教育评价的需求。

（1）评价指标多维化。评价变革的首要任务是摆脱传统单一维度的评价束缚，引入更加多元化的评价指标。在新的评价体系中，我们需要更全面地了解学生的特长和成长点，以促进其全方位的发展。引入多维度的评价指标意味着不仅注重学科知识，还要考查学生德、智、体、美、劳等多个方面的素养，具体包括道德品质、创新能力、团队协作精神、体育运动能力、艺术修养等。通过综合考查学生在这些方面的表现，我们可以更全面地了解学生的个性和优势，为其提供更有针对性的培养和引导。

（2）评价手段智能化。评价体系的现代化已经成为不可逆转的趋势，科技的迅速发展为评价变革提供了有力支持。科技支持的教学评价，通过运用现代技术手段，提高评价的精准性和便捷性，为评价过程带来了深刻的改变。在评价变革中，教育科技为教学评价提供了一定的技术支持。智能化的评价工具，如智能记录、数据分析和保存等，帮助教师更全面地了解学生的学习状态，并且及时发现问题、进行干预。学生在这个过程中也能够更直观地了解自己的表现，继续保持或者及时调整，帮助其形成自主学习的习惯。这不仅提高了评价的效率，也使评价更加客观、科学。

智能技术的运用还带来了个性化学习的可能性。通过对学生学习数据的分析，教师可以更好地理解学生的学习需求和兴趣点，为其提供个性化的学习路径和资源推荐。这种个性化的教学评价不仅能更好地激发学生的学习兴趣，也使评价更符合学生的实际需求。

1.3.2 构建评价体系的关键要素

既然要变革教育评价，就要建立新的评价体系，以促进评价方式的改变，使其更符合当下社会迅速发展对教育评价的需求。评价体系如何构建，关键要素如何把握，直接决定了评价体系的科学性、实用性以及对学生全面发展的促进程度。那么如何构建评价系统呢？纵观现在已经较为成熟的评价体系，如江苏扬州的多元交互式教学评价体系、浙江着眼于优化教育生态的教育综合评价改革，我们不难发现，构建有效的评价系统，需要满足以下的条件。

（1）评价系统设计逻辑严谨。在评价体系的构建中，逻辑的严谨性是确保评价体系正常运行和有效发挥作用的基础。我国获奖的评价系统案例在构建过程中，充分考虑了评价指标之间的有机关联。评价指标的设计不是孤立的，而是相互关联、相互支持的。例如，在对学科知识的评价中，考虑到学科知识与实际应用的关系，设置了相关的实践项目作为评价依据，从而确保学生不仅具备理论知识，更能将其运用于实际问题的解决中。

评价系统注重评价指标之间的平衡。不同层面的指标都得到了合理的分配，避免了对单一维度的重视而忽略其他方面的问题。例如，既注重学科知识的掌握，又强调创新思维和团队协作等综合素养的培养。这种平衡性的设计使评价体系更具全面性和公正性。

（2）符合学生的成长规律。构建评价体系必须充分尊重学生的成长规律，因为评价的最终目的是促进学生的发展。上述评价系统案例在设计中深刻理解了学生的发展过程，使评价更具科学性和实效性。因此，构建评价系统需要考虑到学生成长的不同阶段，同时也要注重对学生学科认知能力、实践能力、创新思维等方面的评价，贴近学生的学习实际，既有助于学生更好地理解自己的优势和不足，也使评价更符合学生的发展需求，更有利于对学生的精准引导。

评价体系的设计充分考虑到学生的发展阶段。不同年级的学生在知识储备、思维发展、行为习惯等方面存在明显差异，评价指标需要具有时序性，与学生的发展阶段相匹配。通过对学生发展规律的深入研究，评价体系更能有效指导教学，为学生提供更为个性化和科学的发展路径。

（3）契合学校的育人目标。评价体系的建构不是孤立于学校教育目标之外的，它应当与学校的育人目标相契合，共同推动学校教育的发展。学校教育强调全面素质的培养，同时注重学科专业知识的传授，评价体系应当以学校的核心教育理念为基础进行设计。在相关案例中，评价体系充分体现了学校对学生的期望，确保教育评价与学校的整体发展目标保持一致。

评价指标与学校的发展规划相协调。学校可能在未来的发展中注重培养具有创新精神的人才，或者强调学生的社会责任感等特质。评价指标需要具备前瞻性，能够适应学校未来的发展方向。通过深入了解学校的长远规划，评价体系更具生命力，能够为学生提供更有针对性的培养路径。同时，评价体系也需要考虑学校的特色。不同学校有不同的特点和优势，评价体系应当体现这些特色，更好地发挥学校的办学优势。

（4）具有较大的发展空间。评价体系的建构要有长远眼光，具备足够的灵活性和可持续性，以适应教育教学过程中的不断变化和学生全面发展的需要。这主要体现在其对不同学科、不同年级的适用性上。不同学科有相应的学科特点，不同年级的学生有自己的学情和相应的需求，因此，评价体系需要具备较大的灵活性，能够在不同情境下得以合理应用。同时，评价体系需要适应教育的未来发展方向。随着社会的不断变革，科技不断地更新迭代，社会对人才的衡量标准也会不断地发生变化。因此，评价体系需要具备可持续性，从而为学校和学生提供长期的指导。

评价体系构建的关键要素是相互关联、相互补充的。有效的评价体系需要有严谨的逻辑，符合学生成长规律，契合学校育人目标，同时具有较大的发展空间。以这样的构建思路运行、考虑，把握评价变革“先行棋”的内在核心，迈出第一步，从而帮助教育者在具体实施中建构一个符合需求且具有实践价值的评价体系。当然，进行更为深入的探讨，我们不难发现，评价体系的具体实施离不开课程，把握课程，让课程实施与评价系统相统一，才能有效地实现“教—学—评”的一致。

1.4 评价变革的“经纬线”

课程在教育领域中占据着举足轻重的地位，它是实现教育目标、培养学生各项能力的重要途径。评价内容作为课程实施过程中的关键环节，其制定是否合理直接关系到课程目标的实现程度和学生的学习效果。因此，评价和课程的关系就像经纬线一样，相互交织、相互影响。

1.4.1　评价与课程一体化考量之意

（1）在教育环境中，课程评价是一个不可忽视的部分。教育评价对提高教学质量、优化课程设计以及促进教师和学生的成长都具有至关重要的作用，并且评价本身就是课程的一部分。然而，经常存在这样的情况：评价独立于课程，两者处于割裂的状态。这往往导致课程的实施效果及教师和学生的发展不能得到充分的反馈与提升。

（2）将评价和课程一体化地进行思考，我们就可以从整体出发，更好地理解和改善教育教学过程，实现“教—学—评”的一致。首先，通过集成评价，我们能够更加全面地把握课程的实施情况，包括教师教学的方式、方法，学生的学习态度、学习效果等。其次，一体化的评价有助于我们找出课程的不足，进而有针对性地进行课程改进。最后，一体化的评价更有利于培养学生的自主学习能力，及时反馈学生的学习进度，让他们能够根据自身情况调整学习策略，提升学习效果。

1.4.2　评价与课程一体化考量之益

将评价与课程一体化进行考量，可以带来多方面的益处，主要体现在以下7个方面。

（1）提高教学质量。通过将评价与课程紧密结合，教师能够更全面地了解学生的学习情况，从而及时调整教学策略。评价的数据和反馈能够帮助教师识别教学中的优势和不足，进而不断优化和改进教学方法，提高整体教学质量。

（2）优化课程建设。一体化的评价系统不仅能够检测学生的学习效果，还能够反映课程设计和实施中的问题。通过分析评价结果，教育工作者可以调整课程内容和结构，使课程更加科学合理，更符合学生的实际需求。此外，评价数据还能为新课程的开发提供重要参考，确保课程设计的针对性和实效性。

（3）增强学生自主学习能力。一体化的评价体系强调及时反馈和多元的评价方式，这有助于学生及时了解自己的学习进展，发现学习中的不足，并根据反馈进行自我调整。这种反馈机制能够培养学生的自主学习能力，促进他们养成良好的学习习惯和自我评估的意识，从而实现更高效的学习。

（4）激发学生学习积极性。公正、及时的评价能够帮助学生看到自己的进步，增强学习信心和动力。多元化的评价方式，如项目评价、同伴评价、自我评价等，也能让学生看到学习的多样性和趣味性，激发他们的学习兴趣和积极性。通过参与评价过程，学生还增强了责任感，更加主动地投入学习。

（5）提高家长和社会的参与度。建立一个由教师、学生、家长和其他利益相关者共同参与的评价团队，可以增强家长和社会对教育过程的理解和支持。通过参与评价活动，家长可以更好地了解学生的学习情况，提供更有针对性的家庭教育支持。同时，社会各界的参与和监督也能够促进学校教学质量的提升，形成良好的教育生态。

（6）促进教育公平。评价与课程的一体化能够保证评价的公正性和科学性，减少评价过程中的主观性和随意性。通过标准化的评价指标和多样化的评价方式，能够更准确地反映每个学生的实际水平，避免单一评价标准对学生造成的不公平。这对于促进教育公平、提高教育质量具有重要意义。

（7）推动教育技术创新。随着教育信息化的发展，在教育评价与课程一体化的过程中，可以借助人工智能、大数据等技术手段，进行更加精细和科学的评价。通过智能化的评价工具，实时收集和分析学生的学习数据，为课程优化和教学改进提供强有力的技术支持。同时，这也能够推动教育技术的进一步创新和发展，提升教育现代化水平。

总之，评价与课程的一体化考量，不仅能够提高教学质量，优化课程设计，增强学生的自主学习能力，还能够激发学生的学习积极性，提高家长和社会的参与度，促进教育公平，并推动教育技术创新。这对于深化教育改革、实现素质教育目标，具有重要的理论和实践意义。

1.4.3　评价与课程一体化考量之径

评价是一项高度依赖价值选择的活动。为了实现不同的评价目标，需要采用不同的评价方法。即使同一种方法，在创新应用时也会展现出不同的功能特性。因此，在课程活动设计中融入教育评价，要遵循方法、功能和目的逐级推进的基本路径，如图 1–3 所示。

图 1–3　评价与课程一体化考量的基本操作路径

（1）创新运用现有方法。在特定情境下，不同的方式被用于实现形成性评价功能，关键在于如何利用现有信息进行评价。不论是评估课程结果、促进课程效果，还是提高学习能力，实践都与具体情境紧密相关。区别主要在于如何使用这些信息进行评价，而不在于方法本身的改变。将评价融入课程，需要根据学生的个性化学习特征，创新运用现有方法，并在此过程中生成新的评价方法。

（2）实现多种功能。将评价融入课程的实践，对教师的评价能力提出了更高的要求。通过多种方式，有效提高教师的评价能力。更重要的是，教师应围绕“为什么评”“评什么”“用什么方法评”“如何确保评价的结果”和“怎样使用评价的结果”这 5 个问题，在不同情境下采取不同的评价方法，从而实现多种评价功能。

（3）达成多个目的。评价融入课程的最终目的是实现 3 个评价目标：学习性评估（改进学习效果）、学习化评估（发展学习能力）和学习段评估（鉴别学习水平）。这三大评价目标引领教学活动的发展，并在实践环节相互作用、相互影响，从而保证课程质量。

总之，评价体系的制定不能脱离课程，课程的实施也必须考虑评价，评价和课程就像交织的经纬线，彼此支持，相辅相成。

1.5 评价是多方协同的“整合器”

1.5.1 多方协同育人的意义与价值

在当前教育改革的背景下，多方协同育人已成为实现学生全面发展的重要途径。2022年1月1日，《中华人民共和国家庭教育促进法》正式实施，这意味着家庭教育从“家事”上升为“国事”。2022年4月，全国妇联、教育部等11个部门共同制定并印发了《关于指导推进家庭教育的五年规划（2021—2025年）》，这一规划明确提出要构建全链条的家校社协同育人机制。2023年1月，教育部、中央宣传部等13部门联合发布《关于健全学校家庭社会协同育人机制的意见》。意见肯定了各地积极推进“学校家庭社会协调育人”的具体成效，同时也指出了推进过程中育人各方“职责定位不清”“协同机制不够健全”“条件保障不够”等问题。针对这些问题，该意见明确提出“学校充分发挥协同育人主导作用”“家长切实履行家庭教育主体责任”“社会有效支持服务全面育人”等要求，这意味着教育可以借助多方资源的整合，实现教育力量的最大化。

1.5.2 如何利用评价实现多方协同育人

近年来，不少学校已经开始尝试构建丰富、适宜的契机，让家长参与学校的活动，这无疑是在家校社协同育人的背景下撬动了教育模式和教育观念的变化。然而，这样的"参与"存在偶发性，普及程度有待提高。因此，如何实现家校合作育人，让家长更加了解学生的在校情况，参与协同育人，成为亟待解决的问题。

评价是学校工作中不可或缺的一环，随着评价改革的深入，许多学校也将家长纳入评价工作，与家长共建育人目标，与家长共享评价结果。一所学校的育人目标来源于学校、学生、家长、社会的共同愿景，通过评价标准的制定，家长能更加了解学生当下应该达成的学习状态与学业水平，明确发展路径。这样的共识不仅能促进家长教育行为的转变，更能为多方的协同育人提供方向与目标。

在评价中，评价结果可以让学校、家长了解学生的学习和发展情况，及时修订自己的教育行为。评价结果的分享也能促进家校双方的信息沟通与反馈，让家长与学校的交流更加有依据与抓手。

《关于健全学校家庭社会协同育人机制的意见》指出："学校要把统筹用好各类社会资源作为强化实践育人的重要途径，积极拓展校外教育空间，着力培养学生社会责任感、创新精神和实践能力。"现今，不少学校已经尝试引入社会资源，补足学校教育的短板，不断用时间丰富着"社会"一词的含义。

除学校和家庭之外的广泛的环境都是社会，包括社区与邻里、文化和教育机构、媒体和网络、非政府组织和志愿者团体、企业和行业、政府和公共部门等。学生们在这样丰富的社会资源中会面临更加真实的挑战，这有利于学生价值观的形成和素养的提升，为学生提供更为广阔的实践和探索空间。通过评价数据的分析与建构，更加精准地引导资源的整合和优化配置。例如，如果教育评价发现学生在某些领域需要更多支持，学校可以与社会机构合作，为学生提供额外的学习机会。

良好的多方协同育人机制需要有明确的责任划分，评价机制可以明确学校、家庭和社会在育人过程中的责任和角色，促使各方更加积极主动地参与到育人活动中来。评价目标是多维的，评价主体是多元的，多方协同育人也能使评价体系建设得更加系统、全面。

1.5.3 不同主体的评价职责

在一个协同的教育评价体系中，教师、学生、家长各自承担着不同的角色和任务，共同构建一个全面、多元的评价体系。不同评价主体有不同的职责，同时也因为参与实现多方共同发展。具体职责分工如表1–3所示。

表1–3　教师、学生、家长和社会的评价职责

主体	职责	目的
教师	①设计和实施教学活动，确保教学质量；围绕校园生活与教学活动，设计具体、可观察、可测评的评价维度与评价细则 ②对学生的行为表现进行客观、公正的评价 ③根据评价算法梳理出需要额外指导的学生，提供对应的评价报表与学习计划 ④根据评价大数据反馈，指导学生学习和成长	①优化教师目标意识 ②提高教师的教学质量和参与度 ③为教师评价提供抓手，增强师生联结，增进师生关系
学生	①积极参与学习活动，实现自我探索和发展；参与自我评价和同伴评价，诚实地反映自己和同伴的学习情况 ②及时关注评价结果，通过评价大数据的反馈进行自我反思，评价自己的学习进度、学习态度和努力程度，根据评价数据设定个人成长目标，并时常修正 ③参与评价维度与评价细则的共创	①增强学生的目标意识，明确学习方向 ②利用积分评价系统反馈的信息，为学生提供更适切的教育教学 ③为学生提供丰富的实践、活动机会，促进学生全面发展

续表

主体	职责	目的
家长	①及时关注评价数据，了解学生在校的表现；对学生的表现进行正向的言语评价 ②根据评价建议指南，结合学生在家的学习态度和行为表现，为学生提供必要的提升学习效果的策略 ③积极参与三方测评，为学生多维评价提供数据支持	①家长更加直观地了解学生在校的表现以及学校开展的工作 ②“无负担”地增强家长在学校的参与度 ③定期向家长反馈学生的学习进展和表现，搭建家校沟通的新桥梁，便于家长与教师联合育人，促进家校合作，共同关注学生的成长；通过数据反馈得到更加清晰的评价报表，了解学生的学习情况以及针对不同情况的应对策略
社会	为学生提供丰富的课程、场域等资源；为学生全面发展提供更为精准的平台	激活社会活力，优化社区、教育机构等社会资源

1.5.4　不同主体的评价注意事项

通过教育评价协同育人的功能，教师和家长可以更全面地了解学生的学习和发展情况，同时也增加了评价的透明度和参与度，促进了学生的全面发展。教师、家长根据直观、全面的评价数据，为学生提供更加精准的教学策略，支持学生的学习和发展。那么，为了更好地促进多方协同，在实施评价的过程中又有哪些注意事项呢？

1. 建立开放的沟通渠道

教师应鼓励学生表达自己的想法和感受，对于获得感较弱的学生，进行言语鼓励；通过交流，及时了解学生的学习需求和心理状态。

2. 共同设定学习目标

教师可以定期与学生一起共创、优化评价标准与实施细则，使学生感到自己是学习过程的主人，增强学习动力。

3. 提供及时反馈

教师应及时、精准地进行评价，为学生的学习成果和进步提供及时、具体的反馈，帮助学生了解自己的优势和改进点。

4. 定期沟通

通过评价报表定期向家长推送学生在校的表现和进展，听取家长的意见和建议，或者在家长会上利用具体的评价数据与家长进行交流。

5. 共享教育资源

教师可以利用报表为家长提供具体的学习策略和任务，指导家长在家辅助学生学习，共同支持学生的发展。

6. 协作解决问题

面对学生的学习或行为问题，教师和家长应共同探讨解决方案，形成统一的教育策略。

7. 积极参与评价活动

通过评价增强学生与家长之间的联结，在评价过程中，家长与学生进行积极的、开放的交流。家长应鼓励学生分享学校的学习和生活经历，倾听学生的想法和感受，建立信任和理解的关系。

8. 保护个人隐私

在收集和共享评价信息时，要注意保护学生和家长的隐私，避免不必要的个人信息泄露。确保评价的公正性，避免偏见和主观性影响评价结果，确保评价过程和结果的公正性。

9. 提供必要的培训

为教师、学生、家长提供必要的培训，帮助他们了解协同评价的方法和技巧，提高评价的有效性。通过以上注意事项，确保教师、学生、家长协同的积分评价体系能够有效运行，促进学生的全面发展，增强评价的公平性和有效性。

家校社协同育人不仅是学校、家庭、社会三个教育系统的简单结合，更是它们之间相互支持、相互配合、共同完成育人使命的深度融合。在教育数字化日渐深入发展的背景下，利用数字化推动优质家庭教育、社会育人资源共享，促进家校社的良性互动。

教育评价作为多方协同育人的“整合器”，通过建立共同的育人目标、促进信息的沟通与反馈、引导资源的整合和优化配置、激励和引导学生的全面发展以及促进责任的共担，实现了学校、家庭和社会在育人过程中的有效协同，为学生创造了一个全面发展的良好环境。

第2章 评价系统的整体设计与运行逻辑

2.1 评价系统的设计

评价系统的设计导向是指在教育评价系统设计的过程中应该遵循的基本原则或内在要求，这些原则必须体现在评价系统运行的全过程。评价系统的设计导向影响着评价系统的有效性和评价目标的达成度。

1. 科学性

科学性是指在设计教育评价活动的过程中（包括设计评价指标、构建评价体系、编写实施方案等），各个流程都要符合科学要求。具体表现在以下4个方面。

（1）遵循客观规律。评价活动要遵循教育评价活动的客观规律[①]，只有在设计评价活动时充分考虑评价活动的客观规律，才能得出较科学的结论，落实全面、有效的评价工作。在设计评价活动时，要积极参与和系统

① 胡中锋. 教育评价学［M］. 北京：中国人民大学出版社，2008.

学习教育评价活动的研究，在总结教育一线评价活动优秀经验的同时，深入学生心灵，探索出评价活动的一般规律，指导评价实践。

（2）构建评价指标。评价指标决定评价活动的深度与广度，构建评价指标体系是教育评价活动的开始，影响着教育评价活动的走向，也反映教育培养的方向。新课标强调德、智、体、美、劳全面发展，同时也注重学生核心素养的发展。要构建出符合新时代教育培养目标的教育评价指标体系，就必须坚持从教育实践中来，到教育实践中去，不断在实践中汲取新的东西。①

（3）注重多元评价。评价结果的科学性取决于评价者在评价过程中是否使用了科学的评价方法、手段和技术，这就要求评价活动参与者要深入学习评价材料的分析方法，将定量评价与定性评价、终结评价与过程性评价、自评与他评相结合，注重评价的整体性。从不同侧面、不同水平进行全方位评价，不以偏概全、以局部代替整体。

（4）端正科学态度。在评价过程中要有追求严谨的科学态度，公正客观地对待每一个评价环节和评价数据，秉持每一个环节都一丝不苟、每一个数据都真实无误、每一个结果都有据可依的原则，充分站在学生发展的视角下，客观、合理地开展教育评价活动。

2. 规范性

“规范”一词有明文规定或约定俗成的标准之意。在评价活动中，规范性一般指在评价的具体实施和操作层面有一定的明文规定，评价者能够按照规定和实际要求，科学合理地完成教育评价。具体表现为以下 4 个方面。

（1）评价标准一致性。评价标准、维度要具有同一性。在同一范围内，评价者对同类评价对象所使用的标准应该保持一致，同时各标准、维度、分值、权数等要保持统一，注重公平性。

① 戴彧. 论教育评价标准的设计［J］教育探索，2013（8）：16–17.

（2）评价维度多元性。教育是培养人的实践活动，育人性和实践性是教育的基本属性，[①]教育评价作为教育的重要一环，同样具有育人和实践双重意义。新时代要求学校要培养德、智、体、美、劳全面发展的人，那么就要求评价者必须转变评价观念，破除“唯分数论”，将视角逐渐转向教育实践，在实践探索中拓宽获取评价材料的路径与方式，体现评价的全面性与科学性。

（3）评价方法综合化。刘志军认为，评价者要恰当地处理好实证化评价方式与人文评价方式的关系，两者结合会形成一种实用、高效的教育评价方式。[②]这说明，要使评价结果能够全面、真实地反映学生的发展情况，就必须在设计评价方法之初，有意识地将定量与定性分析法相结合，统一评价者思想，坚持实证精神与人文精神相结合，将具体的评价方法与先进的科学技术相结合，避免“唯分数”的单一评价，开发出更具客观性、整体性的规范评价方法。

（4）评价依据客观性。人在作出任何评价或判断的过程中都会受到情感、喜好等因素的影响。规范性的另一个表现就在于，评价者作出的评价判断是否具有客观性，是否能够提供有效的根据。也就是说，有理有据地作出判断。这就要求我们在评价的过程中要依托信息技术等先进手段，帮助评价者规范地整理和分析收集到的有效材料，提高评价结论的有效性。

3. 适用性

适用性是指设计的评价活动体系在实施的过程中是否行得通，是否具有操作性和迁移性。评级指标和标准应符合实际需要，并能为评价者和被评价者所理解和接受。适用性原则充分体现了评价体系的实践意义，具有可操作、可推广等价值，为评价体系在教育教学中的真实落地提供可能。

---

① 刘志军，徐彬.综合素质评价：破除“唯分数”评价的关键与路径［J］. 教育研究.2022（2）：91–100.

② 刘志军.关于教育评价方法论的思考［J］. 教育研究.1997（11）：43–46.

评价标准应具备可操作性，评价指标应使用大量具体的、描述性的语言，阐明被评价者各维度应有的或通过努力可达到的表现，避免评价标准“泛泛而谈”，导致评价指标无法直接测量。

学校是教育评价活动的发起者和领航者，在设计评价方案时，应充分考虑学校在人力、物力、财力、技术等方面的基础。在方案正式全面推广前可以先行试点，落实细节，根据实际情况及时做出合理的修改，在不断完善中逐步推广。教师是评价活动的具体领导者和参与者，影响着评价目的的达成度。在设计评价活动时也要关注教师的实际情况，若评价体系过于烦琐，分析方法过于复杂，将不利于评价者着手操作，影响评价活动的目的达成。

被评价者是学生，也就是说，设计评价活动的最终目的是达成学生的全面发展。因此，在设计评价和构建评价体系时必须充分考虑学生的身心发展规律和特点。在实践中评估学生是否具备参与各类评价活动的能力，各项评价环节和具体实施方法要能够被学生理解和接受，真正地将学生纳入评价活动中，最大限度地保证教育评价的最终效果。

4. 方向性

教育评价是学校教育教学的指挥棒，方向性要求教育评价必须坚持正确的导向。评价活动的设计要更加注重对学校管理、教师教育教学工作和学生全面发展的指挥定向作用，时刻谨记教育评价不仅是为了给被评价者贴上一些“标签”，更重要的是让被评价者客观地认识和了解自己的优点和不足。评价者要积极审视教育教学工作，为以后的发展指明方向。这就要求评价者要将评价和指导相结合，共同促进教育目标的达成。

张玉田提出教育评价标准要有先进性、方向性、可行性和群众性，能激发协作精神。[①]在构建教育评价体系、设计教育评价方案的过程中，要认真解析教育理念，掌握学生发展需要和教育规律，把握好国家育人的方

① 张玉田.学校教育评价［M］.北京：中央民族学院出版社，1987：47-48.

针政策，力求学校教育评价体系符合国家育人要求，具有一定的前瞻性。

评价活动的另一主体在学生，学校评价体系和评价实施方案除了给师生指明前进的方向、指出需要改进的不足，更重要的是在参与评价活动的过程中，给予学生正向的心理调控（如激励、自信、勇敢等）。充分发挥主观能动性，使评价者与被评价者更加积极地参与评价活动。只有通过各种调控手段，取得及时、有效、有针对性的控制，才能够保证评价的效果，达到评价的目的。

2.2 评价系统的组成及运行逻辑

2.2.1 评级系统的组成

评价体系是以促进学生成长为主旨而形成的具有科学性、实践性的评价模式，指向培养目标的达成度，主要围绕学生的全面发展，分为五大板块，具体包括评价目标、评价内容、评价方式、评价记录和评价运用。五大板块的划分是根据《教育评价学》[①]中教育评价结构的基本要素演变而来的，即价值目标和标准、组织机构和人员、评价方法与技术、评价对象和评价人员的心理调控，整个评价体系维度清晰、内部逻辑严谨。

1.评价目标

评价目标主要指向价值目标，强调根据教育部的文件要求以及学生的发展现状进行建设，聚焦于学生的全面发展，并将其作为学校评价体系的价值目标。在此基础上，有策略地确定评价标准，即发展学生的核心素

① 胡中锋.教育评价学［M］.北京：中国人民大学出版社，2008.

养，制定出指向“5+X”核心素养的指标体系，以进一步明确评价体系的评价目标。在此，“5+X”中的“5”具体指向新课标中关于培养学生德育、智育、体育、美育、劳育的要求，倡导学生德、智、体、美、劳的全面发展；“X”指向“五育”以外的一些具体素养，如学生的科学素养、心理素养等。在新课标的基础上，“5+X”核心素养指标体系从真正意义上促进了学生全面发展。

2. 人员分工

评价体系的人员分工具体是指实施评价的组织机构、领导人员和评价者。学校应主动结合自身发展情况，秉持着促进全校学生全面发展的理念，将评价体系纳入学校常态发展规划，以此牵动全校教师参与教育评价工作，共同参与评价系统的管理和实施。其中，校长作为主要负责人，其职责是全局把握评价体系的顺利推进，并牵头组建评价系统的管理机构。具体管理机构的人员组成则通过民主选举产生，原则上每个年级、每个学科均有代表进入管理机构。管理机构人员作为评价体系的先驱者，其主要职责是制定评价体系实施方案和监督制度，为参与评价工作的教师提供讲座和培训，厘清具体工作方式和职责，以此保障评价体系相关机制的高效运转。

3. 评价方法

教育评价面临的矛盾与冲突显然已经超出了单纯技术与方法的层次，教育价值的多元冲击了原有教育评价的实践和理论基础。[①]科学合理的评价体系要以形成性评价、过程性评价和终结性评价三大评价形式为导向，结合学校的实际情况，以学生的行为为依据，以学业阶段性量化测评、平时课堂表现测评、本人和同学描述的关键事件三大评价方式为抓手，通过科学性的量化评价，将学生的发展过程进行可视化，进一步有针对性地促进学生的全面发展。

① 戚业国，杜瑛.教育价值的多元与教育评价范式的转变［J］.华东师范大学学报（教育科学版），2011，29（2）：11–18.

（1）学业阶段性量化测评。学生学习现状的反馈离不开学业阶段性的测评，适时而合理的测评有助于厘清学生当下存在的知识盲点，进行针对性的补充和巩固。基于终结性评价的形式，在评价体系中分设了学业阶段性量化测评，旨在对学生每阶段的学习进行全面的终结性评价，以此助力学生学业的发展。

（2）平时课堂表现测评。普适性的课堂观察工具的开发已经难以满足对课堂深入分析的需求，深入的课堂观察需要兼顾一般性的编码和体现学科特色的编码。[①]平时课堂表现测评属于过程性评价。课堂表现是最能帮助教师观察学生过程性学习的途径之一，是促进教师观察、了解、认识和熟悉学生的主要场域。课堂表现测评主要是根据具体的学科评价指标，通过学生的学习参与度和学习行为习惯来判断学生的学习状况，学习参与度指向学生的互动性和积极性；学习行为习惯指向学生的课前准备和课上坐姿、倾听等学习习惯。

（3）本人和同学描述的关键事件。同学描述的关键事件是基于过程性评价，以学生互评为导向，从而形成的随机性评价方式。这种评价方式可以挖掘学生身边的真人真事，从学生的实际生活活动中多维度剖析学生解决问题、思想品德等方面的表现，全方位评价学生，充分关注学生德、智、体、美、劳的全面发展。本人和同学描述事件有助于将评价参与者多元化，从单一的教师评价由点到面展开，从而形成教师、学生、家长及社会人士四方参与的多视角评价模式。

4.评价技术

教育测量是教育评价的基础，是获得事实的有效途径。通过教育测量和各种非测量手段，我们才能获得价值判断的事实材料和依据，才能更为有效地服务于价值判断这个核心。[②]在三大评价方式的基础上，为充分评

① 夏雪梅.以学习为中心的课堂观察［M］.北京：教育科学出版社，2012.

② 辛涛，李雪燕.教育评价理论与实践的新进展［J］.清华大学教育研究，2005（6）：38–43.

估学生在学习体验过程中的成长情况，在原有评价内容和方式的基础上，应逐步建立起促进学生全面发展的综合评价与个性化成长的教育评价体系，以相关完善的评价技术作为整个评价体系的实践支撑，以信息化技术为手段，将学生全面、全周期的表现进行真实的数据化记录，创造性地将学生各方面的发展情况进行数据化呈现，实现定性与定量评价兼顾，形成记录学生全面、全周期成长轨迹的数字化档案，精准记录学生在校成长轨迹，为学生成长提供可视化支撑。

在数字技术赋能的背景下，技术运用的主体首先成为教育评价样态转变中最核心的要素。[①]从学校层面而言，评价技术作为评价推动器，在信息化技术的统领下，通过评价反馈得到相对精确的数据，促使课程、活动均衡配置、均衡发展；从教师层面而言，在实施教育评价的过程中涉及学生日常生活的方方面面，这让教师知道该从哪些维度对学生的日常生活、学业水平进行评价，教师可以及时关注到学生的优缺点，并及时进行引导；从学生层面而言，学生可以通过评价技术关注到自己发展特别突出的地方，进而持续发扬这方面的能力，在自己的薄弱处，也能及时发现问题，并积极改进；从家长层面而言，家校共育在许多学校是缺少抓手的，评价技术为家长提供全面了解学生发展的数据支持，通过家长周报，家长可以清楚了解学生的优势、特长，发现学生的问题。

5. 评价应用

在系统地、科学地和全面地搜集、整理、处理和分析教育信息的基础上，对教育的价值作出判断，目的在于促进教育改革，提高教育质量。[②]评价应用主要是通过评价技术记录的真实、有针对性的数据，进行科学分析，发挥附属价值，实现迭代更新。从以下两大方面来促进评价系统的高效运转。

① 罗生全，陈卓. 大数据时代教育评价的价值重构与逻辑理路［J］. 贵州师范大学学报（社会科学版），2023（4）：116–128.

② 金娣，王刚. 教育评价与测量［M］. 北京：科学教育出版社，2002.

（1）数据分析。将不同类型的学习数据数字化，实现了对学生学习全过程数据的采集，为教育领域中实现基于数据分析与理性证据的教育评估与决策提供了数据基础。[①]信息化技术手段将学生全面、全周期的表现进行真实的数据化记录，其目的在于从真实成长数据中了解学生的发展趋势，进而对学生进行有针对性的扬长避短。在可视化的数据面前，通过翔实的数据分析，教师、家长可以了解学生的学习过程，多维度地反馈学生的发展现状，及时找到学生的薄弱处和优势点，从而有目的地进行引导教育，力促学生全面发展。

（2）数据应用。数据应用在于将教育大数据进行一系列精准分析后，通过数据呈现结果的差异性进行有目的的奖励。《教育评价学》一书中指出，评价对象与评价人员的心理调控是指参与评价的主体与客体双方在评价过程中所表现的动机、需要和人际关系等心理状态，通过有效的心理调控，可取得及时、有效、有针对性的控制，保障评价程序运行的高质高效。

兑换奖励。数据的作用不仅在于分析学生的发展现状，更是鼓励学生扬长避短的改革起点，激发学生参与兴趣，有助于学生从被动参与走向主动参与，实现评价价值最大化。在科学数据的基础上，四川天府新区第七小学（以下简称“天府七小”）延伸出了学校独有的“校币”来附加评价数据的价值属性，学生可使用平时测评中获得的积分在“评价系统平台”中进行兑换。基于学生的认知发展规律，从抽象的“积分”到实质性的“校币”的转化，学生在真正意义上得到了及时的反馈，大大提高参与评价体系的主动性和体验感。同时，学生在得到“校币”后可以在学校的“消费系统”中换取自己喜欢的商品（商品由学校提供），通过奖励激发学生获得积分的动力，形成评价体系的闭环。

拓展应用。借助信息化评价技术，学校对学生在校园生活过程的记录是十分翔实的。基于此，德、智、体、美、劳等多维度可视化数据的作用

① 李葆萍，周颖.基于大数据的教学评价研究［J］.现代教育技术，2016，26（6）：5-12.

不只限于数据分析后的奖励，更应以补全学生发展短板为导向，结合数据开发更多有趣的项目活动，充分发挥记录数据的作用，更好地促进学生的全面发展。

在平台数据的基础上，学校将其过程性数据进行多途径使用，以数据分析来反馈学生良性发展的需求，以调节心理的方式鼓励学生参与评价体系，其目的均指向促进学生成长。

2.2.2　评价系统的运行逻辑

评价体系是一套具备科学性、实践性的完整体系，秉持着“学生全面发展”的教育理念，以“5+X”核心素养指标体系作为具体评价内容，紧密结合学业阶段性测评、平时课堂表现测评、本人和同学描述的关键事件三大评价方式，教师根据具体的评价指标对学生的核心素养达成度进行判断，并从多方面对学生的校园生活、学习现状进行评价。在评价技术的支撑下，从学习、生活的日常评价中，积累每个学生独立的成长数据，最终实现数据可视化，形成独立、完善的过程性发展图谱。

学校评价体系技术平台的记录数据是学生过程性发展的真实数据，基于图谱，学校可实现评价应用。其一，从教师层面，数据不仅是对学生发展情况的总结，更是对学生发展情况的反馈，从图谱中可以直观地发现学生在各项评价指标中的优势和不足，从而更好地支持教师因材施教，促进学生的全面发展。其二，从学生层面，学生的学习、生活表现在评价技术的基础上录入系统后，会形成每个学生对应的成果，在评价系统平台的附加价值中，学生可以兑换相应的“校币”，并进行购物等一系列对学生具有吸引力的活动，从而加强学生参与评价体系的心理调控，更好地激发学生的参与度和积极性。此外，数据的科学运用可以让整个评价体系不断完善、拓展，在数据的精准指导下，开发更多有利于学生成长的应用途径，更好地促进学生全面发展。

第3章 天府七小积分评价系统的实践操作

教育评价改革是教育改革中的一个关键部分，它直接关系到教育的基本观念和导向，评价改革必然导致教育过程和教育管理中各方面的变革。2002年12月，教育部颁发《关于积极推进中小学评价与考试制度改革的通知》，明确指出："评价方法要多样化，除考试或测验外，要研究制定便于评价者普遍使用的科学、简便易行的评价方法，探索有余力引导学生、教师和学校进行积极的自评与他评的评价方法。"

科学、全面的评价不但能够更加真实地了解学生，恰当的评价维度的设立，也为学生的行为规范树立了标准与目标，学校的育人目标也潜移默化地浸润其中。响应教育发展要求，着眼促进德、智、体、美、劳全面发展，天府七小构建了基于校情的学生评价体系——成长积分评价体系，并积累了一定的评价活动经验。

3.1 积分评价系统的维度设计

多年的教育实践表明，现行的教育评价存在强调甄别与选拔，过分注重评价的附加性功能，如在升学考试、各类竞赛中体现的选拔功能，而忽视了评价原始的教育本体性功能。除此之外，单纯的物质化评价，比如发放贴纸、小红花、星星等，将学生喜欢的东西作为激励条件，让他们产生思考问题的渴望，如果没有发放物品，学生可能就不积极思考问题。这种评价效果甚微，还可能导致学生只关注得到的物质奖励，未注意到自身的发展，最终产生负激励的效果。恰如其分的评价设计能够激励学生，过犹不及的评价往往流于形式，不能促进学生发展。

教育目标分类学理论和SOLO分类理论指出，评价需准确且深入领悟学科核心素养的本质及价值追求；多维度细化，构建可操作性强、科学的评价指标体系。为了让教育评价促进学生发展，天府七小的评价系统经历了多次更迭，以评价的基本原则为本，以学校教育理念和育人目标为纲，建立了一套适合本校的评价维度，以明确评价的具体目标与内容。

3.1.1　积分评价维度设计的原则

促进学生发展的评价原则是对评价的一种指导和实施指南，是从实践基础上提炼概括出来的操作说明，对学校构建评价维度具有重要参考价值。那么促进学生发展的评价有哪些原则呢？ 1995年美国国家评价论坛提出了学生评价体系的7项原则（见表3–1），其核心观念依然是为了促进学生的学习发展。

表3–1　　美国国家评价论坛提出的7项原则[①]

序号	内容
1	各种评价体系的根本目的是促进学生的学习
2	评价通过实践活动来汇报和证明学生的学习并提供有关学校发展和绩效的信息，这些实践活动本身与教学融为一体，能够促进学习的发生

① M Neill，R Mitchell. Principles and Indicators for Student Assessment Systems［M］. Cambridge，MA：National Forum on Assessment，1995.

续表

序号	内容
3	整个评价体系包括评价政策、评价实践、评价工具以及评价的实施，对所有学生都是公平的
4	高质量的评价和实践需要专业化的、公正的教育者
5	评价应该充分利用社会资源，确保家长、社会成员、学生、教育者以及专家在评价发展过程中对评价的支持和协助
6	教育者、学校、学区以及各州应该定期、明确地与学生、家长和社区讨论交流有关评价实践、学生发展和项目进展的情况
7	定期回顾和改善评价体系以确保所有学生都能从评价中获得教育收益

英国评价改革小组在2002年也提出了促进学习评价的10项原则，其核心观念是把评价作为一个日常的过程，考虑到学生的情感动机，倡导学生参与，聚焦于促进和改善学生的学习及表现。澳大利亚教育研究部在英国改革评价小组的基础上也提出了类似的10项原则，如表3-2所示。

表3-2　澳大利亚教育研究部提出的10项原则①

序号	内容	序号	内容
1	评价与教学、学习相一致	6	让学生参与
2	采用多样化的评价方式	7	以评估了解学生的学习
3	选择正确的评价方法	8	让学生理解评价标准
4	寻求同事间的通力合作	9	提供反馈促进学生的学习
5	持续地评价学生	10	分析和报告学习结果

参考各国经验可知，虽然几个组织提出的原则在表达方式上有所不同，但其内容具有共性，他们都关注学生在评价中的主体地位；强调以发

① State of Victoria. Department of Education and Training Blueprint for Govenment School [EB/OL]. [2012-11-07]. www.det vic.gov.au.

展的目光进行评价；尽可能地全面评价学生，持续评价学生，既重视过程也重视结果。基于以上认识，我们认为应该基于以下原则设计评价维度。

1. 全面的评价

科学、全面的评价不但能够更加真实地了解学生，恰当的评价维度的设立，也为学生的行为规范树立了标准与目标，学校的育人目标也潜移默化地浸润其中。核心素养的多层次性，决定了评价应具有全面性，指向学生的全面发展。因此，我们的评价范围应尽可能覆盖学生的学习与生活，评价维度也应从学生的发展目标、学校的培养目标出发，设立得更加科学、合理。为此，我们将评价类型分为学科维度和德育维度两个方面，学科评价不仅包括语文、数学、英语、体育等学科学习上的评价，还包括在此过程中衍生的课程评价，如综合实践课程的评价、财经素养课程的评价等。德育方面，从国家的育人目标出发，我们希望不但在学习上对学生进行评价，也能在行为习惯、品德发展上对学生有一个全面的评价与良好行为的引导，从而促进学生的学习与成长。

2. 发展的眼光

人具有发展性，不同年龄、不同阶段的学生显然具备不同的能力水平，拥有不同层次的发展需求。因此，要设计评价维度，应该依据学生学习生活发展的阶段性，确定不同发展水平学生的需求，循序渐进地制定评价细则，提出合理要求。另外，用发展的目光看待学生，还意味着需要发现学生的发展潜力，根据学生发展的阶段性确定不同发展指标，循序渐进地提出合理要求。例如，在设计评价维度时，同样是“会分析”的数学评价维度，在一年级、三年级和六年级的具体评价标准是不同的。

3. 过程性取向

促进学生发展的评价重视学生的学习过程，在学习评价过程中，教师发放小红花、星星等，可能使学生仅关注结果的物质化表现，忽略了评价的真实意义和原始目标，未起到促进学生发展的作用。另外，传统的纸笔测验评价对教育的某些结果是最有效的评价，但它反映不了学生在真实情境中运用已有知识做事的能力以及完成任务的过程表现，并且有些学习内容无法形成最终的有形产物，如分析问题、小组合作、讨论等。因此，我们在评价维度的设计上，更加关注学生在学习生活中的表现，更加关注对学生能力的描述，并将评价维度直接与“教”和“学”联系起来，强调学习的主观能动性。例如，数学学科有“会分析”“能运用”“乐表达”这三个维度，这三个维度不再关注学生生成了什么，而是观察学生是否积极参与完成某项学习探究任务，让学生更清楚“我是学习的主人”，成为教室的主人、评价的主体。在这样的评价中，学生逐渐习惯把持续性的评价作为解决问题时自然的、有意义的过程，他们利用评价的指标来了解自己的进步，评判自己的表现，清楚自己接下来要做什么，明晰自己的弱点和长处，逐渐内化评价标准，真正成为学习的主人。

4. 持续性反馈

评价反馈是当前改进学生学习的重要手段之一。在传统的评价方式中，学生接收的反馈主要是总结性的分数、等级或者是学生对比的信息，还可能是教师笼统的话语。然而，分数一般无法提供帮助学生改进的信息，基于分数对学生的比较更会抑制学生学习。[①]这样的评价方式会产生负激励效果，“你真棒”“太好了”等重复雷同的评价贯穿课堂，只会让评价浮于表面，学生并不清楚自己回答的可取之处在哪。发放有对应评价维度的积分卡，是具有描述性的反馈，有利于学生明确学习中存在的优势和劣势。同时，学校的积分评价系统还会每周给家长推送周报，直至学生小学毕业。这个报表能让家长了解一定时间内学生真实的表现以及小学阶段学生的整体发展情况，从而帮助家长对学生进行教育指导。用数据呈现每个个体的学习路径和成长轨迹，动态反馈学生学习的发展和变化过程，以评价促进学生全面发展。

---

① 张志红，王嘉悦. 促进学生学习的评价研究［J］. 比较教育学报，2021（1）：99–111.

3.1.2　积分评价的维度

1. 学科维度设计

《义务教育课程方案和课程标准（2022年版）》）指出，学业质量评价标准是以核心素养为主要维度，结合课程内容，对学生学业成就具体表现特征的整体刻画。因此，核心素养过程评价量表的设定应当关注知识内容承载的核心素养。同时，根据核心素养的内涵，将各核心素养的发展按学段进行划分，并在划分中体现评价的连贯性与发展性。关注每个独特的、发展的人，参与教学活动的每个个体，如学生、教师和家长，都可以参与评价，凸显评价的全面性、综合性及多维性。也就是说，既要关注学生学习的结果，也要关注学生学习的过程，以此来建立相关的评价标准。综上所述，我们从核心素养视角和行为视角两个方面对学生进行评价。核心素养视角是对学生学业质量的评价，指向结果；具体行为指向学生在学习过程中的习惯和行为。

2. 德育维度设计

为深入贯彻落实立德树人根本任务，加强对中小学德育工作的指导，切实将党和国家关于中小学德育工作的要求落细、落小、落实，教育部研究制定了《中小学德育工作指南》（以下简称《指南》），明确了中小学德育工作的指导思想和基本原则，提出了学段衔接的德育目标和内容体系，细化了德育工作的实施途径和要求。因此，德育评价量表的设定严格遵循《指南》的指导，达到方向正确、内容完善、学段衔接的要求。同时，评价量表的内容制定结合中小学身心发展规律和教育教学实际，划分了不同学段的主要德育评价内容，为教师评价提供了详细参考。具体实施细则见附表。

3.2 积分评价系统的运行机制

指向学生全面发展的评价涉及方方面面，教师要在各类教育活动中捕捉学生的表现情况，以此作为评价依据，合理适度进行评价。这意味着学校不仅需要考量设计评价维度的基本原则，还需要明确什么是高质量的教育评价，制定评价系统的实施标准，建立支撑评价系统良好运作的管理系统，完善评价系统实施的具体流程。评价系统的实施标准、运作体系和完整流程能为教师提供“脚手架”，引导教育者尽其所能地做出恰当的评价行为，将传统评价中的“评判”指向转为“教育”导向，于评价中生成教育资源，通过评价“看见”学生的优势和弱点，使学生的智能得到全面充分的发展。

3.2.1 积分评价系统的实施标准

评价实施标准是评价行为实施质量的指标依据，换言之，它指明了怎样进行评价、做到何种程度才算是促进了学生的全面发展。明确了评价的具体实施标准，教师不仅能够知悉学生全面发展的评价水平，而且能反省自身，检验自身所做的评价质量的高低；同时，了解了评价实施标准，学校领导者才有具体生动的参照标准，据此有效地评价教师的评价能力，为教师提供评价资源，指导教师专业发展。反之，评价实施标准的缺位会导致评价行为丧失基本的方向，缺乏规范，也难以保证评价实施的效果。例如，在课堂中为了让更多学生收集积分，更有效率、更广泛地发放积分卡，部分教师选择大批发放积分卡，让大家“开心收获”。基于如此“善良”的评价出发点，真的取得了良好的评价效果，进行了有效的评价吗？下一次，还应该继续这样发放积分卡、进行评价吗？这是评价实施过程中自然产生的疑问和质疑。因此，在评价过程中，具体的实施标准是评价必不可少的核心内容。

然而，当下的研究以“教师评价标准”和“学生评价标准”为主，大多数研究者的目光都聚焦于对教师或学生进行评价的标准，鲜有针对评价行为质量本身进行的研究。国内外现有的一些研究或优质案例可以为我们提供参考。

国外学者斯蒂金斯（Stiggins）在2006年提出了促进学习的课堂评价标准，他从“为何评价”“评价什么”“如何评价”和“如何交流”四个方面切入，强调了评价行为应该：①目标明确；②内容具体，指向清晰；③方式恰当，具有可行性；④良好管理过程性资料，有效反馈可信结果；⑤重视学生的主体参与。[①]

艾特（Arter）和查普斯（Chappuis）认为，高质量的评价应该表现在评价内容、评价证据和评价描述反馈三个维度，即评价内容与目标直接关联，评价的内容具体明确，能清楚告诉学生应该做什么、怎么做、能不能做；评价证据比较充分，能够支撑学生发展水平的判断；评价描述要精确，对所有学生有效，且没有无关信息，没有文化歧视。简而言之，评价描述要避免歧视和偏见。[②]

在鲍里奇（Borich）和汤巴里（Tombari）看来，高质量的评价应该贴合以下标准：①目的相关性，即评价服务于教育目的，服务于学生的发展；②难度适宜，试题应该达到适合学生能力水平的最佳难度，具有一定挑战性，但不能太难，以帮助学生进行深度思考，发展高级思维；③多重目的性，评价不只针对一种能力，还可以有更复杂的活动；④问题解决方式的多样性，即评价的标准不再绝对，学生可以选择不同的表现形式；⑤自主学习，学生主动学习，主动解决问题，具备学习发展的自主性；⑥清楚

① Stiggins R，Arter，J，Chappuis J et al. Classroom assessment for student leaning：Doing it right-Using it well［M］. Portland，OR：ETS Assessment Training Institute，2006：27.

② Arter Judith A，Chappuis Jan. Creating & Recognizing Quality Rubrics［M］. Educational Testing Service，Portiand，Oregon，2006.

的指导语，评价的描述应该清晰，不产生歧义，不出乎学生的意料，不留有漏洞。[①]

以上几位国外学者所界定的标准虽有差异，但也有不少共同关注的要点，他们都强调了学生参与评价的主体性，重视评价与目标的对应，关注评价指向和描述的清晰、明确，强调评价反馈的重要性。这体现了学者们对评价可行和可信的重视，凸显了评价的价值本位。

国内学者虽没有直接点明评价的质量标准，但从学者们对评价实施策略和评价原则的相关论述中，我们仍然可以觅得他们对评价实施质量标准的相关看法。张志红提到，评价应该发挥学生参与的主体性，共享学习目标与成功的标准，获取学习目标达成的证据，合理分析证据，进行反馈和改进。[②]崔志钰、陈鹏等提出，高质量评价应该重视交互的主体（教师与学生），关照个性、关注差异，不仅以成绩为导向，应制定合理的评价目标。[③]张俊珍在论述追踪视角下的评价时，认为高质量的评价应该具有以下画像：①评价应该遵循学生成长规律，体现发展性；②评价内容多元、多维、立体，体现全面性；③追踪学生发展过程，具有持续性。[④]

对比国内外学者对评价质量标准的论述，可以发现，学者们都强调了学生的主体性，认定学生和教师是评价的共同体；同时，都表明评价应该多元，关注个性差异。另外，学者张俊珍还进一步强调了评价的发展性、持续性，评价不应是静态的，它应该是动态的、可持续的、发展的和可调整的。

目前国外存在一些经常被应用、被认定的评价实施标准，下面列举了2个影响力较大的评价标准（见表3-3和表3-4）。

---

① Borich Gary D，Tombari Martin L. 中小学教育评价［M］. 促进教师发展与学生成长的评价研究项目组，译. 北京：中国轻工业出版社，2003.

② 张志红. 学生参与式课堂评价：现实问题、理念引导及实施策略［J］. 当代教育科学，2021（10）：51–57，67.

③ 崔志钰，陈鹏，崔景贵. 积极学习评价：基本特征 · 现实检视 · 实施策略［J］. 教育理论与践，2021，41（34）：54–58.

④ 张俊珍. 基于追踪视角的学生发展性评价的实践逻辑［J］. 教育理论与实践，2022，42（10）：29–33.

表 3–3　　美国课程革新中心的标准[①]

标准	内涵
匹配性	①评价成就标准、关键概念、能力及表现性指标 ②评价类型能恰当地评估这些能辨别的知识内容、技能及表现 ③提供与标准、关键概念、能力及表现性指标相关的学生作业的例子
系统性	①使用多方面的测量 ②使用正确的标准、程序取值及报告结果 ③表明范围和程序与课堂教学的一致性
持续性	经常性地向学生反馈与标准、关键概念、能力、表现性指标相关的学习
全纳性	①能够让所有的学生表现他们的优点，以不同的方式表现他们的所知和所能 ②让学生参与自我评价 ③提供恰当的条件或补救
良好的设计	①有效：成就标准、关键概念、能力及表现性指标能够正确地被评价；评其所评 ②可靠：评价提供了有效的信息作出可靠的决定；结果始终保持一致；有清楚的语言
道德性	①公平 ②无偏见

表 3–4　　美国州立学校管理者委员会的标准[②]

标准	内涵
一致性	①评价过程和目的相匹配；所有的利害相关者（教育者、学生、父母）共享同一个解释标准 ②教学、评价和评分是基于标准的
代表性	①评价有效地反映课程标准所规定范围的广度和深度 ②通过评价产生的学习证据要足够（数量和类型）能用来作出教学决定

① Jones P. A pig don’t get fatter the more you weigh it：classroom assessment that work［M］. New York：Teachers College Press，2007：9.

② Council of Chief State School Officers.Characteristics of sound classroom assessment［EB/OL］.［2012–10–10］. http：//www.education.nh.gov/instruction/curriculum/arts/documents/character.pdf.

续表

标准	内涵
价值性	①评价过程要有助于教学的决策 ②评价要有助于帮助学生自我评价，设置目标和改善他们的学习 ③评价要指导和关注专业发展
直接性	①根据情境，评价方式要提供最容易的路线以收集和判断关于学生达到目标的信息 ②指示、任务和题目要清楚呈现必要的信息，避免模糊和不相关的材料
公平性	①评价要被正确地发展 ②对于相似作品的分数要保持一致和可靠 ③替代性评价方式要尽可能强调不同学生的学习需求 ④评价过程要没有偏见（社会经济地位水平、地理位置、性别、种族和人种）
实用性	①就计划的时间和资源而言，评价方法是有效的 ②评价的优点要能说明时间、资源和所需要的努力
容易交流的	①评价过程、发现和价值很容易被所有利害相关者理解 ②所有的利害相关者可以发现优质的表现或作品 ③结果要有助于得出正确的分数和进步的标志

对照这两个评价标准，可以发现，它们的表述虽然不同，但都关注了评价与目标的匹配、评价证据的收集、评价方式的可靠、学生的参与以及评价的公正性。它们的不同之处在于，前者强调了评价需要持续进行，即经常性地反馈；后者重点提到了评价的实用性，以保证评价的有效实施。

虽然学者和实践者们从不同的视角看评价质量标准，但评价的价值不变，目标指向不变，那么评价就应有共通的质量标准。鉴于以上标准的共同点，为了提高评价质量，促进学生全面发展，我们认为评价实施的基本标准应该至少包括以下7点。

1.指向明确

评价的最终目的是学生全面发展目标的实现。因此，评价任务与发展目标不能脱轨，两者应该相匹配。细化而言，每一项评价任务都应该有具体的目标指向。以天府七小“积分卡”为例，每一张积分卡都被赋予了具体的目标，对应评价系统的各个维度。因此，在评价过程中，教师需要有指向性地进行评价，切勿张冠李戴。教师应对应具体的行为标准，发放匹配的积分卡，从而真实地描述学生的表现，促进学生全面发展。

2. 描述清晰

有效的评价不仅在于评价内容和方式设计得合理，严谨准确的评价描述更是保证评价效度的重要条件。在天府七小实施评价的过程中，有教师曾因积分卡发放得模糊不清而感到苦恼，教师提到：每节下课，学生都会来认领积分卡；每次认领，学生都要询问可以领几张。这样的情况不仅耗时耗力，而且消耗了教师和学生对积分评价的积极性。究其原因，如此的苦恼其实是因为教师未表述清楚评价的要求和规则，导致评价的效度降低。若教师能够向学生完整描述评价任务的内容，清楚地说明积分发放的细则，减少评价实施过程中的歧义和偏差，评价将更加规范，有更高的可行性。

3. 现实可行

优质的评价设计不一定带来优质的评价效果。许多评价都在现实条件的牵制下磕磕绊绊，无法达到预期效果。保证现实情况可行、资源条件充分，评价才能有实施的环境条件。在天府七小积分卡研发的过程中，教师们也曾预想过将每一个评价指标进行细化，这个意见之所以未被最终采纳，正是因为这样看似细致的评价设计，却容易导致教师评价实施工作的繁杂、评价效率的降低、评价反馈的复杂化。可以想象，每次从十几类中选出适合的积分卡进行发放，是不现实、不可行的。可见，在评价设计和评价实施的过程中，教师都应该考虑现实条件，前置性思考时间、必要资源等是否准备齐全，学生是否在良好安全的环境条件下完成评价任务，去除现实条件的干扰项，保证评价证据的真实可靠，进而确保评价的高效。

4. 证据可靠

在评价实施过程中，不乏为了评价而评价、为了完成任务而评价等现象，例如不顾学生的具体表现，任意发放积分卡，或者发放积分卡太随意，想发几张就几张，类似这样的情况，都会导致积分收集不真实、不可靠。换句话说，无论受环境制约，还是评价原则不当，或是受自身文化价值影响，只要学生的发展评价是不真实的，不符合或没有体现学生的真实表现，那么这样的证据都应不予以采纳。只有依据真实可靠的评价证据，才能作出客观科学的评价反馈。

除了评价证据本身的真实性，证据的收集与整理方式也会影响评价的信度和效度。在学校里，曾一度有过这样的“有趣”现象——有一群学生，每日热衷于低头看路，收集其他人掉落的积分卡。在一张又一张积分卡的积累下，学生的评价结果就开始出现了偏差。

为了保证评价证据及收集方式的真实性，学校积分评价系统设置了“督察队”，例如设置学校课堂常规巡视管理团队，以监督积分卡发放是否合理；评分线上平台增设了教师平台，方便教师查看每位学生的积分情况，结合自己发放积分卡的情况，评判学生评价数据的真实程度，保证评价证据的可靠性；征集班级学生督查团队，以互相监督积分卡来源是否真实合理。

5. 学生参与

学生作为主体，自主参与评价被认为是高质量评价的核心。斯蒂金斯（Stiggins）认为，评价最大的潜在价值就是将学生作为完整的主体参与到评价过程中。[①]只有学生被认同，被赋予评价的权利，学生才更愿意自主努力发展，其元认知能力也才能在参与评价的过程中得以提升。

然而，在一般的印象中，积分往往掌握在有权者的手里，即教师统领积分，在积分的发放上有着绝对的“决策权”，学生往往处于被动的位置，作为对象被评价。这样的评价画像在积分评价中比比皆是。要改变学生如此被动的评价方式，我们尝试赋予学生评价的权利，建立评价的共同体。例如，积分卡设计之初，学校召开了与家长、学生的三方会议，让积

① Sttiggins R J. Student-Centered Classroom Assessment [M]. Columbus, Ohio: Merrill, 1996: 18.

分卡成为三方认同的评价媒介。同时，学生将与教师一同制定积分发放细则。学生将深度参与评价系统实施的完整过程，包括开展同伴互评、小组互评，主动收集积分卡，扫码查看积分情况，了解自身评价画像。让学生在主动参与、互动交往的过程中，共同负起评价的责任；让评价不再只是教师单方面的推动，而是教师与学生、学生与学生的交互、协商与合作，从而达到提升评价效果的目的，深入触及评价促进学生全面发展的本质。

6. 持续发展

学生的全面发展不只立足于当下，还要能面向未来。据此，指向全面发展的学生评价首先需要通过持续的测评和观察，看到学生的进步与变化，从而科学评价学生的发展水平。只有动态、发展的目光，才能带来评价的及时更新，这样既不会导致学生发展水平的滞后，更不会根据所谓的标准化对学生发展水平进行“一刀切”，随意给学生下定论。

其次，评价应该关注学生各个阶段的发展，并且教师可以根据不同阶段学生的特点，结合发展目标，制订螺旋上升的发展性评价指标体系，并利用数据动态呈现学生的发展路径，分析学生发展的优劣势，从而达到实时跟踪、动态反馈、及时调整的效用。[①]以天府七小积分评价为例，教师可以在大数据技术的支持下，获悉学生不同时期的表现情况。例如，某位学生上学期英语所获积分卡较少，但这学期有了明显的进步。以动态发展的眼光看待评价，教师才能了解学生的成长轨迹，记录学生的突出表现，发现学生的特点和潜力。另外，持续发展的评价能够兼顾学生的差异，从个体的微观角度看待自身发展。例如，一、二年级注重积分评价的激励作用，三、四年级注重积分的客观记录功能，五、六年级则注重引导学生利用积分报表反观自身学习发展。

这样的评价系统能够有效地缓解学生间横向比较的压力，突出个体成长的独特性，让学生不再只看“别人家的孩子”，给予学生正向的激励。

---

① 张俊珍. 新课程对学生发展的影响分析与跟踪研究［J］. 小学教学（数学版），2020（10）：4–7.

7. 不偏不倚

道德标准是评价质量的基本标准，促进学生全面发展的评价不能以牺牲部分学生的权益来满足另一部分学生的发展。公平公正、不偏不倚、一视同仁是最基本的评价要求。学生虽有个体差异，但在评价的权利上人人平等，因此教师不能因学生的差异，如学习障碍等，剥夺或减少学生评价的机会，而应该尽可能给所有学生提供展示自己、表现自己的机会。当然，公平公正也不是意味着绝对的一致。例如，班级成绩排名第一的学生能够获得评价积分。那本来排名倒数第一的学生通过自己的努力进步了十名，不是第一，能得到积分吗？如果按照绝对一致的标准不发积分卡，这个学生可能会因为没有受到激励而失去进步的动力。如果能考虑个体差异进行评价，这难道不也是一种弥补的公平吗？可见，评价的公平原则要求我们不因差异而区别对待个人评价的基本权利，同时也要求我们要考虑个体差异进行合情合理评价。

3.2.2 积分评价系统的运作体系

1. 积分目标定位

积分评价系统的运作更注重学生的全面发展，激发学生的学习兴趣，培养良好的学习习惯和品德。

（1）促进全面发展。评价系统应关注学生的知识掌握、技能发展、情感态度、价值观念等多方面，帮助学生实现全面发展。

（2）激发学习兴趣。通过多样化的评价方式和鼓励性的反馈，激发学生的学习兴趣，使他们享受学习过程，培养终身学习的习惯。

（3）培养良好习惯和品德。评价不仅关注学生的学业成绩，也重视对学生行为习惯、社会交往能力和道德品质的培养。

（4）个性化发展。考虑到小学生个体差异大，评价系统应能够为每个学生提供个性化的评价和反馈，支持每个学生的特定需要和潜能发展。

（5）家校合作。通过评价系统，加强家校之间的沟通，让家长了解学生在校的表现和进步，共同关注和支持学生的成长。

（6）科技辅助。利用科技手段，如数字化平台和工具，提高评价的效率和准确性，同时为学生提供更丰富、互动的学习和评价体验。

（7）持续改进。评价系统需要不断收集反馈，根据学生的发展需要、教育政策的变化和教育科技的进步，进行调整和优化。通过实现这些目标，天府七小评价系统能够更好地服务于学生的成长和发展，为学生打下坚实的学习和生活基础。

2. 注意事项

（1）这不是一个社会意义的“创富游戏”，其唯一的目标是促进学生的全面、健康成长。因此，所有的参与者（教师）切不可过于强调“挣积分”这一目标，而应给学生树立“你认真做好自己的事，就可以顺便获得肯定”这样的观念。

（2）在操作层面，这是一个微型的经济运行系统，因此积分投放绝不可随意，务必按规则执行，各班级在实施过程中产生的问题需及时上报给项目组讨论，然后进行调整。

（3）班主任需在项目试点过程中密切关注学生对积分的态度、获取途径、使用情况、积分管理等方面的动向，并及时与项目组教师交流，以便该项目尽早完善并投入使用。

（4）评估过程中要特别注意区分学生应享受的学习权益和积分购买的实物或虚拟商品之间的边界，只有在学生应享受的学习权益之外的个体需求才应纳入消费范畴。

（5）因为延时服务不是全体学生参与，并且学生参与的课程有差异，因此每天延时服务时段的学习表现一律不纳入积分评估范围。

3. 积分系统主要结构模块

（1）必修积分模块。具体可分为以下两方面内容。

每周日常表现。与学校学生发展部协作，将班级日常评估以积分方式分发到各班，各班再根据学生在班级内的表现具体到个人。

每周学习表现。与学校课程教学部协作，制定积分评估细则，原则上应涵盖学生在一周内各学科课堂表现、课后作业及测评等所有个体学习上的具体情况。

（2）选修积分模块。该模块积分特指学生参与的除必修模块之外的各类学校活动、竞赛活动等获得的项目积分（具体标准按规则执行）。该模块的积分均由组织者（负责老师）向“积分成长”项目组提出申请，活动结束后由项目组将积分统一划拨给组织者进行分配。

学校在各种临时性任务时招募志愿者，经考核合格的志愿者按要求完成相应志愿活动任务后可获得相应积分（具体积分标准由发起人会同项目组共同确定）。

（3）自主积分模块。该模块指学生个体或团队自发策划、组织实施项目后获得的积分。天府七小任何个人或团队都有权策划、组织实施诸如书画展、音乐会等活动，但每一次活动需经相应学科组教师集体审核后方可实施并发放积分。

4.积分成长系统架构

（1）项目组（中央银行）。职责：①汇总各板块评价细则并以此为依据测算和控制积分发行总量。②监控积分运行情况，及时修订和完善积分发放细则。③及时解决各负责教师和学生在积分获取和消费环节的各种问题。④根据积分发行总量确定实物商品的价值并分配到各班采购。⑤建立“中央银行”（积分运行系统），不断完善和修正系统运行。

（2）监督委员会（各班家委会成员组成）。职责：①配合积分成长系统提供奖品支持。②配合做好价值观引导。③及时监督和关注孩子的学习生活变化，给项目实施提出建设性意见。

（3）积分和消费环节负责人。在积分评价管理体系中，主任导师、包班首席及学科教师各自承担着不同的责任，具体职责如表3–5所示。

表 3–5　　积分评价管理负责人职责

负责人	职责
主任导师	①向学生和家长宣传解释积分评价制度的意义、目标和具体实施办法，确保所有相关方对评价体系有充分的理解和认同 ②在日常教学和管理活动中，根据积分评价标准，对学生的学习成果、行为表现、参与活动等进行记录和评价，确保评价的公正性和准确性 ③及时向学生和家长反馈积分评价的结果，对学生的优点给予表扬，对需要改进的地方提出建议，鼓励学生不断进步；关注学生的个性化发展需求，基于积分评价结果对学生进行个性化指导和支持，帮助学生在学习和个人成长上取得进步 ④处理学生、家长对积分评价结果的疑问和异议，及时解决积分评价过程中出现的问题；根据积分评价结果，组织实施积分激励措施，如表彰大会、奖励兑换等，提高学生的积极性和参与感 ⑤收集学生、家长对积分评价系统的反馈和建议，定期向学校管理层或积分评价管理负责人反馈班级在积分评价实施中的情况和存在的问题，提出改进建议
包班首席及科任教师	①理解与执行：深入理解积分评价制度的目标、原则和操作流程，确保在日常教学中正确执行评价标准和方法 ②学习成果评价：根据学科特点和学生学习情况，对学生的学习成果进行公正、客观的评价，包括作业、测试、项目等各类学习活动的表现 ③行为习惯评价：观察和记录学生在课堂上的行为表现，如纪律、合作、参与度等，按照积分评价标准进行评分 ④积分记录与反馈：及时记录和更新学生的积分情况，通过家长会、学生个别谈话等方式，向学生和家长反馈积分评价结果，激励学生改进和提高 ⑤发现与培养兴趣：利用积分评价体系发现学生的兴趣点和潜能，鼓励学生参与更多相关的学习和活动，促进学生个性化发展 ⑥积极参与团队协作：与主任导师和其他学科教师协作，共同讨论和解决学生在学习和行为表现上的问题，形成教育合力 ⑦持续学习与反思：根据积分评价的反馈，不断反思和调整教学策略和方法，提高教学效果，更好地满足学生的学习需求

续表

负责人	职责
积分评价项目组 学生发展中心	①评价体系设计：设计和完善积分评价体系，包括确定评价的指标、标准和流程，确保评价体系能全面、公正地反映学生的学习成果和发展情况 ②活动组织与管理：组织和管理与学生发展相关的各类活动，如兴趣小组、社会实践、体育竞赛等，为学生提供展示才能和发展兴趣的平台，并将活动表现纳入积分评价 ③监督与评估：监督积分评价的执行情况，定期收集和分析评价数据，评估积分评价体系的有效性和对学生发展的影响，提出改进建议 ④沟通与反馈：作为学校、教师、学生及家长之间的沟通桥梁，及时传达评价信息，收集各方反馈，调整评价策略以更好地服务学生发展 ⑤促进个性化发展：关注每位学生的个性化需求，利用积分评价结果为学生提供个性化的学习建议和发展计划；学生发展部门在积分评价管理中的角色不仅是评价执行者，更是学生全面发展的推动者和守护者，通过有效的积分评价管理，该部门有助于激发学生的潜能，促进学生在学业、兴趣、品德等方面的全面发展

3.2.3 积分评价系统的使用流程

积分评价系统是基于大数据背景，借助现代化教育装备创建的一套科学、精准的评价模式，使用流程包括“获取积分卡—扫码积分—留档、兑换—消费、投资”四个主要操作流程，将高效、简便和数字化的评价体系真正落实到日常教育教学中，制定系列实施管理制度，提高学校积分评价体系实践的质量。积分使用具体流程如图3-1所示。

1. 获取积分卡

这是积分评价系统的起始步骤。学校为每位学生在“七小银行”建立了自己的积分账户，由教师根据对学生在学校生活、学业表现、活动竞赛等方面的不同表现发放不同维度的积分卡，银行帮助学生储蓄积分。

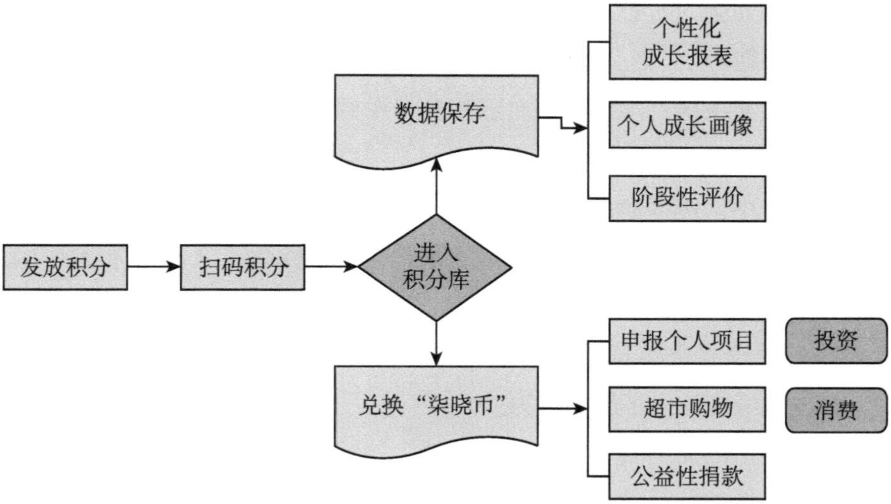

图 3–1　积分使用具体流程

2. 扫码积分

在日常的学习、活动中，学生可以通过完成特定的任务、达成特定的目标或表现出色来获得积分。每当他们完成一项任务或达成某个目标时，家长使用App扫描积分卡上的二维码将学生的积分录入系统，完成积分。后台通过积分数据为学生生成成长报表以及相应的校园货币，这个步骤确保了积分的实时、准确记录。学生不但在课堂上得到了即时评价，我们的评价也更加方便地服务于课堂。同时，扫二维码这种方法也能帮助家长了解学生在校的表现，为家校共育助力。

3. 留档、兑换

积分记录后，系统会将这些积分数据存储下来，以供后续的查看和分析。同时，学生也可以根据自己的积分数量，在积分银行中兑换“柒晓币”。

4. 消费、投资

“柒晓币”可以在校园内的消费场景中进行消费。有以校园币为媒介的实体商品消费。“中央银行”根据全期“货币”投入计划设定积分投放总量；由家委会为所有参与试点的班级提供实物奖品（奖品原则上应是学习用品、书籍等），奖品总金额按照1积分兑1角的标准折算；奖品每半个月盘点、补充一次；学生可用自己积分卡中的余额自行购买相应价值的实物奖品。积分系统也逐渐融入了虚拟商品消费和“钱生钱”的活动。在校园积分系统中，虚拟商品消费成为一个重要的环节。学生可以使用积分来购买虚拟商品，这些虚拟商品可以满足学生的个性化需求，增加校园生活的趣味性。通过购买不同的虚拟商品，学生可以展示自己的个性和特点，形成独特的校园文化氛围。同时，虚拟商品消费也带动了相关产业的发展，为校园经济注入了新的活力。

除了虚拟商品消费，一些“钱生钱”的活动也成为校园积分系统的重要组成部分。这些活动通常是通过投资、理财等方式，让学生在积累积分的同时，也能够获得一定的经济收益。例如：

（1）各班可根据班级实际情况设计“奖池”，学生可用积分选择购买“奖池”内的虚拟商品，比如班主任寄语、和教师一起做游戏等。

（2）学生可用积分购买学校某些场地、设备在特定时间的使用权以进行团队活动或举办展览、演出等。

（3）学生可用积分支付在自己策划的活动中所聘请的“工作人员”的“工资”。

（4）学生可用积分购买其他同学举办的展览、演出门票。

（5）学生可用积分购买其他非个人学习权益内的虚拟商品，具体情况可由个人到“中央银行”申请后按“中央银行”给出的意见执行。

（6）其他积分消费视具体情况由学校项目组讨论后给出指导意见。学生在这个过程中，产生了许多丰富的自生性活动，如开电影院、菜市场、花店、便利店等。银行需要对这些“金融活动”进行监督、管理，同时也为一些活动提供“贷款”等帮助，辅助各类活动能够按规定开展、稳健经营。

还有一些公益项目，例如：

（1）学生可以通过捐赠积分的方式进行慈善捐助活动。

（2）当学生的能力足以开设“学生公司”或“虚拟证券业务”时，积分可用于购买公司商品或虚拟证券。

（3）学校可在适当的时候组织开展学生交易节之类的活动，学生间可用积分进行交易活动。

（4）学校设定固定时段，由教师发起一些有利于学生成长的活动，感兴趣的学生可利用积分购买学习参与机会。该时段原则上应为教师们的休息时段或学生的自由活动时段。

在整个积分评价系统的运行过程中，学校制定了一系列的实施管理制度，以确保积分评价体系的公平、公正和有效。这些制度包括但不限于积分计算规则、积分兑换规则、积分使用规则等。同时，还需要对积分评价系统的运行情况进行定期的监督和评估，以便及时发现问题并改进。

通过这样一套科学、精准的评价模式，学校可以更加全面、客观地评价学生的工作和学习表现，同时激发他们的积极性、创造性和主动性，推动学校或机构的持续发展。

第4章 评价到激励的转化

4.1 “七小银行”和“柒晓屋”的产生背景

构建合理的校本评价机制，是学校发展的需要；完善评价系统的设计，是学生成长得以润泽的需要。天府七小借助信息技术手段，采用“积分制”的方式，以“积分卡”为载体，从德、智、体、美、劳五个维度、多个指标对学生进行科学、合理的即时评价。从传统工具到数字化工具，天府七小对学生评价结果的呈现突破了数据留存、分析、运用的瓶颈（见图4–1至图4–4），帮助家长、教师得到可视化的学生发展评价档案，为学生提供更加精准的数字画像。评价的主要目的不仅在于全面了解学生的综合发展，它更是一种激励学生不断努力的手段。然而，借助信息技术所搭建的积分评价系统，虽将学生各维度、各指标下的表现用积分进行了量化，但其数据存储于网络系统，需借助家长手机方可进行查阅、操作，因此我们不得不承认这于学生而言并不直观。根据斯金纳的强化理论，儿童的行为塑造需要给予不停的“刺激”以进行强化。我们发现在实践过程中，学生在获得积分卡后，通过扫描二维码将对应积分储存于积分评价系统，获得的积分若没有后续作用，那么它作为一种“虚拟奖励”将毫无用处，进而导致学生后期的参与度逐渐下滑，逐渐失去对积分卡的获取兴趣，促使积分评价系统丧失使用价值。若要使积分作为一种正强化的手段，达到不断激励学生进步的目的，则需要搭建能变现积分的后续平台，使虚拟奖励具象化，给予学生可触摸的强化物，不断刺激学生参与评价。

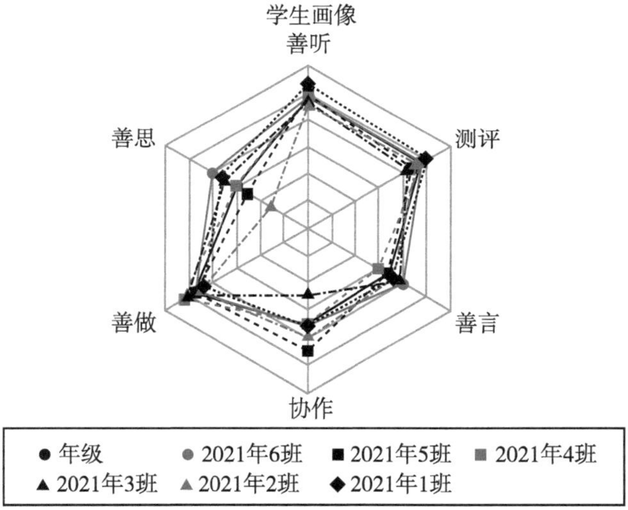

图4–1　年级画像

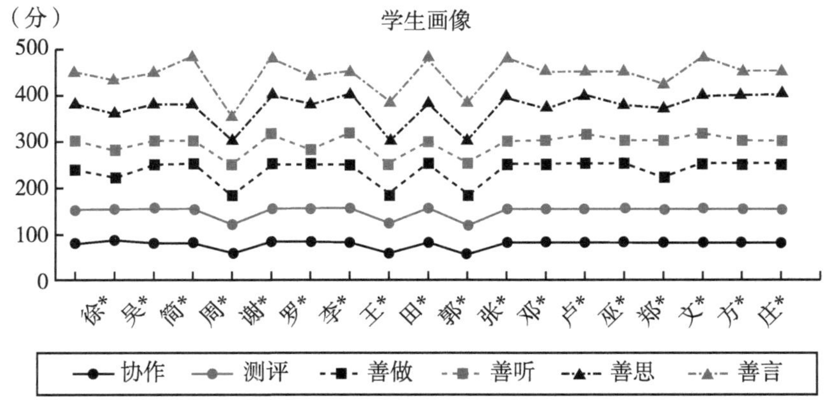

图4–2　班级画像

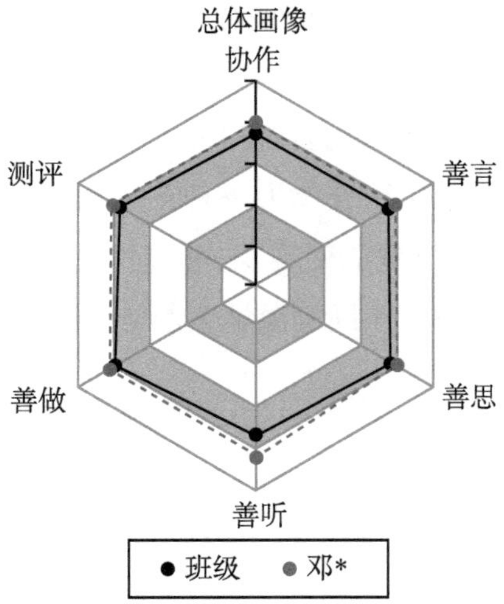

图4-3　个人画像

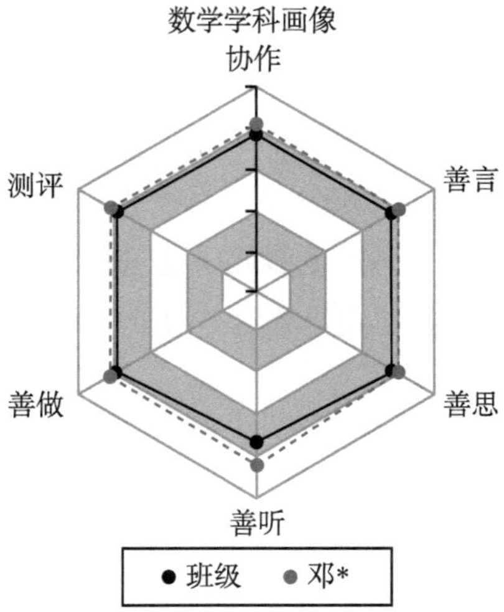

图4-4　个人分科画像

基于美国著名心理学家斯金纳的强化理论，天府七小进一步革新评价体系，根据学生“后援强化物”的需求，搭建了“柒晓屋”线上平台，帮助学生使用积分换取奖品，其中包括实物类奖品和虚拟类奖品。在操作层面上，“柒晓屋”线上平台的营业以学期为单位，学生可在家长的协助下利用积分系统手机端下单，积分快递员会把“礼物”送至班级驿站，学生凭借取货码完成奖品领取。即便如此，我们会发现，线上平台依然需要家长的协助，且兑换周期较长，导致学生的参与感较低，不能得到及时满足，同样也会降低学生内驱力。那么，如果将“柒晓屋”搬至线下，学生能够自主购物，必然能增强其体验感。但是，积分存储于积分评价系统，学生如何使用才能进行线下自由购物，这成了亟待解决的问题。基于以上考量，教师团队结合学校“与儿童共创”的教育哲学，打造出源于“儿童城市”的现实生活场域——“七小银行”（见图4-5），承担包括学生积分兑换在内的主要职能，并将“柒晓币”（见图4-6）作为“儿童城市”的主要流通“货币”。“七小银行”的成立解决了积分评价系统中学生积分抽象化的困境，通过将积分兑换成“柒晓币”的方式，让“量”存于学生手中，可触摸、可感受、可使用，使量化更具实际意义。此外，作为学校唯一流通的“柒晓币”，具有现实生活中“钱币”那样的功能，即可换取多种多样的奖励物品或感兴趣的活动体验，成为学生评价环节中的“后援强化物”，刺激学生不断进步、不断发展。因此，在打造“七小银行”的同时，自然产生了使用“柒晓币”购物的现实场所——柒晓屋（见图4–7），实现了从线上到线下的跨越。此外，“七小银行”与“柒晓屋”采取每周固定时间营业的方式，促使学生在统一时间、统一地点进行积分兑换和物品购买，大大提高了学生获取积分的积极性，进一步促进学生的全面发展。

由此可见，“七小银行”和“柒晓屋”的产生基于学校评价体系革新以及学生发展的需要，实现了学校评价场景化的迭代，赋予了评价无限大的可扩展空间，也为后续更多有趣的故事开启了序幕。

图4–5　“七小银行”实景

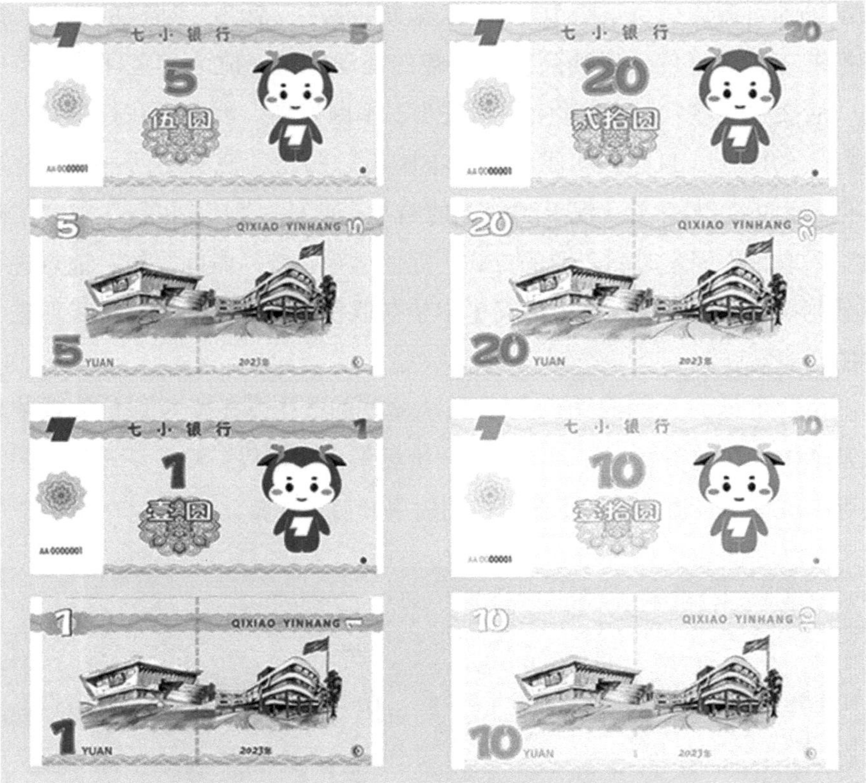

图 4–6 “柒晓币”图示

图 4–7 “柒晓屋”实景

4.2 “银行”“超市”系统及其工作要点

4.2.1 “银行”系统

“七小银行”作为学校的“中央银行”，是学校调控积分、“柒晓币”的重要工具，负责制定学校的货币信用政策，是唯一拥有“柒晓币”发行权的机构，是管理由教育评价衍生而出的一系列“金融活动”的银行。“七小银行”为每个学生建立了自己的积分账户，学生在学校通过自己的努力获得积分卡，回家后通过家长的手机端扫积分卡背后唯一的二维码，从而获得积分，银行帮助学生储蓄积分，也为有消费需求的学生提供积分兑换“柒晓币”的服务。学校“七小银行”的主要职能包括：对每学年的“柒晓币”、积分卡进行测算；为学生提供积分兑换“柒晓币”的服务；为学校的各种活动、比赛的开展提供活动资金，辅助学校各类活动的开展。

1. 测算职能

在学校流通的积分与“柒晓币”数量不是随机产生的，也不是单方面由教师的需求或学生的需求而决定，为了每学期科学地印制积分卡和“柒晓币”，需要由“七小银行”经过严格的测算，对每学期流动的积分数量与“柒晓币”进行宏观调控。为了鼓励学生在平时的学习生活中养成良好的行为习惯，积极参与积分评价，学校校务会决定为每个学生提供20元的奖励经费，用全校人数（假如上学期全校人数是1000人）乘每人20元，那么学校计划为全校准备大约20000元的商品（包括实物商品和虚拟商品）。由于学生不会全部将钱花出去，大部分学生都有储蓄意识，因此“超市”

每次以5000元为单位按需购置奖励商品。通过前期的实践与测算，每位教师在每节课堂上的积分分发数量平均为6~8张，可以测算出全校一学期的总积分量在25万张左右（一节课8张积分卡，每天7节课，一周5天，一学期20周，全校有45个班级，需要$8\times7\times5\times20\times45\approx25$万张积分卡）。由于“柒晓币”的价值等值于人民币，因此每个学生每学期平均获得20元“柒晓币”，那么全校一学期大约有2万元“柒晓币”，可以测算出积分与柒晓币的兑换比例为5∶1，也就是5积分可以兑换1元“柒晓币”，这就是“七小银行”积分兑换比例的由来。

测算出了积分数量、“柒晓币”数量以及积分与“柒晓币”的兑换比例后，接下来每学期在保证兑换比例稳定不变的基础上，需要提前为每位教师测算出各维度的积分卡数量，测算方法也是根据教师的课时决定的。例如，李老师本学期教授2个班级的数学，每个班一周有5节课，本学期（20周）他一共要上$20\times5\times2=200$节课，平均每节课发8张积分卡，那么本学期李老师大约需要$200\times8=1600$张积分卡。根据数学学科对各维度的需求比例，“七小银行”就可以算出李老师每个维度所需积分卡的数量，并保证开学前他能拿到自己本学期所需的积分卡。

2.服务职能

为了鼓励学生们积极获得积分，项目组设立“七小银行”，让学生们将自己获得的奖励积分兑换成“柒晓币”，在天府七小这个“儿童城市”里体验各种消费场景。因此，兑换服务是“七小银行”每周必不可少的一个事务性工作。在“七小银行”成立初期，由于兑换需要在电脑上操作（见图4-8），需要输入学生姓名后，找到学生的对应账户，再进行兑换，学校当时没有高年级段的学生，因此兑换服务主要是由教师主持，每位教师旁边有一名学生作为“七小银行”工作人员帮助发放“柒晓币”。后期在学生打字能力、电脑操作能力、计算能力等达到要求后，由学校公开招募“银行职员”，让学生在学校也能有社会职业体验，在劳动的过程中获得相应的报酬。

图 4–8　“七小银行”存储操作界面

“七小银行”的兑换时间采取每个年级不同的时间段，进行错峰兑换。“七小银行”的“工作人员”有柜员4名、大堂经理1人。2名柜员的工作内容是操作电脑，帮助学生在账户中进行相应的积分扣取，另外2名柜员根据扣取的积分数量计算出相应的“柒晓币”，将相应数量的“柒晓币”发放到学生手中。大堂经理则在这个过程中维持“七小银行”的秩序，动态调整每个队伍的排队数量，或者给低年级的学生提供一些必要的帮助，比如一些刚入学的学生说不清楚自己的姓名，大堂经理可以提供纸和笔让他提前写出自己的姓名。

通过以上工作我们可以看出，对“工作人员”前期的培训是非常重要的。因此，在学生正式开始工作之前，会有一段“实习期”，学生在教师旁边观察、学习操作方法；正式开始工作之后，也需要教师随时在旁边观察他们的进行情况，必要时给予一些帮助或者是技巧上的指导，慢慢地会发现，学生不再需要教师也能独立处理很多“突发”问题。最后就是每月一次的工作复盘，让学生们说一说工作中遇到的问题，或者是想法，在培养学生独立思考能力的同时，也让他们学会创造性地工作。

3. 辅助职能

天府七小积分评价系统以积分制为评价手段，5个积分就能获得1元校币，校币的产生激活了学生自生性项目的发展，学生可以用获得的校币在学校超市进行兑换，也可以在校内进行一些交易活动。有以校币为媒介的交易活动，也有各类“钱生钱”的活动。在这个过程中，学生产生了许多自生性的活动，如开电影院、菜市场、花店、便利店等，“银行”需要对这些“金融活动”进行监督、管理，同时也为一些活动提供“贷款”等帮助，辅助各类活动按规定开展、稳健经营。

除此之外，“七小银行”也为在各项校级、区级、市级、省级、国家级比赛或者展示活动中获奖的同学提供相应的“奖金”，鼓励学生们积极参加各种比赛和活动，展示自我的风采。学生发展中心单人奖项奖学金发放标准如表4-1所示。

表4-1 学生发展中心单人奖项奖学金发放标准

级别	获奖类别	一等奖奖金	二等奖奖金	三等奖奖金	备注
校级	校园之星、校级荣誉称号、各项校级比赛	3元	2元	1元	各类奖项、荣誉称号需由学校、教育部门认可
区级	区级各项比赛、荣誉称号、区级演出	5元	4元	3元	
市级	市级各项比赛、荣誉称号、市级演出	10元	8元	5元	
省级	省级各项比赛、荣誉称号、省级演出	15元	13元	10元	
国家级	省级各项比赛、荣誉称号、国家级演出	25元	20元	15元	

4.价值体现

（1）在评价中引入货币，激发学生的进取心。过去，我们常常用五角星或者印章来鼓励评价学生，久而久之，一部分学生习以为常，失去获得正向评价的动力。[①]“柒晓币”的产生，让学生对评价产生了前所未有的兴

① 吴丽春.巧用积分机制，优化作业评价［J］.陕西教育，2012（5）：78-79.

趣，教师为鼓励学生的良好行为表现而发积分卡，学生通过积分兑换“柒晓币”，在获得评价的过程中，这些良好的行为表现也得到了正面刺激。“柒晓币”提高了学生评价的体验感，学生们通过获得的积分可以在学校“柒晓屋”换取自己喜欢的商品，从而激发其获得积分的动力。

（2）学生初步感受社会和经济运行的基本方式。学校“银行系统”、各种“柒晓币”的应用场景，让学生在学校这个儿童城市中探索社会经济规律，在实践中帮助学生树立正确的财富观念，提升学生的财商水平，进而形成正向积极的生活态度。“银行”“超市”等职能部门的出现，让学生有机会锻炼自己，走进“儿童城市”中的各行各业，促进自身全面发展。

（3）衍生出自生性的活动课程，促进学生全面发展。在评价系统的使用过程中，抓住因评价系统而衍生出来的财商课程、劳动课程以及全域整合课程，将评价系统与课程设计联系起来。实践证明，在凭借自己的行为表现获得积分卡和“柒晓币”之后，有一部分学生的心理就开始“活泛”了，租用场地开设“柒晓放映厅”、承包学校的天空农场种植经济作物、策划一场展览、开办一个跳蚤市场等，各种有趣的想法自然发生。正是“柒晓币”的产生，让学生们想出了层出不穷的好主意。课程研发部从课程的角度设计了学校级自生性课程和班级内自生性课程，学校级自生性课程由学校课程研发部统筹，班级内自生性课程由班级管理教师负责，必须遵循的原则就是引导学生主动完成从想法到课程的转化。这不仅促进了学生财经素养的提高，也让学生不断在活动中锻炼能力、修养心性，实现全面发展。

4.2.2 “超市”系统及其工作要点

“柒晓屋”是天府七小“儿童城市”中具有重要育人价值的实践场域，也是积分评价系统的重要一环。“柒晓屋”的设计、开发与运营创造了一种新型学生管理模式，该模式以职业体验为内核，“儿童城市”公开招聘，学生自主竞聘，教师民主参与，在规范的流程中渗透各类职业的规范与制度，实现岗位目标量化管理。通过职业体验帮助学生学习必要的职业知识和技能，同时帮助学生形成健全的人格和良好的思想道德品质，实现以德育人。在“柒晓屋”运行的过程中，学生成为“超市”的主人，自主自发地加入“超市”管理的方方面面，如根据实际需要修订、完善“超市”相关制度；结合服务对象的特点设计开展各类活动，选备各类商品等。学生们在实践中不断反思，自发开展过程性互评、阶段性总评、反馈意见收集与改进等活动，推动“柒晓屋”有序高效运行。

学校在这一过程中落实以人为本的教育理念，教师成为陪伴者、帮助者，引导学生在实践过程中学会学习、学会求知、学会做事、学会共同生活和学会生存，帮助学生为未来生活做好充分准备。同时，“柒晓屋”又是积分评价系统中可视化激励的重要载体，体现着评价促进学生发展的显性功能，“柒晓屋”的运行为天府七小“儿童城市”的发展与评价系统的科学运行提供坚实的实践土壤，它的出现是对传统评价的一次重要革新。

1.“柒晓屋”的组织结构与实施流程

“柒晓屋”组织结构与实施流程如图4-9所示。

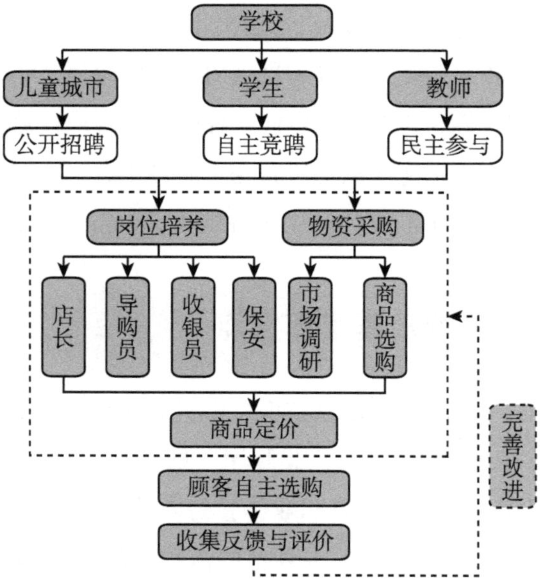

图4-9 “柒晓屋”组织结构与实施流程

2. “柒晓屋”的岗位竞聘

由“儿童城市”公开招聘，学生通过毛遂自荐进行自主竞聘，教师民主参与，学生在经历个人演讲、才艺展示和教师面试三个环节后，进入“儿童城市”岗位公示环节，公示无异议后完成岗位培训，方可上岗（见图4–10至图4–12）。

图4–10　“儿童城市”招聘公告

图4–11　学生自主竞聘简历

图4–12　教师民主参与

3. “柒晓屋”的岗位设置与培养

“柒晓屋”的岗位设置是以生活事件为基础的具身德育，运用创新形式渗透美国著名教育家杜威“做中学”“生活即教育”的教育理念，创设贴近学生生活经验、满足学生发展需要的教育场域。打造沉浸式的“身体—环境—文化”交互的实践场，紧抓“知行合一”“在劳力上劳心”的教育目标。增强体验性，力求内容全面、客观，程序科学、规范，关注每一个孩子的特长和潜能，促进学生全面协调发展，实现教育的具身性。“柒晓屋”的岗位设置如表4–2所示。

表4–2　“柒晓屋”的岗位设置

职位	店长	导购员	收银员	保安
岗位内容	①全面管理超市，确保超市良好运作 ②负责召集店内人员共同制定、维护、完善及执行相关规章制度，落实、反馈超市所制定的活动方案 ③检查店容店貌及超市内外卫生情况，包括货架、地面、商品、收银台，确保舒适的购物环境 ④指导并检查商品的陈列、摆放情况，展示要求和标价签使用情况 ⑤做好相应的学生市场调查，定期记录各类商品的销售情况 ⑥及时解决学生投诉事件，处理特殊情况 ⑦定期检查超市畅销商品的库存情况，指导导购员补货上架 ⑧对超市的商品进出情况、交接本及各种登记本填写情况进行检查	①严格执行员工制度，做到仪容端庄、仪表整洁，严格遵守各项服务纪律 ②熟识产品及产品包装上应有的标志，能够熟知自己责任区内商品的基本知识与相关信息 ③注意查看商品有效期，防止过期商品上架销售，了解商品布局和卖场陈列的基本方法，熟识卖场内商品摆放位置，定期对商品进行整理 ④随时注意商品销售动态，及时提出补货建议并做好补货上架的工作 ⑤根据商品摆放位置的变动和价格的浮动，及时调整价签	①熟练运用礼貌用语，耐心地回答顾客的提问，熟练掌握收银流程与相关工具的使用 ②收银员在结算时必须唱收唱付，顾客离开时要帮助顾客将商品装入购物袋内 ③提醒顾客带走所有商品，防止商品遗忘在收银台上的事情发生 ④营业结束后，高效准确核算该日营业额，核对该日商品交易情况与收支情况 ⑤保持收银台时刻整洁干净	①对超市区域进行巡逻，保卫客户、超市财产安全 ②确保超市购物活动的有序性和购物环境的安全性；检查、发现、报告并及时消除各种安全隐患，防止冲突、火灾等事故或盗窃等事件的发生 ③在巡逻过程中，对已经发生的安全事故或事件，及时报告老师并保护现场

续表

职位	店长	导购员	收银员	保安
岗位要求	四年级以上；具有较强的责任心、良好的组织沟通能力，思维清晰，动手能力强	二年级以上；具有较强的责任意识和规则意识；具有一定的动手能力，能进行简单的整理收纳，能够按要求书写记录	三年级以上；具有较强的责任心和良好的计算能力；动手能力强，有一定的表达沟通能力，善于整理收纳	四年级以上；具有较强的责任心和服务意识；具备敏锐的观察力和问题解决能力；具备良好的协调沟通能力

综上所述，学生在岗位实践中完全沉浸于“超市”生活，不仅用自己的头脑，用自己的身体，更用自己的心去感知社会生活。在各个岗位上的锻炼，不断激励学生们走向“认识—发展—完善自我”的成长之路，最终在潜移默化中实现“五育”并举，发展学生核心素养，从而推进课程改革和素质教育的不断深入。

4.“柒晓屋”的物资采购

（1）市场调研。“柒晓屋”各岗位成员在店长的组织下设计市场调查问卷，内容涉及学生最喜欢的文具、零食及其他用品的价格、款式、种类等，通过教师的帮助，将纸质问卷转化为线上调查问卷，并在审核后发送至学校各班。最后根据数据统计，掌握市场实际需求，及时上货补货，经历作出科学决策的一般方法。

（2）商品选择。根据调查问卷的数据分析，采购排名在前10名的文具、工艺品、零食等商品，并根据“柒晓屋”销售对象的特点与需要进行上架、补货、销售，满足学生日常学习与个性化需求。同时，重点关注商品的实用性、耐用性，尽可能选择大部分学生都比较青睐的物美价廉又精致可爱的商品。

（3）文创产品。上架学校设计的文创产品，如笔袋、布袋等，有助于传播校园文化，推进校园文化建设，创新文化传播路径，提升文化认同。“柒晓屋”内设有个人、班级、年级文创产品专柜，深度吸引更多多才多艺的“供货商”，在激发学生积极性的同时，培养学生的创新意识与能力。

（4）虚拟商品。“柒晓屋”还提供了很多学生想参与的、具有吸引力和实践性的项目岗位，如校长助理、校领操员等，扩展了“儿童城市”学习生活的宽度。学生在丰富的职业体验和实践活动中，感受不同职业的特性和岗位特点，提高学生的实际操作能力，在充分体验的过程中培养正确的价值观和良好的道德品质。

（5）特色项目。根据定期市场调研的结果，“柒晓屋”还会推出一些特色项目，如自助餐券、电影票，自上市以来就成为“柒晓屋”最畅销的产品。学生的校园自助餐在教师餐厅独立用餐，营养丰富、种类繁多的菜品让享用自助餐的学生大饱口福，菜品同时支持零售；电影放映在学校报告厅进行，影片的选取参照学生成长需求和心理需要，电影票一经上市经常被抢售一空。这些特色项目让学生在熟悉的校园场域中经历校外社会生活，在这份新鲜感的驱动下，更加激发了学生们通过各方面的努力获得积分卡换取“柒晓币”的决心。

（6）产品定价。“柒晓屋”里商品的价位是“店长”通过组织“超市”成员实际调研后，共同商议决定的。“柒晓屋”的商品价位要与社会生活中商品实际价位相匹配，杜绝随意定价。“超市”成员可根据学校市场行情，合理调整商品价格。

5. 选购方式与评价反馈

学生们将所得积分根据“七小银行”的兑换比例兑换成“柒晓币”，“柒晓币”是学校指定的规范代币，学生可在“柒晓屋”用“柒晓币”兑换上述各类商品。如顾客有任何商品问题或意见建议，可在“柒晓屋”顾客留言簿中反馈或找“店长”反映。“超市”成员定期开展总结复盘活动，在实践中发现问题、解决问题，“店长”根据各方反馈与意见，不断改进完善“柒晓屋”的运行制度与方案。

4.3 “柒晓屋”的价值

“积分制”是当下学校育人工作的重要载体之一，学校通过拓宽积分使用的宽度和广度，赋予积分更多的内涵。“柒晓屋”使积分变得更“有用”，不断可视化激励着学生自生性的发展追求与需要。

1. 发展学生责任主体意识

“柒晓屋”的运行有利于培养学生的责任意识，推动民主氛围。通过“儿童城市”的公开招聘，学生自主参与，让学生意识到自我权利与义务的平衡，发展学生的主体意识。这种参与的积极性和主体性使学生有更多机会参与班级制度建设、班级日常管理，培养学生的集体责任感和荣誉感，提升其对班级文化、校园文化的认同感。

2. 锻炼学生自我发展与管理能力

学生的自我管理与自我发展是教育中的重要一环。在“柒晓屋”的运行中，学生学会独立，学会自我管理和自我反思。在“柒晓屋”的实践中，激发学生自我发展的潜能，帮助他们更好地适应学习、生活和社会环境的需要。“柒晓屋”虽以积分为引，以实现需求为径，但始终以激励为核心，无论是“超市”工作人员还是学生“消费者”，都在不断地“学习—实践—反思—再实践”的过程中，逐步实现自身良性发展，提升自我管理能力。

3. 促进学生全面而个性化的发展

顺应新时代教育的具身性，中小学基础教育改革的视角不断向学生经验转移，在课程设计、活动设计的过程中也更加关注学生生活、学生与社会的联系。通过社会体验、各类综合实践活动，培养学生核心素养，已成为世界教育改革的一大趋势。通过创设“柒晓屋”这一贴近学生生活的教育场域，为每一位学生搭建展示自我、实现创意的平台，大力支持学生的个性发展，激发每个学生的内在潜能，培养创新意识。学生在发现自我、磨炼自我和认同自我的过程中发展综合性学习能力，实现全面而有个性的发展。

4. 培养学生良性竞争与合作意识

竞争与合作是个体成长与发展的基本条件。“柒晓屋”通过实物的满足充分调动了学生学习的自觉性和积极性，长效促进学生的自我追求。同学间、班级间形成比学赶超的学习氛围，大家互相监督、互相比拼、团结协作、共同进步。在这种潜移默化的影响下，学生内在的精神力量得到激发，身心得以全面发展。

“柒晓屋”为每个学生取得成功提供了可视化平台，同学们不仅通过勤奋学习、遵守日常行为规范、参与志愿服务等途径获得积分，还可以利用自己所长帮扶同学，设计自生项目获得相应积分，以分换币，用“柒晓币”选购“柒晓屋”的各类商品，收获的满足感、成就感达到顶峰。学生们在这一过程中明白追求自我发展与进步的重要意义，每个学生直观、真切地感知自己的点滴进步，感受成长、成功、成才的喜悦，发奋图强，不断追求绽放最精彩的自己。

放大评价的激励作用，为评价增值。通过“七小银行”，学生能够将所获积分进行具体量化，转化成可触摸的“柒晓币”，其作为学校唯一流通货币可在“柒晓屋”内兑换后援强化物——奖品。这一系列的实践活动，增强了学生评价的体验感，并在创设的真实场景中感受积分带给自己的实际价值，从而激发其获得积分的动力，将评价的激励作用最大化。此外，“七小银行”“柒晓屋”的运营模式及基本职能，促进了学校“银行系统”“柒晓币”应用场景的单项研究，形成了积分应用的相应策略，提高了评价的运行效率，增强了评价的吸引力，探索出了既符合社会经济规律，又符合儿童需要的科学操作范式，进一步为评价增值。

第5章 基于评价系统的自生性项目课程案例

5.1 基于评价系统的自生性项目运行规范

为积极践行全面发展的育人理念，主动回应学生探究真问题的需求，天府七小依托积分评价系统，以学生为核心，产生了许多项目化学习课程，建立起了高效可复制的课程实施范式。这些课程的产生与实施，在提高学生学习内驱力、转变学生学习方式、发展学生核心素养、实现学生全面发展方面起到了重要作用。

5.1.1 基于评价系统的自生性项目的产生

基于国家的育人目标，围绕天府七小学生的画像，除稳步推进国家课程外，还积极开展一系列跨学科、超学科整合课程的研发与实践，这些课程与学生积分评价系统[1]有机整合，形成了完整的课程建设闭环。令人惊喜的是，依托学校积分评价系统，学生自主生发出许多有趣的想法，这些想法在教师的鼓励和支持下，大多完善成为项目化学习课程。

在学校积分评价系统的运行下，学生以获得“柒晓币”为原始驱动力，积极开发有意义的项目。基于学生的认知发展水平，学校的个性化项目分为3种模式，一种是完全由学生个体经营的项目，此种项目从项目的产生到实施，完全由学生自行组织和完成；另一种是由学生组织、部分学生参与，这种项目由一部分优秀学生组织并带动部分学生参与；还有一种是学生产生想法，再寻找责任导师，一般来说是班主任协同，教师帮助学生解决一些困惑，最终完成项目。这3种模式分别适合高段、中段和低段的学生。

5.1.2 师生共创的个性化项目课程定位

天府七小的课程评价包括必修积分、选修积分和自主积分三大模块。自主积分是学生基于自身的素养和能力，主动参与学校活动或自主设计项目，经过规范的项目运行过程，获取“柒晓币”的积分行为。项目化学习课程研发的原始想法大多产生于学生追求自主积分的动机，也就是基于学生“创富”的原始动力。

通过学校整合课程序列的长期实施，学生们会主动思考获取更多“柒晓币”的“好主意”，组建执行团队进行项目讨论和具体实施。为了项目化课程研发的规范化运行，学校在项目申报、实施、评价等方面进行制度建设，明确组织保障，要求学生建立项目团队、细化项目构想、寻找项目导师，并明确导师的主要责任是观察、记录、评价项目的实施，在学生求助时提供必要支持。

① 该系统以教师评价为基础，以积分为手段，持续收集记录学生德、智、体、美、劳各方面的表现。学生累积的积分可通过“七小银行”换取“柒晓币”，“柒晓币”可在学校的超市消费或购买学校的其他服务。该系统为项目化学习课程的研发提供了方便的插拔接口，也为学生和教师的全面评价提供了基础数据。

5.1.3　师生共创的个性化项目课程的运作模式

天府七小目前已经形成了项目化学习的运作模式（见图 5–1）。

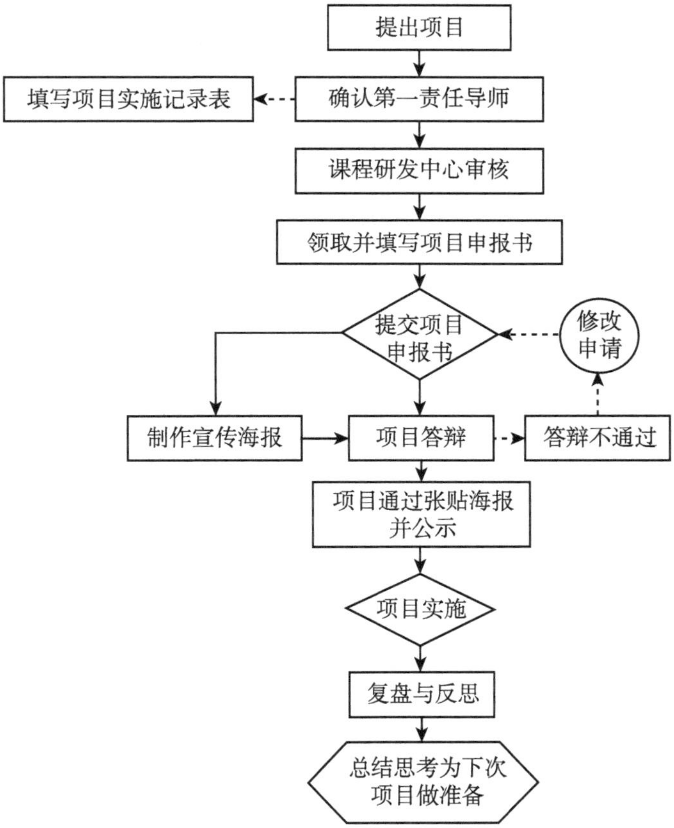

图 5–1　项目化学习的运作模式

1. 明确项目申报流程，精准开展项目

（1）项目提出（含班级项目）必须尊重学生想法，原则上应由学生个体或项目团队提出。

（2）项目确定后，学生自行选择第一责任导师，与之主动沟通后确认第一责任导师。

（3）项目团队到课程研发中心领取并填写项目申报书，项目负责人和第一责任导师签字后交课程研发中心审核。

（4）审核通过后公告项目信息，第一责任导师做好项目准备及实施后的相应记录，并指导学生做好实施准备。

（5）按规定时间有序实施项目。

（6）项目团队和第一责任导师共同完成项目复盘与反思。

2. 建立项目运作制度，保证项目有序进行

为了不影响学校正常教学秩序，同时使项目更有效、更有序地开展，我们制定了《天府七小自主项目申报和运行管理办法》。

明确项目的基本原则：第一，保护和发掘学生自主、自发进行项目化学习的意识和能力；第二，为学生和班级提供公平的项目运行机会；第三，确保学校正常教育教学工作的有序开展。

我们对项目运行做了规范性要求：第一，每周五中午12：40—13：30为学校固定的自主项目实施时间，各班主任导师在班值守，当天未参与项目的学生原则上在班内自习，参加项目的学生在“校园110”的监管下到项目所在地参与，各班首席在各项目间巡视，了解并指导本班学生有序参加活动。第二，所有项目必须经课程研发中心审核同意后，方可在成长积分项目组的观察和支持下进行实施。第三，所有项目应在实施前至少一周在自主项目积分榜中公告项目的相关信息。第四，课程研发中心原则上按照项目提交的时间安排项目执行的时间，对未能一次性通过审核的项目，则以通过认定的时间为准按序安排。第五，为尽可能确保项目实施的实效性，每周安排2~3个项目。

3. 设立项目各级人员，协助完成项目

（1）项目组专管员。负责管理项目，为了项目更好地实施，与学生一起厘清思路，提前预设项目筹备中可能会遇到的困难，让学生有的放矢做相应的准备，同时解释申报书、记录复盘反思表的填写等，帮助学生顺利地完成自主积分项目。

（2）第一责任导师。学生产生项目的想法后，找到可信赖的指导教师——第一责任导师。学生在思考和筹备项目的过程中遇到困难和问题时，可以找到第一责任导师共同探讨解决方法，第一责任导师负责点拨、引导、启发，不进行过多的参与。

4. 建立复盘反思制度，调整改进可借鉴

（1）项目进行过程中的反思。在自生性项目运行的各个阶段，学生会遇到一些困难，这时项目组成员可以自行反思，也可以和第一责任人导师一起进行反思，分析这些问题产生的原因、怎样解决这些问题，并通过项目反思复盘记录表进行记录，为以后的其他项目提供借鉴。

（2）项目完成后的复盘反思（见表 5-1）。当项目完成以后，项目导师会组织项目组的成员进行整个项目的复盘，并对整个项目做得好的地方进行提炼存档，对在项目过程中需要注意的地方提出优化意见，为后续其他项目的运行提供可借鉴的范式。

随着学校评价积分系统的运行，产生了许多自生性项目的经典案例，有跨学科打造的“儿童城市里的三星堆”，有全学段学生参与的打造“柒晓吧”，有以语文为基础的“名著我来演”，还有各种各样的“七小集市”。

表 5-1　　天府七小自主项目复盘记录

项目人员		第一责任导师		复盘时间	
项目名称					
回顾目标					
评估结果					
分析原因					
总结经验					

5.2 案例一：“柒晓吧”的前世今生——打造“儿童城市”里的校园水吧

5.2.1 背景信息

《中小学综合实践活动课程指导纲要》提出：“综合实践活动是从学生的真实生活和发展需要出发，从生活情境中发现问题，转化为活动主题，通过探究、服务、制作、体验等方式，培养学生综合素质的跨学科实践性课程。”在《义务教育课程方案（2022年版）》中，无论是语文、数学，还是综合实践等学科，都提到了共同的理念——跨学科学习。项目学习是跨学科学习的重要手段。

在天府七小，师生共同打造的“柒晓吧”项目学习案例，以培养学生综合素质为课程目标导向，课程开发面向学生的个体生活和社会生活，课程实施注重学生主动实践和开放生成。学生能基于“儿童城市”中真实的生活情境，发现并提出自己感兴趣的真问题，然后将问题转化为研究课题，自发组建项目学习小组，在合作探究中解决实际的、复杂的问题，并从中获得知识和技能。

5.2.2 项目设计

1. 项目信息

为优化“儿童城市”物理空间的结构布局，废弃公交车的“变废为宝”被提上了议事日程。几个高年级的学生因参与过学校的自生性项目，积累了一定经验，在“柒晓币”的“诱惑”下召集志同道合的伙伴，邀请学生发展部方昱欣老师作为“第一责任导师”，进行废弃公交车改造的可行性探讨。经过实地考察、调查研究、前置学习等一系列入项活动，确定“打造既舒适又美观的校园水吧”这一驱动任务。学生们经过票选确定了设计方案，市场调研列出采购细目表，小组讨论预估了经费。学生也根据实际的资金总额，修改了改造方案，一些原来设计要去买成品的地方，变成了手工制作；请工人粉刷的，变成了自己动手。公交车改造完成，学生给它取了一个好听的名字——柒晓吧。项目组成员找到美育组的老师，共同构想“柒晓吧”的设计理念，为“柒晓吧”设计了专属徽标（Logo）。通过饮料团购、饮品配送、生日包场等促销活动，提高了“柒晓吧”的知名度，“柒晓吧”顺利开业，并在固定时段为“儿童城市”里的“市民们”提供服务。该项目设计思路如图 5-2 所示。

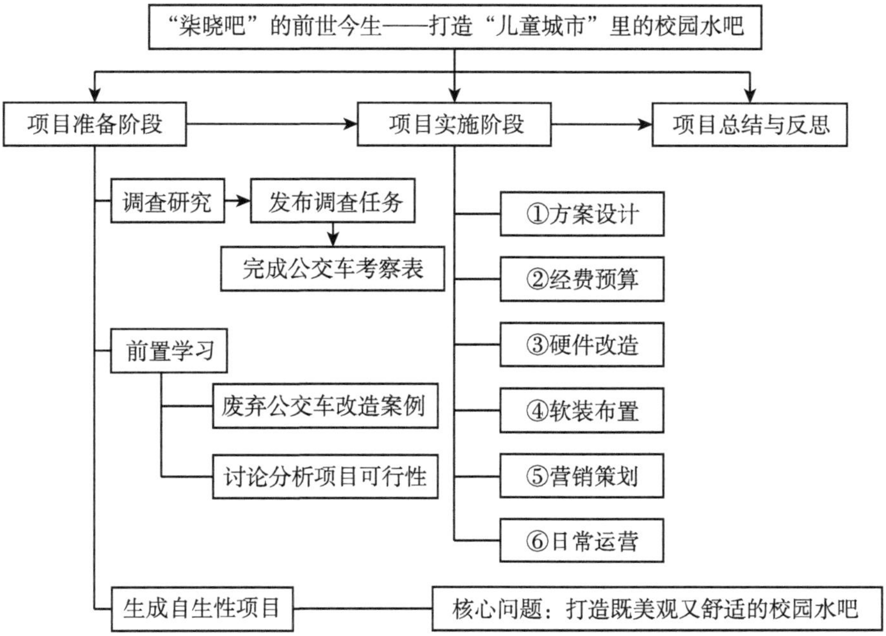

图 5-2　“柒晓吧”项目设计思路

2. 项目具体信息

项目名称：柒晓吧——打造“儿童城市”里的校园水吧。

项目时长：13周。

涉及学科：跨学科，财经、美术、语文、劳动、数学、科学。

年级：跨年级（1~6年级）。

项目简述：在“儿童城市”中快乐成长的学生们，在解锁“城市”新场景的同时，整合各类资源，打造师生休闲娱乐的场地，并在“柒晓币”的驱动下，谋求更多“赚钱”的可能。作为师生共创的个性化项目，根据自生性项目运行规范，整个过程都是由学生主导，项目导师的主要责任是观察、记录、评价项目的实施，在学生求助时提供必要支持。学生围绕核心问题设计子任务，随着项目的步步推进，引发一系列思考和自发的行动。整个项目调动了学生储备的诸多能力和核心素养，包括营销策划、风险评估、成本控制等一系列财经素养，软装设计、宣传海报设计等美术素养，宣传文案构思、交流表达等语文能力，饮品制作、卫生维护等劳动能力，以及实际可用面积计算、收益计算等数学能力，极具跨学科特点。学生在项目中得以成长，“柒晓吧”不仅是他们劳动成果的物化，还成为下一个自生性项目的实施场所和孵化地。

3. 核心知识

（1）财经素养：设计团队招募与员工招聘；向“七小银行”申请贷款与成本控制；饮品定价与产品迭代；合理分配小组成员的工作及收益；顾客引流与促销活动。

（2）美术：注重色彩搭配，运用绘图工具设计水吧专属Logo；运用绘图工具设计宣传海报、宣传单；根据材料质感等打印宣传物料。

（3）语文：根据求职者需求，形成员工招募文案；抓住特定消费群体的心理，构思切合的产品宣传文案；制定促销活动的统一宣传口号与服务顾客的亲切话术；团队成员间的沟通与表达。

（4）劳动：明白劳动与收入的关系；劳动产品的动手实践。

（5）数学：能计算成本、利润，让“柒晓吧”正常运营；能计算公交车实际可用面积，运用所学平面图形知识，设计“柒晓吧”用地。

（6）科学：在项目推动中发现问题并尝试运用所学技能解决问题；融合美育、智育、劳动进行创意设计与文学创作，培养创新创造能力。

4. 驱动性问题

打造一个校园水吧，成为师生休闲、娱乐的场所。

5. 成果与评价

（1）个人成果：参与打造“柒晓吧”的一个区域；参与“柒晓吧”的日常运营，担任“柒晓吧”的工作人员；创建团队，寻找合作伙伴；联系教师，听取建议，寻求教师的技术支持。

（2）个人成果评价的知识和能力：申请项目、提出方案的能力；与人沟通协调的协作能力；具体劳动技能。

（3）团队成果：实地调研校园废弃建筑，群策群力，敲定自生项目方向，提出切实可行的项目方案；确定预算向“七小银行”申请经费；团队内协调分工，包括宣传引流、售卖、指引、饮品制作、顾客服务、商务谈判等；在校园水吧的运营中获得收益，合理分配“柒晓币”。

（4）团队成果评价的知识和能力：确定和执行可行性方案的能力；团队交流协作的能力；市场调研能力；宣传策划能力；参与销售计划的实施。

6. 公开方式

师生共同组建的项目组邀请“儿童城市”中的各界代表参加“柒晓吧”的开业仪式。仪式结束后，学生日常运营“柒晓吧”，让它成为“儿童城市”中师生休闲、娱乐的场所。

7. 高阶认知

问题解决；决策；创见；调研。

8. 涉及的学习实践

（1）探究性实践。学习改造废弃公交车的相关知识，通过探究确定校园水吧的设计方案。

（2）社会性实践。通过小组合作给出校园水吧的设计方案，涉及成员的沟通和合作。面向全校园打造休闲、娱乐的校园水吧，从而获得职业性社会体验。

（3）调控性实践。设计和规划校园水吧的打造方案；在实践和搭建的过程中反思调控自己的行为。

（4）审美性实践。通过设计“柒晓吧”专属Logo，获得审美体验。

（5）技术性实践，运用所学的劳动课程技能，提升劳动能力。

9. 评价学习实践

社会性实践；调控性实践；审美性实践；技术性实践。

5.2.3 项目过程

1. 入项活动

（1）调查研究。①教师发布调查任务。②学生提出问题：校园里的废弃公交车适不适合改造？与第一责任导师一起探讨项目的可行性，学生到校园废弃公交车放置处进行实地考察，在实地考察后确定废弃公交车可被利用和改造。③学生完成任务。完成学习记录——公交改造考察表，围绕“废弃公交车适不适合改造”这一问题得出结论。

（2）前置学习。利用互联网搜索“废弃公交车改造”相关案例，在案例中了解以下内容：废弃公交车该改造成什么场所？如何合理利用公交车的物理空间？怎样改造能让全校师生参与？

（3）生成自生性项目。①项目成员交流对废弃公交车改造案例的想法。②师生交流如何让改造更有价值，让“儿童城市”里的每一位“公民”都能获得便利？③学生自发提出打造“儿童城市”中的“校园水吧”这一驱动任务。

（4）评价机制。讨论时发言1次得1张专属贴纸，每2张贴纸兑换1张积分卡；完成“公交改造考察表”，一次性奖励5张积分卡。

（5）确定设计方向。①围绕“儿童城市”建设，思考如何利用废弃公交车进行具体的“校园水吧”改造设计。②以“儿童城市”中的装饰建筑为载体，以真实问题为导向，经过充分的讨论，学生决定以“打造一个校园水吧，成为师生休闲、娱乐的场所”为驱动任务，开展后续活动。

2. 项目开展

“柒晓吧”项目设计流程如图5–3所示。

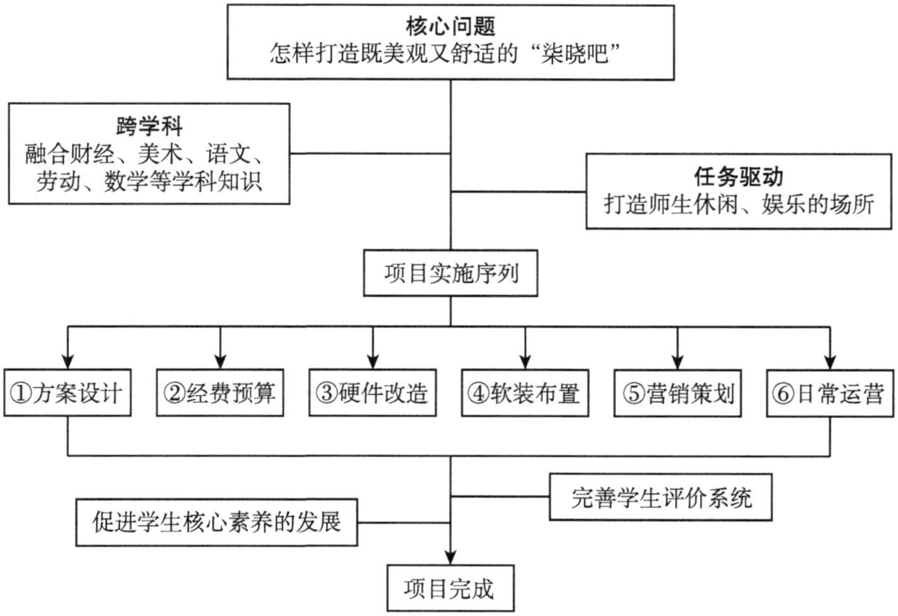

图5–3　“柒晓吧”项目设计流程

（1）方案设计。六年级2班的几位学生邀请本班教师作为第一责任导师，自发宣传并组建全学段的改造项目临时项目组，分学段进行分工协作。三、四年级学生利用互联网搜集改造校园水吧的有关资料。五、六年级学生带领一、二年级的学生进行校园内的实地勘探，一、二年级学生利用卷尺等工具，对公交车的外围与内部进行测量，记录实际数据，利用数学长方形的面积公式计算出公交车的面积，五年级学生根据实际占地进行数据更正。此外，五年级学生结合建筑地理位置、周围环境、人流量等考察信息，形成纸质分析报告。六年级学生进行资料汇总后，每人设计一个改造方案。在此基础上，临时项目组利用学校周五中午的自主项目实施时间，在第一责任导师的带领下进行以年级为单位的分享，集中商议策划，投票选出人气最高的改造方案，讨论修改后形成统一的设计方案。

项目负责团队到课程研发中心领取“项目申报书”，并在第一责任导师的参与下根据项目实际情况完成项目申报书，项目负责人和第一责任导师签字后交课程研发中心审核。六年级的项目负责人提前2周为“小答辩”进行项目准备。

评价机制：①低学段（一、二年级）动手参与测量每人发放1张专属贴纸，测算出数据的学生每人发放2张专属贴纸。2张专属贴纸可兑换1张数学“善运算”小圆片。②中学段（三、四年级）自主搜集资料获1张专属贴纸，收集资料被采纳获2张专属贴纸。被采纳资料较多的年级，同年级组成员各获1张专属贴纸。2张专属贴纸可兑换1张语文“梳理与探究”小圆片。③高学段（五、六年级）的改造方案被采纳，一次性获得3张科学“创新实践”小圆片。

（2）经费预算。学生第一次答辩因“未写明预算金额”而被驳回，学生在第一责任导师的组织下回顾目标、评估结果、分析原因、总结经验，进行阶段性的反思。之后他们商讨进行市场调研，并根据调研结果来预估打造“柒晓吧”的具体费用。于是，他们利用假期时间分批行动，五年级学生到周围的建材市场与荷花池商品批发市场进行价格调研。调研内容包括：改造工具（清洁工具、粉刷用具等）的价格，硬装材料（复合木板、不同品牌的油漆等）的价格，软装材料（灯具、画架、书架、纱帘、榻榻米、桌椅、盆栽等）的价格，营业物资（合适的书籍、制冰机、一次性纸

杯、饮料机等）的价格，并找打印店了解了制作宣传海报的价格区间。调研以后，三年级学生制作了改造内容的价格细目表并进行费用预估，四年级学生再一次提交“项目申报书”，一、二年级学生在六年级学生的带领下负责宣传海报的涂色与描边工作，六年级学生在“柒晓馆”制作宣传海报并准备项目答辩文稿。项目最终通过二次答辩，公示无异议后开始实施。

评价机制：项目组成员集体进行评价，计算出相应学科的小圆片，具体评价如表5–2所示。

表5–2　“柒晓吧”经费预算环节过程评价

评价维度	评价内容	自评	学生互评	教师评价	小圆片兑换
美术	审美感知	☆	☆	☆	一颗星对应一张相应学科该维度的小圆片
	艺术表达	☆	☆	☆	
	创意实践	☆	☆	☆	
	文化理解	☆	☆	☆	
语文	表达与交流	☆	☆	☆	
	梳理与探究	☆	☆	☆	
	识字与写字	☆	☆	☆	
数学	善运算	☆	☆	☆	
	乐表达	☆	☆	☆	
	合作	☆	☆	☆	
	倾听	☆	☆	☆	
	会分析	☆	☆	☆	
科学	实验探究	☆	☆	☆	
	创新实践	☆	☆	☆	
	分工合作	☆	☆	☆	
德育	中华优秀传统文化	☆	☆	☆	

（3）硬件改造项目组负责人由六年级学生担任，统筹分配各年级改造任务。确定5个硬装小队：采购队（五年级学生）、拆除队（六年级学生）、粉刷队（四年级学生）、清洁队（一至三年级学生）、行政后勤队（六年级

负责人），分配小队成员1~2人。拆除队成员完成拆除工作后向其他小队进行一次包括拆除进度、拆除项目和所需硬装材料的汇报，采购队根据拆除情况准备颜料油漆、油漆刷等硬装材料，根据清洁队需求准备扫帚、抹布等清洁物资。清洁队中，一年级学生负责擦灰，二、三年级学生负责扫地拖地，成员根据实际情况进行适时调整。

评价机制：通过自评、互评、师评等方式，完成评价表格，结算出相应学科的小圆片，具体如表5-3所示。

表5-3　“柒晓吧”硬件改造环节过程评价

评价维度	评价内容	自评	学生互评	教师评价	小圆片兑换
劳动	爱劳动	☆	☆	☆	一颗星对应一张相应学科该维度的小圆片
	慧劳动	☆	☆	☆	
	勤劳动	☆	☆	☆	
	敬劳动	☆	☆	☆	
美术	审美感知	☆	☆	☆	
	艺术表达	☆	☆	☆	
	创意实践	☆	☆	☆	
	文化理解	☆	☆	☆	
德育	中华优秀传统文化	☆	☆	☆	

（4）软装布置。各年级推选一名学生作为年级代表加入行政后勤小组，小组对前期所花经费进行公示，清点了消耗物资后进行汇总结算。六年级的项目负责人在第一责任导师的陪伴下对人员安排情况、人员到岗情况、各分工组任务完成情况以及资金物资的消耗情况进行前期工作总结，通过举手的方式，选出各年级的“领航人物”，并通过数据分析对后半期工作提出期许与展望。设计软装布置方案，分配人员。

分配软装小组：外观组（五年级学生）、内饰组（三年级学生）、清洁组（二年级学生）、后勤采购组（各年级学生代表）、美工组（一年级学生）。

五年级外观组学生负责公交车外围的彩绘装饰，他们向班级美术老师请教，绘制出了3种不同风格的图画背景，以随机走访的方式让一至六年级学生对3幅画进行举手投票，最终确定以“童趣阳光”为主题的外围彩绘。三年级学生参考了网络上水吧的内部装饰风格，结合小学生心理发展的特点，在心理老师的建议下，选择了“水吧+书吧”的内饰装修风格；在请教不同年级的语文老师之后，选取了适合各学段学生的绘本书籍。无论是扫地擦窗还是擦灰拖地，二年级学生都能运用所学劳动知识高效地完成清洁工作。由各年级成员代表组成的后勤采购组时刻关注外观组和内饰组的动态，及时补充外墙颜料、内部坐垫，及时填写“物资出入库单”，有利于内部物资更精确和规范地管理。一年级美工组的同学向六年级的哥哥姐姐们请教水吧Logo的设计，但要制作Logo必须要先有名字，于是给“公交车水吧”取名的活动就这样开始了。经过网上征集、网络投票等环节，确定了符合天府七小“儿童城市”主题的、朗朗上口的名字——柒晓吧。之后一年级的学生找到美术组的一位老师，邀请他主持参与Logo的设计，通过举手投票的方式筛选出5个Logo，结合水吧的特点，最终顺应民意选择了以冰饮料为底图的Logo。在所有小组完成之后，项目负责人分别对各小组的工作完成情况进行总结，各组整合进行项目进度的阶段性总结。

评价机制：获得“领航人物”称号的成员，一人获得2张一元“柒晓币”作为绩效奖励。此外，通过自评、互评、师评等方式，完成评价表格，一颗星则兑换该学科相应维度的1张小圆片，具体如表5-4所示。

表5-4　“柒晓吧”软装布置环节过程评价

评价维度	评价内容	自评	学生互评	教师评价	小圆片兑换
劳动	爱劳动	☆	☆	☆	一颗星对应一张相应学科该维度的小圆片
	慧劳动	☆	☆	☆	
	勤劳动	☆	☆	☆	
美术	艺术表达	☆	☆	☆	
	创意实践	☆	☆	☆	
	文化理解	☆	☆	☆	
语文	表达与交流	☆	☆	☆	

（5）营销策划。宣传组成员负责人为五年级学生，统筹分配各年级改造任务，完成宣传与开店预热工作。三年级学生负责开业宣传海报的设计，包括与校外广告公司的对接。一、二年级学生利用中午或延时作业托管A段时间将制作出的宣传海报在“自主成长海报区”进行公示，并在各班进行线下宣传。四年级学生利用“问卷星”制作饮品问卷调查，进行全校范围内的师生喜好调研，通过问卷结果的统计分析，确定7种水吧售卖饮品：金桔柠檬茶、乳酸菌遇见你、椰奶多多、巧克力爱上柒、柠檬红茶、柚柚抹茶与水晶梦幻果冻。通过对前期成本的测算以及市场价格的调研，预估全校学生手中“柒晓币”的持有量，确定10元“柒晓币”每杯饮品是最适合学生消费水平的价格。六年级学生作为饮品创意组成员，参照网络视频在家学习饮品制作。

评价机制：通过自评、互评、师评等方式，完成评价表格，结算出相应学科的小圆片，具体如表5-5所示。

表5-5　“柒晓吧”营销策划环节过程评价

评价维度	评价内容	自评	学生互评	教师评价	小圆片兑换
劳动	爱劳动	☆	☆	☆	一颗星对应一张相应学科该维度的小圆片
	慧劳动	☆	☆	☆	
	勤劳动	☆	☆	☆	
美术	艺术表达	☆	☆	☆	
	创意实践	☆	☆	☆	
	文化理解	☆	☆	☆	
语文	表达与交流	☆	☆	☆	
	梳理与探究	☆	☆	☆	
	倾听	☆	☆	☆	
	识字与写字	☆	☆	☆	

续表

评价维度	评价内容	自评	学生互评	教师评价	小圆片兑换
数学	善运算	☆	☆	☆	一颗星对应一张相应学科该维度的小圆片
	乐表达	☆	☆	☆	
	合作	☆	☆	☆	
	倾听	☆	☆	☆	
	会分析	☆	☆	☆	
科学	实验探究	☆	☆	☆	
	创新实践	☆	☆	☆	
	分工合作	☆	☆	☆	
德育	中华优秀传统文化	☆	☆	☆	

（6）日常运营。“柒晓吧”每周固定周五中午进行日常营业，项目组成员确定每周排班，“儿童城市”的“市民朋友”通过课内课外的各项评价努力积攒小圆片，周二、周三在“七小银行”进行“取款”，周五到“柒晓吧”进行消费。

当经营效益越来越好时，出现了人手不足的情况，项目组成员精心制作招聘海报，以招聘相应岗位的营业员，包括收银员、传单派发员、线下宣传员。随着订单数量的增加，除了周五传统的个人排队抽签购买，“柒晓吧”也推出了更多的消费方式，比如薄利多销，以班级为单位购买享受九折的优惠价，还可以享受快递员送餐到班的服务；五人抱团的无限畅饮，以及生日特定款的选择。“柒晓吧”不仅成为“儿童城市”中的网红打卡地，也成为了师生休闲娱乐的场所。

评价机制：项目组成员根据每周排班情况及当日营业总额进行评价，除20%的“占地税务”需要上交学校，扣除成本后的其余收益均由项目组统一分配给当日营业员。

3. 项目具体实施时间

“柒晓吧”项目时间安排如表5–6所示。

表 5–6　“柒晓吧”项目时间安排

时间	地点	项目内容	评价
第1周	教室 线上	①发布项目主题，确定探究内容，开展入项活动 ②了解校园水吧的功能，确定水吧改造工程所需的步骤，提出方案设计	过程评价
第2周	教室 线上 柒晓馆 陶艺室	①确定第一责任导师，领取并填写项目申报书 ②提交项目申报书，制作项目宣传海报 ③项目答辩	
第3周	教室 线上 柒晓馆	①答辩不通过，进行反思，修改项目申请 ②市场调研，评估预算，确定经费 ③项目第二次答辩 ④项目通过，张榜公示	
第4周	教室 线上 柒晓馆	①确定硬件改造方案 ②组建硬装改造小组 ③分配改造小组：采购组、拆除组、粉刷组、清洁组、行政后勤组等 ④撰写各小组工作报告，定期汇报各组工作进度	
第5周	校园巴士 柒晓馆 教室 线上	采购组、拆除组进行工作，汇报进度	
第6周		清洁组进行工作，汇报进度	
第7周		清洁组、粉刷组进行工作，汇报进度	
第8周		各小组进行工作，汇报进度	
第9周		①行政后勤组进行前期经费核算与汇报 ②项目负责人进行前期硬装工作总结 ③设计软装布置方案，分配人员	
第10周	校园巴士 柒晓馆 教室 线上	①分配软装小组：外观组、内饰组、清洁组、后勤采购组、美工组 ②确定校园水吧的名字与Logo ③各小组软装工作陆续完成，进行工作汇报与项目进度汇总 ④总结软硬装工作得失	

续表

时间	地点	项目内容	评价
第11周	校园巴士 柒晓馆 教室 线上	①完成宣传与开店预热工作 ②确定水吧售卖饮品，学习饮品制作 ③招聘营业店员	过程评价
第12周	各年级教室 柒晓馆	①制作宣传海报 ②确定饮品定价与促销方式 ③宣传组成员到各班进行开业宣传	
第13周	柒晓吧 教室 柒晓馆	①宣传预热 ②开业前设备设施检查 ③在第一责任导师的组织下进行目标评价与总结 ④确定开业邀请嘉宾，制作邀请函	过程评价 目标评价
2023年3月16日	柒晓吧	①“柒晓吧”开业 ②项目总结与复盘	过程评价 成果评价

4. 活动总结

（1）“柒晓吧”开业当天的营业情况复盘会。在试营业结束后，学生收集顾客意见，分小组讨论，回顾整个项目活动获得了哪些进步、留下了哪些遗憾，第一责任导师利用“天府七小自主项目复盘记录表”总结问题。

（2）活动表彰。在“柒晓吧”开业活动结束后，第一责任导师组织成员进行团队间的评价与总结，并制作统一模板的奖状进行发放。

奖励机制：师生共创目标评价表，在整个项目结束之后进行复盘总结，项目团队成员根据过程评价表与目标评价表的统计情况，尊重个体差异，以自主申报的方式进行自评和互评，评价内容与获奖成员提名完全由学生自主决定，第一责任导师充当公证员的角色，汇总后统一制作奖状进行表彰（见表5–7）。

表5-7 “柒晓吧”项目部分成果评价展示

评价内容	获奖成员
最佳成本控制大师	
最佳招牌制作人	
最佳商务谈判大师	
最佳销售员	
最佳美食博主	
最佳手工达人	
……	

（3）制订长期运营方案。复盘结束后，小组成员之间互相提建议，让“柒晓吧”平稳持续地运营下去。

5. 所需资源

计算机、网络、绘图工具、文印店、建材店、各类饰品店等。

5.2.4 项目分析

1. 依托“儿童城市”自然场域，主动探索自生项目

在这个案例中，整个项目行为由学生自主发出，是在积分评价系统大背景下的真实情境中，学生真实的需求、真实的探索、真实的行动。经过13周的打造，“柒晓吧”不仅是物化的劳动成果，还成为下一个自生性项目的实施场域。要经营，要赚钱，项目组成员再次向课程研发部提交申报，吸取了前一次申报的经验，这一次，他们的方案在规范性、可行性、细致化等方面都有了很大的提升，比如考虑到要招聘员工、员工工资的结算周期与结算方式、税务的申报等。消费的“小顾客们”因其在积分评价系统中的优异表现，赚取到一定额度的“柒晓币”后，又通过这样的方式获得激励，形成个人评价的良性循环，促进自身的多方面发展。类似这样的以财经素养课程为依托，融合各学科特色的项目化学习案例，天府七小

还有很多，比如依托自然学校课程的拓印作品展售会，与综合实践融合的"打造三星堆儿童体验区"系列课程，基于语文课的"名著我来演"课本剧展演项目，与艺术展联动的"七小苏富比"，等等。学校的积分评价系统既能贴切地嵌套进这些自生性项目，又能根据实际课程设计出符合学生发展集体性评价与个性化评价的内容，为相关课程评价制度的设定提供思路。此外，这些场域的建成不断丰富着"儿童城市"里的生活，也为师生共创评价课程的实施提供了无限可能。

2. 发展学生核心素养，最佳表达"五育"融合

天府七小一直致力于通过开发适宜本校实际的课程，践行"五育并举"。"五育"指德育、智育、体育、美育及劳育，德、智、体、美、劳全面发展强调人的全面发展，实质在于培养"完整的人"，它不是德、智、体、美、劳的机械相加，而是追求学生在德、智、体、美、劳整体发展基础上的个性充分发展。

站在学生的立场，不难发现，项目运行的每一个阶段都是积分评价体系与"五育"融合发展的自然表达。在内部设计阶段，学生需要充分调研各类软装材料的价格，并从色彩搭配、质感等艺术审美的角度给出最佳方案，这是美育评价的依据。在饮品设计与定价阶段，项目成员需要充分调研同学们的"财富"状况和消费心理，在多角度分析的基础上最终设计出最适切的饮品，这是表达与交流的最好证明。在这样的经历中学生用知识解决问题，对劳动与收入的关系认知将非常充分，劳动评价自然而然。当"柒晓吧"进入具体经营阶段，每月一次的产品迭代以及"儿童城市"里"税务部门"的"税务结算"，数学维度的评价必不可少。"儿童城市"的积分评价系统因其跨学科、多维度的特性，成为天然的"五育"融合整合器，促进学生的全面发展。

3. 发挥学生主观能动性，课程评价有趣有料

这个项目案例从立项到答辩公示再到项目的实施与完成，都是学生"发现问题—提出问题—共同商讨—解决问题—总结反思—改进提升"的

循环，第一责任导师在前期更多担任的是合作伙伴的角色，只要不出现安全、价值观、意识形态等方面的问题，导师即便知道学生们可能会出错，也不去介入，更不会去决策。在复盘反思时，第一责任导师的作用就明显了，引导学生总结得失、提出改进意见等。贯穿始终的“过程评价”，是学生自己发现儿童积分评价系统中的学科维度并进行摘取，“成果评价”的具体内容也是学生根据团队成员的个性、各小组成员的共同特征，进行自荐、他荐，然后经民主投选确定最终的名单结果。儿童积分评价系统从引入到研发、迭代的2年时间里，天府七小的学生们在艺术、体育、科创等方面均较以往有了明显的进步；“七小音乐厅”的展演、艺术空间的月展、花式的德育大课等，都因积分评价系统的加持而变得更加有趣、有料、有创意。

5.3 案例二：以语文为基础的自生性项目——名著我来演

5.3.1 背景与导入

自天府七小成长积分评价系统全面运营以来，学生们开始使出浑身解数，想各种办法获取更多的“柒晓币”。在课堂上，学生们积极举手发言为了获得一张“表达与交流”的积分卡，认真书写为了获得一张“识字与写字”的积分卡，一丝不苟地打扫卫生为了获得一张“爱劳动”的积分卡，同学之间互助协作为了获得一张“协作”的积分卡……总之，学生们想尽一切办法从老师那里赚取“柒晓币”。但是这些“柒晓币”远远不能满足“胃口”越来越大的学生们，当看到天府七小的首发自生项目“七小放映厅”赚取了大量的“柒晓币”后，各年级的学生都蠢蠢欲动，一时间学校师生共创的个性化项目如雨后春笋一般在天府七小的沃土中拔节生长。

《义务教育语文课程标准（2022年版）》的总目标提出以下要求："关心社会文化生活，积极参与和组织校园、社区等文化活动，发展交流、合作、探究等实践能力，增强社会责任意识。感受多样文化，吸收人类优秀文化的精华。学会运用多种阅读方法，具有独立阅读能力。能阅读日常的书报杂志，初步鉴赏文学作品。积极观察、感知生活，发展联想和想象，激发创造潜能，丰富语言经验，培养语言直觉，提高语言表现力和创造力，提高形象思维能力。"

五年级下册第二单元以"古典名著之旅"为专题，安排了四篇课文：根据我国著名古典历史小说《三国演义》第四十六回改写的《草船借箭》；根据《水浒传》第二十三回选编的《景阳冈》；选自我国古典神话小说《西游记》第一回的《猴王出世》；根据《红楼梦》第七十回选编的《红楼春趣》。传统的语文课堂难以呈现课文中的场景与意蕴，学生无法真正感受到课文所要表达的情感与艺术魅力，课本剧则将这些较为抽象的文本用表演的形式呈现出来，使其转化为视觉形象、听觉感知，加强学生对课文的理解与体验。课本剧的演出，能使学生将课本知识运用到真实情境，是学生能力素质的转化与延伸。课本剧的表演需要学生依据课文进行再创作，提高其想象与创新能力；需要学生根据个人特点各扬其长、相互配合，锻炼其沟通与合作能力。表演的价值在于群体的自主共生，这一过程能提高学生的自我认知，使其获得有效的自我成长；表演过后，组织学生进行复盘，从语言、表演等方面开展自评、互评，提高他们的反思与评价能力。课本剧表演可以充分调动学生学习的积极性，有力地促进学生的主体参与、合作学习、整体发展及反思，是全面提高学生语文素养的有效途径之一。

5.3.2　项目设计

1. 项目简述

在学习的过程中，学生感受到了古典名著的魅力，初步学习阅读古典名著的方法。本单元的口语交际以“怎么表演课本剧”为话题，五年级一班的学生们在学习了名著故事以后，从选课文、分角色、怎么演三方面展开课本剧表演前的讨论，经过集体讨论和认真听取他人意见，学生们将课文内容改写成课本剧，在班级表演大获成功。由于初次舞台表演的成功收尾，五年级一班的学生们渴望站在更大的舞台上，想从班级表演上升为校级表演，进行一次新的尝试。于是，他们找到自主积分项目的负责老师，迅速完成了自主积分项目的申报流程，用最快的速度完成了宣传海报的制作和到各班宣讲的工作。活动开始前，他们已经完成了门票预售和活动预案的设计。这个项目从酝酿到最终完成仅仅用了一周时间，在这一周里，我们看到了高效运行的团队协作场景：策划、宣传、执行三个团队的人马，既有信息互通机制，又有互相支持、互为印证的行动；学生们的协作、策划、表达、沟通等诸方面的核心能力和素养得到了自然生长。

就这样，基于学生的真实学习情境、真实学习需要，“名著我来演”自生性项目应运而生。没有老师号召，也没有模板参考，完全是在“柒晓币”自然流通的过程中，学生们渴望通过自主项目获得综合素养发展和多元评价，项目活动顺势发展而出。项目活动流程如图5-4所示。

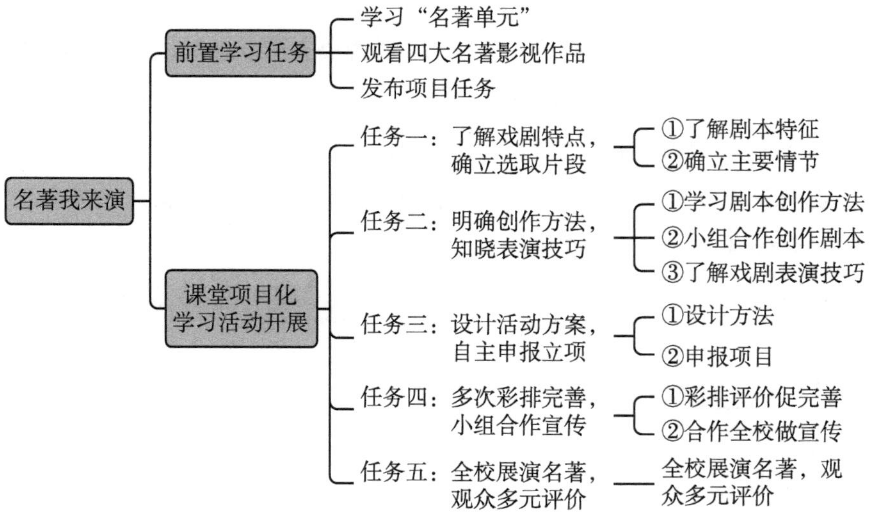

图5-4 “名著我来演”项目活动流程

2. 项目信息

项目名称：以语文基础的自生项目案例——名著我来演。

项目时长：2周。

涉及学科：语文、数学、美术、音乐、财经。

年级：五年级。

项目设计思路：在为期2周的探究活动中，学生们聚焦于“如何成功创作并呈现一场精彩纷呈的戏剧”这一核心问题，教师通过一系列逐步升华的问题，激发学生的研究兴趣，引导学生开展探究式学习。这些问题包括：如何将课文内容改编为剧本？哪些情节具备更高的表演潜力？演员的气质是否应与角色的气质相匹配？宣传对于演出有何重要意义？在多样化的讨论和富有创意的活动中，以项目化的学习模式推动学生对剧本、表演、宣传、统计等概念的深入理解，经历前期准备、彩排、宣传等环节，最终在全校舞台上进行名著展演，在此过程中，评价学生个体及团队表演成果，评估其在各个方面的掌握程度。在核心问题的驱动下，学生需熟知故事内容，掌握剧本改编技巧，精心组织排练和宣传，最终达成活动目标。

3. 核心知识

（1）语文：阅读剧本与相关材料，能感知课文与剧本的差异，了解剧本的创作内容与思路；能把握关键情节，根据人物特征与气质来创作剧本；知道宣传的技巧并顺利完成活动宣传。

（2）数学：能计算成本与收益；能正确统计数据。

（3）美术：能根据人物外貌及性格特征完成服装道具的准备；能绘制内容完整、形式美观的宣传画册；能制作精美的表演视频或PPT。

（4）音乐：根据表演需要，配置恰当音频，突出舞台效果。

（5）财经：融合财经知识核算支出与收入；通过销售策划出最佳盈利方案。

4. 驱动性问题

结合单元整体进行解读，梳理本单元教材编排内容，参考课程标准对第三学段“文学阅读与创意表达”和“整本书阅读”两大学习任务群的学习内容和目标要求，进行剧本创作和表演。好的文学作品不仅藏在书本中，更可以用丰富的形式来演绎，那怎样用我们自己的语言和肢体来演绎故事、展现人物形象呢？怎样成功创作并演出一台好戏？

5. 成果与评价

（1）个人成果：改编个人戏剧剧本，深度体悟并扮演角色，了解剧本的创作内容与思路。

（2）团队成果：成功改编剧本；将文学作品进行艺术加工，生成戏剧作品；获得一整套活动构建的思路与规律。

6. 公开方式

学生以小组为单位，编写剧本内容并进行排练，最终在学校报告厅演出。

7. 主要的高阶认知策略

问题解决、创见。

8. 涉及的学习实践

（1）探究性实践：阅读剧本与相关材料，能感知课文与剧本的差异，了解剧本的创作内容与思路；能把握关键情节，根据人物特征与气质来创作剧本。

（2）社会性实践：项目小组联合编排剧本、排练、演出；倾听他人观点。

（3）调控性实践：制订计划，反思调控自己的行为。

（4）审美性实践：参与戏剧的创作与表演，运用舞美来增强表现效果。

（5）技术性实践：能运用电脑制作表演视频或PPT。

9. 评价的学习实践

探究性实践、审美性实践。

5.3.3　项目过程

1. 入项活动

（1）学习了五年级的“名著单元”，同学们纷纷走近了四大名著，每周五的名著阅读课，在教师的引导下阅读、分享、交流四大名著。通过小组讨论与分析，选取最具有表现力的文学片段。

（2）观看四大名著的影视作品片段，观察人物表演的技巧，感知人物特征。

（3）发布项目任务：由于初次舞台表演的成功，我们要在全校的舞台上进行名著展演，赚取其他年级小朋友的“柒晓币”。那怎样才能成功创作并演出一出好戏呢？请分组协作完成剧本创作、彩排、宣传工作，以确保在全校的舞台上进行名著展演。

2. 活动开展

（1）了解戏剧特点，确立选取片段。

了解剧本的特征。搜集并阅读有关剧本的内容，阅读中国古代四大名剧：《西厢记》《牡丹亭》《长生殿》《桃花扇》，了解剧本创作的必备要素：情节、人物、语言、动作、场景、道具等。

确立主要的情节。情节能最大程度表现人物性格，在编写剧本时要按能最有效地打动读者和观众的原则来安排。在阅读四大名著的过程中，小组合作确立最有观赏点的情节，选取适合表演的情节片段。

设计意图：此活动设计的重点在于，利用群文阅读的方式了解戏剧的特点；在阅读四大名著的过程中，通过阅读与鉴赏、梳理与探究选取合适的故事情节。

评价维度：①阅读与鉴赏：喜欢阅读，并且主动坚持阅读各类书籍；善于观察，有一定的鉴赏能力。②梳理与探究：认真整理自己阅读的片段，梳理出合适的故事情节，探究这些故事如何进行演绎。

（2）明确创作方法，知晓表演技巧。

学习剧本创作方法。鉴于学生对剧本的理解尚不充分，其涉及跨学科知识，教师应在预习阶段，以四年级上册《西门豹治邺》第一场为样本，对学生进行剧本创作培训。明确剧本主要由3个部分组成：开端——引出问题；中部——在各种复杂的情形中发展它；结尾——解决问题。剧本的创作步骤：第一步，要有一个基本的、浓缩的、完整的故事构思，并且标明故事的主角，包括构成故事的冲突、发展、结局；第二步，将上述提到的基本故事扩展成一个叙事大纲，其中含有大量的细节，并且有明确的故事发展情节；第三步，分场提纲，即影片逐场叙事提纲，它允许作者控制节奏和速度；第四步，先是剧本初稿，接着是第二稿，直到最后定稿。

《西门豹治邺》第一幕剧本

时间：战国时期

地点：魏国邺县，漳河河边

人物：西门豹（邺县县令）

巫婆（给河神娶亲的巫婆）

官绅头子（与巫婆串通一气迫害百姓的官绅头目）

新娘（准备送给河神做媳妇的姑娘）

官绅、小巫（河神娶亲的参与者）

卫士、围观百姓若干

第一场　摸清底细

画外音：战国时期，魏国的国君派西门豹去管理邺县。这个地方紧邻漳河，老百姓本该安居乐业，但西门豹到了邺县，看到的却是田地荒芜、人烟稀少，还有的老百姓为了生存，扶老携幼逃离家园，开始了颠沛流离的生活。

（几位破衣烂衫的饥民从场上无力地经过，一位饥民倒地，路人扶起下场。一位老大爷在田地里唉声叹气地劳作。西门豹微服出场。）

西门豹：老大爷，这里怎么成了这副模样呢？

老大爷：唉！都是河神娶媳妇给闹的。

西门豹：哦？此话怎讲？

老大爷：河伯是漳河的神，每年要娶一个年轻的姑娘。要不给他送去，漳河就要发大水，把田地全淹了。

西门豹：（惊诧）这话是谁说的？

老大爷：（叹气）是巫婆说的，官绅们每年出面给河伯办喜事，硬逼着老百姓出钱。每年一次，他们要收几百万钱；办喜事只花二三十万，剩下的就跟巫婆分了。

西门豹：（疑惑、悲愤）那，新娘是哪儿来的？

老大爷：（咳嗽了几下）哪家有年轻的女子，巫婆就带着人到哪家去选。有钱的人家花点钱就过去了，没钱的只好眼睁睁地看着女儿被他们拉走。到了河神娶媳妇那天，他们在漳河边上放一条草席，把女孩子打扮好了，让她坐在草席上，顺着水漂去。到了河中心就沉下去了。你看到了，有女孩子的人家都逃到外地去了。所以，人口越来越少，这地方越来越穷了。

西门豹：（试探）那么漳河发过大水没有呢？

老大爷：（又叹了一口气，摇头）没有发过，倒是夏天雨水少，年年旱灾。

西门豹：（双手背在腰后，来回踱步）这样说来，河神还是灵啊！下一次他娶媳妇，请告诉我一声，我也去送送新娘（巡场）。

（老大爷疑惑地望着西门豹离开，自己也摇摇头带上锄头巡场。）

本培训重点在于让学生了解剧本的构成、剧本的创作步骤以及如何通过动作、语言、神态突出人物形象，通过实例讲解和解析，学生对剧本创作有了更深入的理解。

小组合作创作剧本。小组内选出一位组长，组织成员合作完成剧本初稿的撰写。撰写完成后请老师参与点评剧本创作的优点和不足，根据老师的点评进行修改和再创作，力求剧本内容合理且丰富。

了解戏剧表演技巧。话剧作为一种综合艺术形式，融合了台词、动作、表情等多种表演技巧。在话剧表演中，演员需注重声音、动作和表情的运用。发声技巧要求演员在表演过程中保持音量适中、穿透力强，以确保观众能够清晰地听到台词。动作技巧强调演员的动作要适当、贴合角色状态。表情技巧则要求演员在表演过程中展现富有张力的表情，以增强戏剧效果。为了呈现丰富的故事情节，小组成员需不断探讨、磨炼演技。在此过程中，可邀请教师或其他小组成员提出建议，以提高表演的表现力。当表演内容熟练且丰富后，可考虑加入服化道的搭配，使演出更具整体统一性。

设计意图：此活动设计的重点在于借助课外书籍、资料了解剧本的基本结构和艺术特点，然后借助四年级上册《西门豹治邺》所学习的剧本创作技巧，进行四大名著精彩情节剧本的创作。

评价维度：①阅读与鉴赏：能对名著文本的深度阅读产生兴趣，尝试进行跨学科学习实践。②梳理与探究：能通过对文本的把握、剧本创意设计、角色全面演绎，学会全面、客观、真实地评价故事人物。③创意实践：能利用美术课所学知识和审美设计服装和道具，让表演更加生动有趣。④艺术表现：能利用音乐课上学到的表演技巧，在舞台上呈现夸张有趣的动作表情，并且选择合适的音乐烘托故事氛围。

（3）设计活动方案，自主申报立项。

设计方案。学生分组讨论演出方案，最终投票选出最佳方案，根据最佳方案讨论商定表演所需的各项准备，包括表演人员安排、服装道具、背景音乐等。各小组选定体验项目后，开展对各组体验区运营方案的讨论，并形成初步方案。在初步方案中，明确了项目用地、开展形式、所需材料、人员分工等内容。

申报项目。项目确定以后学生们结合项目内容，积极和第一责任导师进行沟通，并向学校申请项目。项目团队负责人到课程研发中心领取并填写项目申报书，项目负责人和第一责任导师签字后交课程研发中心审核，等到项目审核通过以后随时做好项目过程性记录。

设计意图：根据天府七小项目申报流程，有计划、有步骤地开展项目，确保项目的每个环节顺利进行。

评价维度：合作与执行。能积极参与小组讨论，按照项目规范流程申请项目。

（4）多次彩排完善，小组合作宣传。

彩排评价促完善。各小组根据剧本内容确定角色，利用课余时间在教室或戏剧教室反复排练。各小组对分镜头剧本进行展示，并选择一个分镜头进行现场表演，每小组3分钟。表演结束后，同学和老师以个人为单位对分镜头剧本及演员表演进行点评。根据排练效果和点评意见，思考剧本中人物动作、语言、神态的可改进之处，进而修改剧本，不断打磨演技，雕琢细节。在排练的过程中根据剧情需要不断完善剧目的服装和道具，促使展演效果更加完美。

成员合作做宣传。班级排练完成后，项目成员自动组队，按照各自所长组成不同工作小组来推动最终的演出。具体分工如下：

①策划组：具体包括以下2个方面的工作。

活动通知：向各小组下达活动具体安排和相关事宜。

沟通协商：一方面，与学校层面进行沟通，申请活动场地、借用设备等；另一方面，在班级内部协调人员及事宜。要求能把控并推动整个活动的进程，需要有框架意识，统筹规划整个项目。

②宣传组：具体包括以下3个方面的工作。

绘制海报：围绕主题绘制清晰的海报，标明事件、时间、地点等。

各班宣传：细分小队去各班进行宣传，并于学校项目公告栏粘贴海报。

门票制作：制作创意观影门票。

③执行组：具体包括以下4个方面的工作。

售票检票：一组人员协同宣传小组现场售票；另一组人员在学校固定点位售票。

收支计算：制定票价、营销策略。

引导入座：引导观众快速入座。

秩序维持：演出当日负责维持舞台和观众席现场秩序。

设计意图：班级排练完成后，项目成员自动组队，按照各自所长组成不同工作小组来推动最终的演出。让每个学生都参与到项目活动中，真正体现了自主合作探究，并在学生们的共创下推动了项目的实施。

评价维度：①表达与交流：和学校负责人沟通落实表演活动场地、设备借用等事宜；组建宣传小队到各班进行演出宣传；维持表演现场秩序，安排座位。②创意实践：围绕本次活动的主题制作宣传海报并设计入场门票。③会分析：利用数学知识制订门票销售方案，进行演出预算。

（5）全校展演名著，观众多元评价。按照彩排现场进行剧目展演，观众对表演的6个节目进行评分（见表5–8），最后从6组中选出2个优秀剧目及2位优秀演员，分别授予“最佳编剧”奖及“最佳演员”奖。

表5–8　“名著我来演”现场观众评价

剧目	我最喜欢的剧目请打“√”	我最喜欢的角色（在相应的剧目中写出角色名字）
①《大闹天宫》		
②《桃园结义》		
③《草船借箭》		
④《香菱学诗》		
⑤《武松打虎》		
⑥《三打白骨精》		

这一环节设计体现了新课标中“积极倡导自主、合作、探究的学习方

式”“为学生创设良好的自主学习情境，帮助他们树立主体意识”等要求。评选“优秀剧目”的目的在于评价学生是否能以文本为依据进行深度解读，挖掘出体现人物形象的素材，合理地创作剧本并通过生动的表演呈现故事情节。评选“优秀演员”的目的在于激发学生的表现欲，让学生在表演中融入人物角色，进一步把握名著中的人物形象，提高学生对文本的学习兴趣。

评选“最佳编剧”“最佳演员”，要求所有在场学生观众对参与剧目的台前演员和台后编剧、导演进行评分。这种奖励机制不仅能肯定优秀表演者、优秀导演，更能调动现场观众的参与热情。现场观众要准确评价，就要对文本有深入把握，对演员的神态、语言等方面有足够的揣摩，如此一来，活动课程也就成为人人参与的、有意义的活动。

设计意图：此任务活动的设计充分体现了新课标“积极倡导自主、合作、探究的学习方式”的要求，让每个学生都能参与到表演和评价中来，表演的学生借助演出加深了对名著中人物和故事情节的理解，观看的学生通过评价对演员的表演有了更深层的揣摩，这背后是对名著故事的深入思考，真正体现了活动即课程的特点，在多元评价中提升了学生的综合素质，发展了学生的综合能力。

评价维度：①表达与交流：对不同文本、事件善于发表自己的看法，与同学交流自己的观点。②阅读与鉴赏：善于观察剧目表演，对所表演的剧目有一定的鉴赏能力。③艺术表现：演员在舞台上呈现夸张有趣的动作表情，烘托现场的表演氛围。

“名著我来演”项目活动时间安排如表5–9所示。

表5–9　“名著我来演”项目活动时间安排

时间	内容
第1周	发布项目主题，确定探究内容
	阅读四大名著并改编剧本
第2周	戏剧排练，宣传活动，正式演出，反思成果

3. 所需资源

计算机、四大名著书籍及影视作品、与戏剧相关的书籍或其他形式的资料信息、舞台服装等道具。

4. 活动反思

活动过程中、活动结束后，依据评价表进行自评、互评和教师评价，反思活动中的收获和经验（见表5–10）。

表5–10　　“名著我来演”项目活动评价

项目阶段	评价描述	评价维度	自评	互评	师评	积分获得
准备阶段	通过小组讨论与分析，选取最具有表现力的文学片段	阅读与鉴赏	☆	☆	☆	在该维度获得两颗星即可获得一张积分卡
	搜集并阅读有关剧本的内容，阅读中国古代四大名剧：《西厢记》《牡丹亭》《长生殿》《桃花扇》	梳理与探究	☆	☆	☆	在该维度获得两颗星即可获得一张积分卡
	了解剧本创作的必备要素：情节、人物、语言、动作、场景、道具等	梳理与探究	☆	☆	☆	在该维度获得两颗星即可获得一张积分卡
	知道剧本主要由哪3个部分组成，并且明确剧本创作的步骤	梳理与探究	☆	☆	☆	在该维度获得两颗星即可获得一张积分卡
彩排阶段	排练时不断从台词的技巧、动作的技巧和表情的技巧3个方面摸索、锤炼演技，尽量还原并丰富故事情节	表达与交流	☆	☆	☆	在该维度获得两颗星即可获得一张积分卡
	在熟悉表演内容的情况下设计舞台的服装道具，让演出更完整统一	创意实践	☆	☆	☆	在该维度获得两颗星即可获得一张积分卡
	各小组可利用课余时间反复排练，思考可改进之处，不断打磨演技，雕琢细节	表达与交流	☆	☆	☆	在该维度获得两颗星即可获得一张积分卡

续表1

<table>
<tr><th>项目阶段</th><th colspan="2">评价描述</th><th>评价维度</th><th>自评</th><th>互评</th><th>师评</th><th>积分获得</th></tr>
<tr><td>彩排阶段</td><td colspan="2">每个演员力求动作、表情到位，加入合适的音乐，烘托故事情节</td><td>艺术表现</td><td>☆</td><td>☆</td><td>☆</td><td>在该维度获得两颗星即可获得一张积分卡</td></tr>
<tr><td rowspan="9">宣传阶段</td><td rowspan="2">策划组</td><td>在班级内部协调人员及事宜</td><td rowspan="2">表达与交流</td><td>☆</td><td>☆</td><td>☆</td><td>在该维度获得两颗星即可获得一张积分卡</td></tr>
<tr><td>与学校层面沟通，申请活动场地、借用设备等</td><td>☆</td><td>☆</td><td>☆</td><td>在该维度获得两颗星即可获得一张积分卡</td></tr>
<tr><td rowspan="3">宣传组</td><td>围绕主题绘制清晰的海报，标明事情、时间、地点等</td><td>创意实践</td><td>☆</td><td>☆</td><td>☆</td><td>在该维度获得两颗星即可获得一张积分卡</td></tr>
<tr><td>分小队去各班进行宣传，并在学校项目公告栏张贴海报</td><td>表达与交流</td><td>☆</td><td>☆</td><td>☆</td><td>在该维度获得两颗星即可获得一张积分卡</td></tr>
<tr><td>根据表演内容制作创意观影门票</td><td>创意实践</td><td>☆</td><td>☆</td><td>☆</td><td>在该维度获得两颗星即可获得一张积分卡</td></tr>
<tr><td rowspan="4">执行组</td><td>售票检票：一组人员协同宣传小组现场售票；另一组人员在学校固定点位售票</td><td>表达与交流</td><td>☆</td><td>☆</td><td>☆</td><td>在该维度获得两颗星即可获得一张积分卡</td></tr>
<tr><td>收支计算：制定票价、营销策略</td><td>会分析</td><td>☆</td><td>☆</td><td>☆</td><td>在该维度获得两颗星即可获得一张积分卡</td></tr>
<tr><td>引导入座：引导观众快速入座</td><td>表达与交流</td><td>☆</td><td>☆</td><td>☆</td><td>在该维度获得两颗星即可获得一张积分卡</td></tr>
<tr><td>秩序维持：演出当日负责维持舞台和观众席现场秩序</td><td>表达与交流</td><td>☆</td><td>☆</td><td>☆</td><td>在该维度获得两颗星即可获得一张积分卡</td></tr>
</table>

续表2

项目阶段	评价描述	评价维度	自评	互评	师评	积分获得
表演阶段	每个小组能根据彩排在舞台上呈现最终的演出，语言、动作、表情到位，服装道具精美，尽量还原并丰富故事情节	表达与交流	☆	☆	☆	在该维度获得两颗星即可获得一张积分卡
		艺术表现	☆	☆	☆	在该维度获得两颗星即可获得一张积分卡

5.3.4 项目分析

1. 学生自发启动，自然生成，成功开启自生项目之门

在积分评价系统的背景下，“名著我来演”项目完全由天府七小五年级学生自主发起。在积分评价系统的推动下，仅用2周的时间，从准备、申报到排练、表演，大获成功。这充分体现了积分评价系统的有效性，并印证了其强大的生命力。在这个过程中，学生不仅在接受评价，也在锻炼个人能力，同时这个项目也成为推动天府七小积分评价系统发展的重要力量。

2. 跨学科融合，能力综合，凸显教育目标多元化

义务教育课程方案和课程标准都提倡跨学科学习，项目化学习则是实现这一目标的重要手段。天府七小致力于以跨学的方式开发符合学生发展特点、培养学生核心素养的课程，以实现德、智、体、美、劳全面发展的教育目标，最终指向人的全面发展。在“名著我来演”项目中，语文、学生、财经、音乐、美术等多方面的能力在实践中得到锻炼，学生的综合素养得以提升，充分体现了跨学科学习的特点。

3. 真实情境驱动，自主解决问题，提升学生应对挑战的能力

在“名著我来演”项目中，天府七小的学生们在学习了语文课文以后

自发提出在学校舞台上展演的想法。尽管之前毫无这方面的经验，但是学生们在积分评价系统的推动下找到项目导师自主申报项目，并且克服了排练、道具制作、表演技巧等方面的困难，通过反复彩排、团队协作和自我调整，学生们成功在舞台上进行展演，最终取得项目的成功，这充分体现了学生在真实情境中解决问题的能力和决心。

4. 尊重学生多元发展，完善自生项目制度

作为一门课程，评价是教育闭环的重要环节。在“名著我来演”项目中，实现了以素养为导向的自我评价、生生互评、师生评价。在活动过程中有过程性评价，活动结束后有终结性评价，教师通过引导团队复盘，让学生反思自己的成长和收获。同时，通过多样化的评价完善了自生项目制度，进一步激发学生的多元发展潜力。

5. 驱动文本深度研读，形成语文教学新样态

在天府七小教师的引导下，学生们自主改编剧本，使课堂教学与课外拓展阅读得以有机结合，促进了学生对语言文字的准确掌握和对文意的深刻体会。这种有趣味又有意义的教学方式，激发了学生的学习动力，培养了学生的自我激励能力。同时，在和教师、同学的互动中，在深入学习文本时，学生学会了自我学习和创造性学习，自主建构知识并拓展了思维。在语文课堂上尝试戏剧式教学，不仅增强了课堂的趣味性，还为语文学习模式带来新的路径。

6. 明确设计路径，提升项目实施效果

“名著我来演”项目通过以核心知识为导向设置单元目标、以真实问题为驱动提出挑战性任务、以过程指导为支架展开活动探究、以多元持续为方向进行项目评价、以多种形式为媒介展示项目成果等具体路径的实施，确保了项目的顺利推进和实施效果的提升。

5.4 案例三：跨学科课程自生性项目——打造“儿童城市”中的三星堆体验区

5.4.1 背景与导入

在天府七小的“儿童城市”中，我们基于积分评价系统，依托学生真实的生活环境，积极开展跨学科主题教学活动，以此打通各学科之间的底层逻辑，真正地实现“五育”融合式育人方式的变革。

《义务教育课程方案（2022年版）》的基本原则提到：“应当加强课程内容与学生经验、社会生活的联系，强化学科内知识整合，统筹设计综合课程和跨学科主题学习。”同时，方案要求在义务教育阶段开设的课程都要推进综合学习，积极开展主题化综合性实践活动，设置占本学科10%课时的“跨学科主题”学习活动。可见，跨学科主题式教学作为课程综合化、实践化的策略，是本次课程方案修订的一个亮点。

天府七小深入学习《义务教育劳动课程标准（2022年版）》，四年级学生围绕“三星堆”这一主题开展了跨学科项目式学习以及研学活动。课程本以“古蜀我汇报”为核心驱动任务，但在学习之中，有学生找到项目导师自发提出为什么不能将汇报活动与实际体验结合起来，于是便衍生出了打造“儿童城市”中的三星堆体验区这一项目，将学生所学知识与汇报和讲解相结合，再利用劳动设计课程，通过劳动规划将学生所学、所想、所感变为三星堆体验区，在天府七小“儿童城市”中让全校学生体会三星堆文明。

跨学科项目式学习主题的选择依据：三星堆遗址被称为20世纪人类最伟大的考古发现之一，昭示了长江流域与黄河流域一样，同属中华文明的母体。三星堆遗址群的年代上起新石器时代晚期，历经夏朝，下至商末周初，上下延续近2000年，从新石器文化延续至青铜文化，作为古蜀文明，见证着中华文明的起源。这一遗址的发掘让一直以来真伪莫辨的蜀国开国之君蚕丛及蜀王鱼凫的神话成为史实。三星堆遗址中所蕴含的古蜀国人民的劳动智慧远超我们的想象，因地理位置优势，三星堆与蜀人有着千丝万缕的联系。作为“小蜀民”，有责任去了解和探寻古蜀文明背后的价值，通过学习增强文化认同感和自信心，并乐于宣传和发扬古代人民的劳动智慧和结晶。通过“梦回古蜀国，探秘三星堆”系列课程，打造“儿童城市”中的三星堆体验区，提高学生的劳动设计能力，体会三星堆蕴含的文化精神。课程融校本儿童城市课程、研学课程、跨学科项目式学习为一体，引导学生依托真实背景展开对实际问题的探索，让学生在解决问题的过程中获得知识、方法及经验，进而打造自生性项目。

5.4.2　项目设计

1. 项目简述

结合四川的地域特征，四年级学生对古蜀三星堆文明已有了部分了解，但这种了解是碎片和随机的。为了让学生通过系列课程完整了解三星堆文明、探索古蜀三星堆文化，最终宣传三星堆中值得纪念和传承的文化精神，四年级组整合各学科，依托研学课程开展了一场“探秘三星堆文明”的活动。在活动过程中，学生认为如此难得的三星堆文明除了自己学习，还可以在学校内打造属于天府七小的三星堆体验区，围绕这个驱动项目，展开了为期一个月的学习之旅。通过了解三星堆文物及其背后的古蜀文明，激发学生的民族自信，让学生为自己是中国人而感到自豪。

结合学校评价系统和“柒晓币”的运营模式，学生将各学科所学到的知识变为体验区的各种项目，并通过一节劳动规划课程打通学科壁垒，用一块学校未启用的空旷地带，亲手设计并进行劳动规划，从而让项目落地。

活动的前期准备阶段，学生自主提出驱动性任务，发布此次活动。通过前置网课学习和研学，学生的兴趣更加浓厚。有了前期的铺垫，学生确定了设计的方向。活动实施阶段，学生将各科所学进行整合设计，规划出试运行方案，并在此过程中做好运营的准备工作，动手搭建和打造体验区。通过在“儿童城市”中的宣传和发布，三星堆体验区开启试运营模式。经过一段时间的运营，学生复盘并找到问题所在，再次进行总结和优化。

2. 项目信息

项目名称：打造“儿童城市”中的三星堆体验区。

项目时长：4周。

涉及学科：劳动、语文、数学、美术。

年级：四年级。

项目设计思路：三星堆遗址承载着中华民族的古蜀文明，具有浓厚的艺术价值和文化价值。自2022年11月，天府七小四年级的学生参与了四川天府新区的云端研学——探秘三星堆 梦回古蜀国。在直播课上，学生对三星堆博物馆的丰富馆藏、互动式体验深感兴趣，计划利用所学知识，在校园里打造“三星堆体验区”，优化学校物理环境，形成三星堆学习集群，让更多的学生体验三星堆文化、了解古蜀文明。

秉承“从做中学”这个教育原则，此次体验区搭建活动就给予了学生丰富的学习场域，学生在打造“儿童城市”体验区的过程中就在经历“做中学”。学生通过劳动课进行了体验区的方案设计，通过财经素养课进行了体验区运营方案的设计，最终形成了一个集艺术、劳动、科普为一体的互动式体验区。学生分组进行具体点位的筹建，如考古区、讲解区、陶艺区、剪纸区、古法制玉区、套圈区、知识问答区等。天府七小希望打造“学校即社会”的教育模式，让学生在体验经营的过程中提升学科素养。

3.核心知识

（1）语文：阅读三星堆相关书目，从阅读中感受古蜀三星堆文化的博大精深，能运用课本内学到的方法查找三星堆文明的相关资料，并记录与分享；将三星堆衣、食、住、行相关知识连点成面进行段落书写，提升书面表达能力；在体验区中撰写有关文物的文字，并进行文物讲解，训练口语交际能力；完成“三星堆体验区”海报的设计与宣传任务。

（2）数学：能计算面积，运用所学平面图形知识设计体验区用地；能计算体验区成本、利润，让体验区正常运营。

（3）美术：学习并能教授他人一些三星堆体验区的技能，如三星堆创意剪纸、三星堆泥塑、绘制三星堆文物图案等；能绘制内容完整、形式美观的体验区宣传海报。

（4）劳动：在学习、探究、设计、创新、反思、更改的过程中，完成“三星堆儿童体验区”场景设计，通过劳动将设计的体验区搭建落地；学习并能教授他人一些三星堆体验区的技能，如古法制玉、考古挖掘等。

4.驱动性问题

在充分了解三星堆后，学生自发生成以三星堆为主题的“儿童城市”建设任务。基于学校的物理空间，学生需要思考如何将三星堆云端研学成果进行物化设计，以真实问题为导向，教师引导学生分析问题。经过充分讨论，学生们决定以“如何打造‘儿童城市’中的三星堆体验区”为驱动性问题，开展后续学习活动。

5.成果与评价

（1）个人成果：参与打造属于自己的三星堆体验区项目，成为三星堆体验区工作或运行人员。

（2）个人成果评价的知识和能力：探究与实践能力、写作能力、方案设计能力、具体劳动技能。

（3）团队成果：打造“儿童城市”中的三星堆体验区，在体验区的运营中获得“柒晓币”收入，形成一整套体验区方案设计的思路，物化三星堆技能学习。

（4）团队成果评价的知识和能力：团队交流合作能力、写作能力、宣传策划能力。

6. 公开方式

运行“儿童城市”三星堆体验区，在其中设置若干区域供全校学生在课堂间隙学习和体验。

7. 高阶认知

问题解决、决策、创见、系统分析、调研。

8. 涉及的学习实践

（1）探究性实践：学习三星堆的相关知识，通过探究确定三星堆体验区设计方案。

（2）社会性实践：小组合作给出体验区项目设计，其中涉及成员的沟通和合作；面向全校园开放体验区，获得社会性的职业体验。

（3）调控性实践：设计和规划体验区方案，在搭建的过程中反思调控自己的行为。

（4）审美性实践：三星堆文物自带艺术价值，提高学生的审美水平。

（5）技术性实践：能运用所学美术和劳动课程技能，提高技术水平。

9. 评价的学习实践

探究性实践、审美性实践、技术性实践。

5.4.3 项目过程

1. 入项活动

（1）发布三星堆研学任务。你们去过三星堆博物馆吗？你们对三星堆有什么了解？学完之后我们将在全校进行“梦回古蜀国，探秘三星堆”的汇报。学生任务：完成学习记录——我的云端研学日志。

（2）前置学习。利用天府新区云端研学平台，学习“探秘三星堆 梦回古蜀国”系列微课，在7节微课中了解三星堆是什么、为什么会有三星堆，了解三星堆的衣、食、住等知识。

（3）自生性项目生成。①交流对三星堆的了解。②师生交流如何让我们的学习更有意义，让全校的同学参与其中。③学生自发提出打造“儿童城市中”的三星堆体验区这一驱动任务。

评价机制：课堂发言1次可获得1张三星堆专属贴纸，每2张贴纸兑换1张积分卡。完成“我的云端研学日志”（见图5–5），一次性奖励5张积分卡。

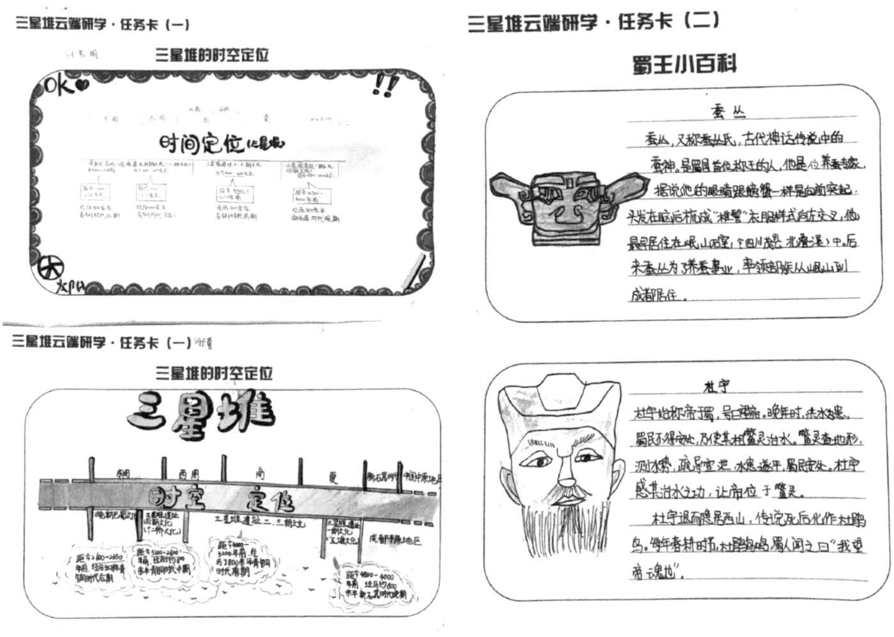

图5–5　三星堆云端研学日志

2. 活动开展

（1）研学活动。经过前置课程的学习，参与四川天府新区云端研学——“探秘三星堆 梦回古蜀国”直播课。

确定设计方向。①围绕“儿童城市”建设，思考如何利用三星堆进行具体的物化成果设计。②头脑风暴：我为三星堆做体验项目设计。通过直播课的学习，学生深入了解了三星堆。在充分了解三星堆后，学生自发提出打造“儿童城市”中的三星堆体验区这一驱动任务。基于学校的物理空间，学生需要思考如何将三星堆云端研学成果进行物化设计，以真实问题为导向，教师引导学生分析问题。经过充分讨论，学生们决定以“儿童城市大改造，共创三星堆体验区”为任务，开展后续学习活动。

（2）方案设计。具体包括前置任务和体验区方案设计两个方面。

前置任务：方案设计前期调研活动。请学生了解身边的体验区；寻找学校中的体验区用地；了解同伴感兴趣的体验项目，完成儿童体验区大调研（见表5–11）。

表5–11　　三星堆儿童体验区调研

体验区里有什么？小朋友们，一起走进生活，去调查研究一下吧！

小组名		小组成员	
调查地点：			
儿童体验区里有什么		这些场所有什么功能	
1			
2			
3			
4			
5			
6			

体验区方案设计：利用劳动规划课，设计“儿童城市”中的三星堆体验区方案。课程思维导图如图5–6所示。

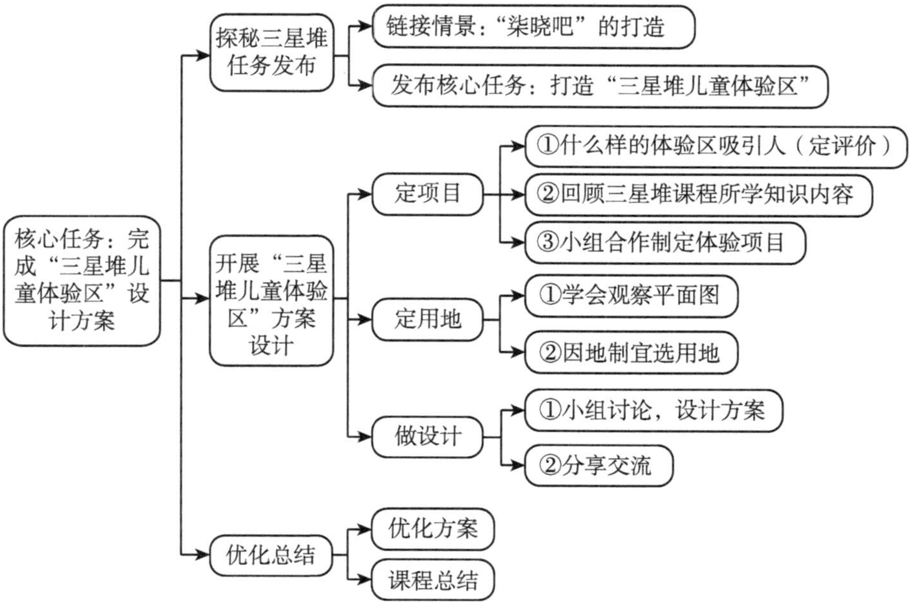

图 5–6　课程思维导图

①定项目：小组代表汇报调研结果，通过数据分析，得到同学们感兴趣的16个项目；各小组进行可行性分析，通过举手投票的方式，选出各组承担的体验区项目。②定用地：根据项目规划用地。③做设计：分组设计方案，投票评选最优方案。④优化汇总并形成总方案：方案汇总形成体验区总体方案（见图5–7）。

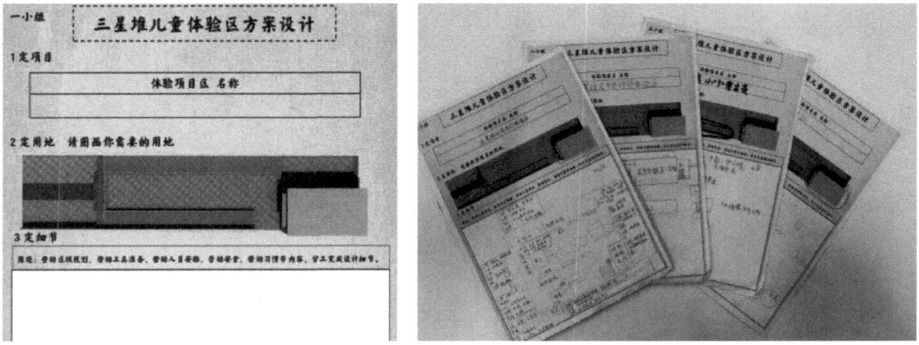

图 5–7　三星堆体验区方案设计

评价机制：评选最受欢迎的设计方案。来自天府新区的近50名劳动教师和全班同学通过网络对6个小组的方案进行了投票（见图5-8），对第一名的小组每人发放5积分，其余方案每小组每人3积分。

图5-8　三星堆体验区方案设计投票

（3）运营方案设计。具体包括讨论运营方案、优化运营方案、进行运营准备等。

讨论运营方案。各小组选定体验项目后，展开对体验区运营方案的讨论，形成了初步方案。在初步方案中明确了项目用地、开展形式、所需材料、人员分工等内容。

优化运营方案。实际观察体验区，在模拟运营后，学生进行了体验区运营方案的最后完善，细致到场地、分工、成本、售价、运营秩序、店铺装扮等内容。

运营准备之学科延伸学习。为了保证体验区的质量，学科教师根据学生制定的方案进行内容整合，实施各学科类教学，从技能上保证学生的设计方案能实施，以下举部分案例进行说明。

美术学科实践：巧用对称形。美术教师结合人民美术出版社出版的四年级下册美术教材第6课《巧用对称形》，通过层层递进，由浅入深的艺术引导，在天府七小这座“儿童城市”里，以三星堆为载体，结合学校的文化特点与新课标要求，将有趣、有料的课程带给学生。学生们通过课程活动，深入了解三星堆的历史演变、文化传承和民俗风情。在体验中探索三星堆文化、理解古蜀国，从而培养学生的探索能力，增强其文化自信。同时，教师帮助学生们学习陶艺、古法制玉、拓印、剪纸的制作工艺。在完成作品的过程中，感受生活与美术的关系，丰富学生与三星堆有关的审美感受与体验。

语文学科实践：我是小小讲解员。人民教育出版社出版的四年级下册语文教材的第二单元中有大量课后习题引导学生对观察到的事物进行介绍。基于这一教材内容，天府七小四年级语文组结合“三星堆”主题，开展了“我是小小讲解员”活动。通过讲述琥珀形成的过程；讲述恐龙飞向蓝天，演化成鸟类的过程；介绍身边的纳米技术；说一说中华民族飞天梦的实现过程，4 节课的 4 次讲述训练，让学生明白如何把一个事物介绍给他人，最后引导学生对三星堆的文物进行介绍（见图 5–9）。

图 5–9　三星堆小小讲解员案例

数学学科实践：建筑中的学问。在北京师范大学出版社出版的四年级下册数学教材的第二单元中，学生学习了四边形和三角形的基本特征，了解了三角形的特性。学生们了解到，三角形具有稳定性、四边形具有不稳定性。同时，建筑中还存在许多图形知识。同学们融合数学知识与三星堆建筑文化，利用牙签、筷子仿制干栏式建筑。在搭建干栏式建筑的过程中，真实感受三角形的稳定性，积极寻找帮助四边形变稳定的方法。同时，学生被古蜀人的智慧所折服，更深层地了解了古蜀文明（见图5–10）。

图5–10　三星堆数学建筑实践作品

学科融合课：①三星堆文物档案。各小组利用所学美术、语文知识，查阅资料，建立三星堆文物档案（见图5–11），并依次在班级中分享，推选出最优秀的讲解员。②古法制玉。各小组在活动过程中了解雕刻工艺的基本材料、工具、程序以及艺术特点，掌握雕刻的基本方法和要领（见图5–12）。在三星堆古法制玉的过程中，懂得生活与美术的关系，丰富审美感受与体验。

图5–11　三星堆文物档案

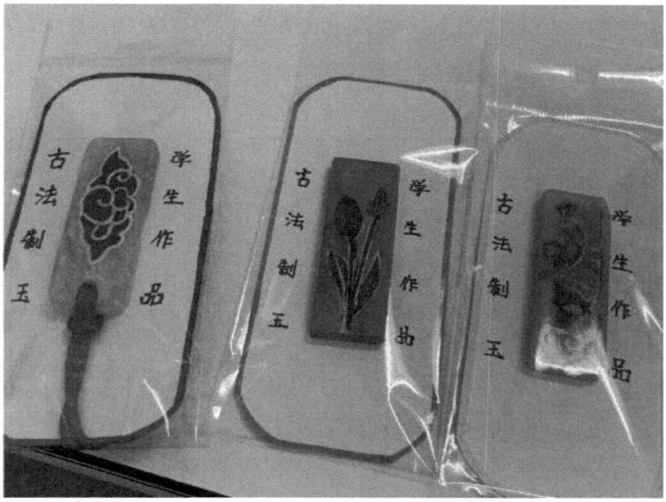

图 5-12　三星堆体验区古法制玉物化成果

评价机制：对学科素养表现良好和优异的学生，给予其各学科类别的积分卡奖励，分别为1~3个积分不等。

（4）运营实践。具体包括体验区宣传、体验区布置和体验区运营。

体验区宣传：为了让更多的学生参与进来，了解三星堆文化，学生们还专门为自己的文化体验区制作宣传海报，在全校各班中进行宣传（见图5-13）。

图 5-13　三星堆体验区宣传海报

体验区布置：与其他年级沟通，保障学生的宣传行动。教师利用劳动课时间，辅助学生完成体验（见图5–14）。

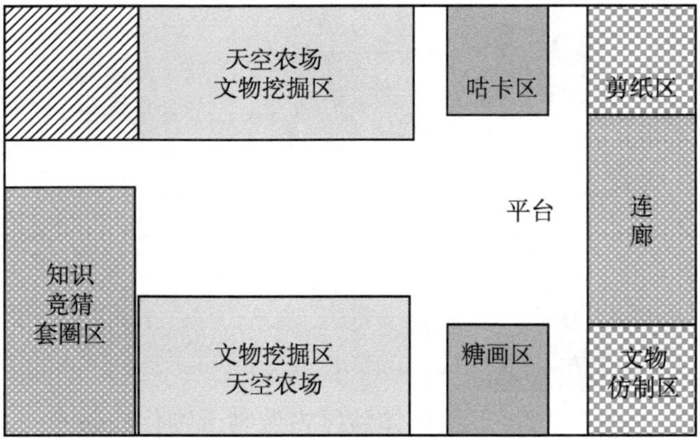

图5–14　三星堆体验区用地规划

体验区运营：分组开展体验活动，邀请其他年级的学生打卡三星堆体验区。

各组的体验区开始营业了，各色体验店有条不紊地开展体验活动。在项目成员的带领下，同学们了解了三星堆的各类文化，还创造出了各具特色的三星堆作品呢！

评价机制：全校师生可以选择自己感兴趣的区域，在对应的时间到“儿童城市”三星堆体验区用“柒晓币”进行消费体验，每个区域获得的“柒晓币”上缴学校20%“占地税务”，其余由年级统一分配给小小工作人员，作为“工资”奖励。

3. 活动总结

（1）公示经营状况，如图5–15所示。

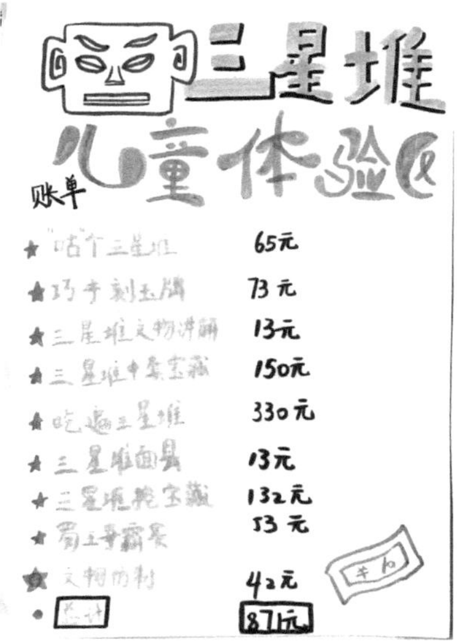

图5–15　三星堆体验区经营状况展示

（2）复盘会。在试营业结束后，学生收集“顾客”意见，分小组讨论，总结问题（见图5–16）。

图5–16　三星堆体验区运营意见反馈

（3）活动总结会。复盘结束后，学生对标评价表进行了评价与总结。

（4）制订长周期运营方案。复盘结束后，我们对标任务目标设计了评价量规，教师利用评价量规分组进行学习的评价与总结（见图5–17）。在评价的过程中，评价主体兼顾学生和教师。

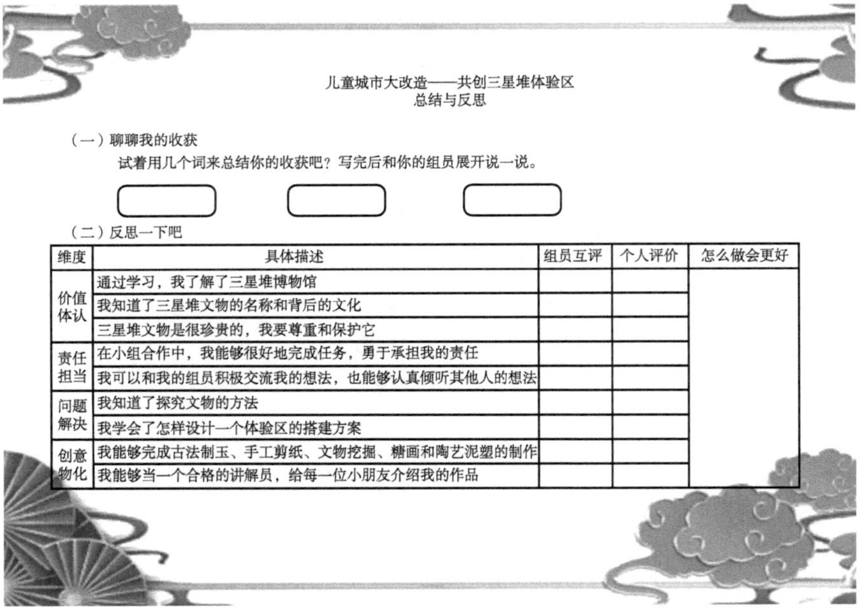

儿童城市大改造——共创三星堆体验区
总结与反思

（一）聊聊我的收获

试着用几个词来总结你的收获吧？写完后和你的组员展开说一说。

（二）反思一下吧

维度	具体描述	组员互评	个人评价	怎么做会更好
价值体认	通过学习，我了解了三星堆博物馆			
	我知道了三星堆文物的名称和背后的文化			
	三星堆文物是很珍贵的，我要尊重和保护它			
责任担当	在小组合作中，我能够很好地完成任务，勇于承担我的责任			
	我可以和我的组员积极交流我的想法，也能够认真倾听其他人的想法			
问题解决	我知道了探究文物的方法			
	我学会了怎样设计一个体验区的搭建方案			
创意物化	我能够完成古法制玉、手工剪纸、文物挖掘、糖画和陶艺泥塑的制作			
	我能够当一个合格的讲解员，给每一位小朋友介绍我的作品			

图5-17　三星堆体验区运营总结反思

（5）活动表彰。我们对在活动中表现优异、准备充分的小组和收入较高、文化传播效果较好的小组进行了班级表彰（见图5-18）。

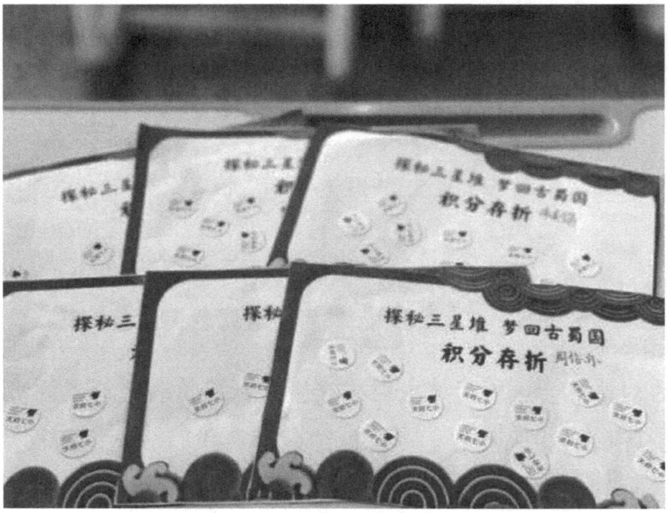

图5-18　三星堆体验区项目表彰证书

（6）评价机制。在此次活动的结束阶段，以班级为单位进行表彰大会，统计出体验区“柒晓币”收入最多的项目，每组每人发放5个劳动积分奖励以及“三星文明传播者”奖状一张。

（7）探索与形成成果。通过此次课程，四年级的学生成功打造了“儿童城市”中的三星堆体验区并成功运营。

4. 所需资源

（1）依托三星堆系列课程打造的网课与研学活动。

（2）三星堆系列资源和资料。

（3）为建设体验区中的考古区、讲解区、陶艺区、剪纸区、古法制玉区、套圈区、知识问答区等所需要的学科课程准备和物资资源。

（4）依托学校积分评价系统的校园虚拟货币。

5.4.4　项目分析

1. 生态课程理念的践行

生态课程理念是指人们用生态学的理论和方法研究课程方面的问题和现象，从而形成通用的理念与方法。此理念最早是由西南师范大学教育科学研究所的靳玉乐教授和王牧华博士在《生态主义课程研究范式刍议》中提出的。随着新课标的颁布和课程改革的发展，生态课程理念致力于围绕学生德、智、体、美、劳的全面发展来建构课程。其中，“和谐、联系与发展”是其设计的理念，“和谐”指学生“五育”发展的和谐，这也在提醒我们，要用“全”的角度和格局来设计课程。

在本次课程中，我们将学生身心、知识、技能、情感、意志等方面作了综合考量，不仅仅是设计一个“体验区”那么简单，为了实现这个项目，学生需要调动学科和非学科的能力与素养，处理好自身与自然、环境、文化的关系，从而实现驱动任务。此次活动是实践生态课程理念的一次尝试，通过打造多学科整合课程，为落实和谐、联系、发展的课程目标打开教学思路。

2. 教学评一体化设计

本次活动以活动目标为导向，以活动任务为驱动，设计了符合活动要求和学生发展需要的评价标准，打造“教—学—评”一体的劳动活动。学生在评价过程中先尝试用关键词描述自己的收获，在提取关键词的过程中，学生也在回顾活动的全过程，培养了自身的总结概括能力。同时，在反思的过程中，学生可以参照评价的具体描述，进行深层次的自我反思，以可见的行为动作为引领，有效地对标自我表现。

我们在活动推进过程中引入积分系统，从价值体认、问题解决、责任担当、创意物化四个方面对学生进行过程性评价，并发放积分卡（见图5–19）。学生在活动的过程中不断积累积分卡，兑换“柒晓币”，提高活动积极性。同时，教师在后台还可以看到每位学生在这四个方面的积分情况，实时关注学生成长。多元评价设计促进劳动教育“教学评一体化”发展。

图5–19　三星堆体验区项目评价积分

3. 与儿童共创的跨学科项目式教学课程

本次课程是集学、研、创、制、践于一体的长周期劳动实践活动。学生们因学习而了解了三星堆文化，自然而然地种下了一颗要传播三星堆文化的种子。后期，学生在与老师的思想碰撞中自然生成了一系列探究活动，在发现问题、分析问题、研究讨论、确定方案、实践操作的过程中，学生不断完善自身的知识结构，培养自身问题解决和创新创造的能力。此次课程依托从学生生活中自然孕育的“真问题”，我们带着这个真问题不断去学习、探索、体验和行动，贯彻“做中学”的实践理念。秉承着师生共创的理念，在课程中坚持从学生中来、到学生中去，不断提升学生的综合学科素养。

第6章 积分成长数据分析

6.1 多源精准的数据呈现

6.1.1 班级成长

1. 从单一到全面——教师协作的及时性和全面性

评价内容和评价主体单一是目前教育评价实施困难的主要原因，现阶段对学生的评价过于注重考试分数，忽视学生在成长过程中各方面的发展。学生评价能否促进学生发展，能促进学生哪些方面的发展，很大程度上取决于评价内容的制定，评价内容对学生的行为具有导向作用。教师不应该是评价学生的唯一主体，学校不应成为学生生活的有限空间，学习成绩也不应成为评价学生的唯一标尺。为了更好地促进学生的全面发展，学生评价的内容应该全面化，涉及学生发展的德、智、体、美、劳等多方面；评价主体应该多元化，实施评价的主体不只涵盖学科教师，学校、教师、学生和家长应该共同参与评价过程。

天府七小特有的主任导师、首席包班制让教师不仅可以关注学生的学习情况，还能时刻关注学生的生活表现和个人发展。在天府七小的积分成长系统里，主任导师可以从德育的爱国诚信、关心尊重、文明守纪、环保卫生、安全自护、健康生活、合作创新七个维度对学生的学校生活作出全面评价（见图 6–1 和表 6–1）。

七彩德育：不同维度，不同颜色

图 6–1　积分卡设计

表6–1　　　　学校生活评价维度

模块	维度	维度说明
学习生活	善思	课堂上，能主动思考、积极思考，思考有质量
	善听	课堂上，能做到基本的倾听姿势，认真倾听，边听边思考
	善言	课堂上，能积极发言，发言声音洪亮，发言有质量
	善做	能积极完成课后作业，作业书写工整，作业正确率高，作业质量高
	协作	能参与小组合作，在团队中承担责任，在团队中起到积极作用
	测评	学科检测表现优秀
	创意表达	能创造性地完成学科任务

主任导师作为班级的主要管理者，除关注学生的学校生活外，借助积分成长系统，还可以随时查看不同时间内班级各科教师的积分发放情况。通过班级报告里的“指标得分明细”可以发现，学生在一段时间内获得科学积分卡片的数量不多，根据此情况，主任导师可以及时和科学学科教师进行沟通，及时调整班级学生在这门学科上的学习状态，做好协作监督作用。通过主任导师和任课教师的合作，班级积分卡的发放逐步趋于均衡，以此促进学生各学科的均衡发展（见图6–2）。

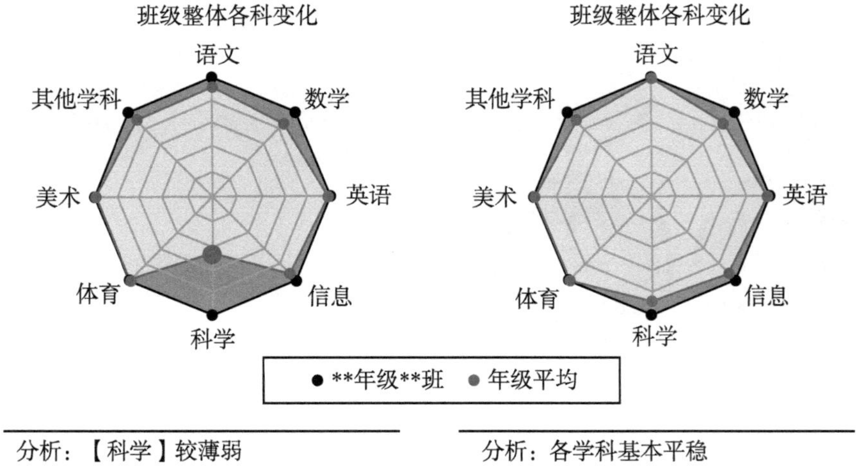

图6–2　班级学科报告

2. 从个体到全体——教学效果的均衡性和准确性

目前，大部分学校的评价实施主要以教师为主体，且评价标准主要以学习成绩为主，教师是整个评价过程中的“权威”。由于教师面向的学生众多且学生个体水平存在差异，在实际教学过程中，教师容易忽视学生学习的过程性表现，将课堂表现、考试结果作为评价的主要内容，没有把学生的起点水平和即时的学习变化纳入评价，且用统一的标准来衡量水平各异的学生，致使评价结果的公平性、科学性受损。对学生全面的评价应该包括学生的思想品德、学业成绩、综合素质等方面，这使教师没有合适的抓手去及时、全面地评价学生，因此难以结合学生的差异开展个性化教学。

在天府七小的班级管理模式中，首席教师作为班级的第二管理者，主要对学生的学习进行监督和管理。在积分评价的实施过程中，首席教师可以对比各学科的积分卡发放情况，关注学生在不同学科的不同表现，并且可以查看学生在每个学科各个维度上的表现情况。在英语学科的“勤运用”维度，我们可以观察到周姓同学得到的积分数量低于平均水平，说明该学生在生活中应用英语过少。在“乐阅读”维度，陈同学得到的积分数量低于平均水平，说明该同学在英语阅读方面比较薄弱（见图6–3）。针对以上现象，首席教师可以在班级内组织表演英语话剧、唱英文歌等活动，加强学生对英语的实际应用，直到学生的积分获得情况达到平均水平（见图6–4）。对于班级内需要重点关注的学生，首席教师可以通过查看学生的积分成长值了解学生在各个学科上的优势，及时给予学生个性化的指导。在评价过程中，教师了解了学生在起点、智能、性格、态度等方面存在的差异，使评价更为客观，从而实现了评价的时效性和准确性。

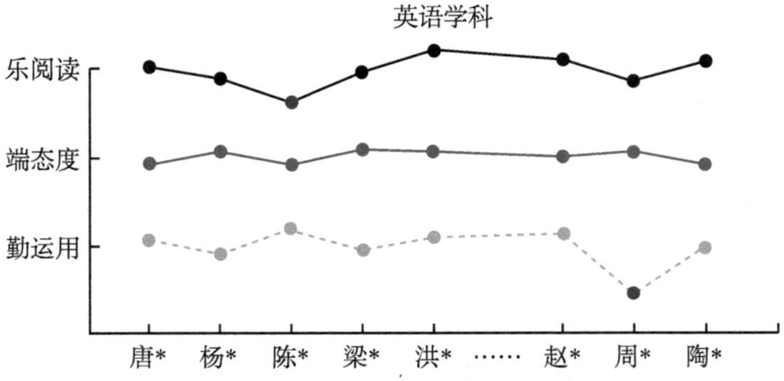

图6-3　学生学科情况①

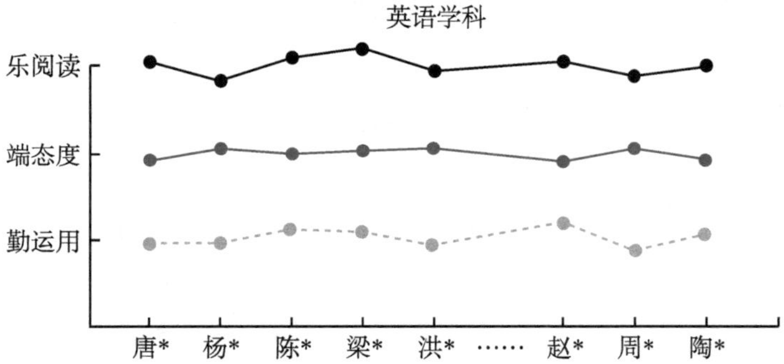

图6-4　学生学科情况②

3. 从差异到个性——学生成长的针对性和个性化

新课程标准强调课堂教学评价中评价方法的多样化，追求从多角度、多方面对学生作出全面客观的评价。传统的学生评价，教师会不自觉地过多关注高分和低分的学生，往往忽视中等水平的学生。当一味强调结果时，学生的学习过程、学生的进步情况等就容易被忽视。现阶段，教师在课堂教学评价过程中多选择相对简单、容易操作的评价方法，如课堂观察、课堂提问、课堂测验，并且在使用这些评价方法的过程中具有极大的随意性。教师在选择评价方法时没有仔细地考虑每个学生表现出的不同行为，没有随着评价对象的差异而选择不同的评价方法，忽视学生个体差异，对班级、学生的认识不精准，没有横向对比班级在全校的发展情况，也没有纵向对比学生在班级内部的发展情况。

在天府七小发放积分卡片的过程中，科任教师作为学生学习的管理者、监督者与执教者，能有效地将教学目标与评价目标统一起来，充分发挥积分评价的功能，既提高自身的教学水平，也促进了学生的进步。科任教师通过对学生在学科发展状况方面的评价，能够充分了解学生的个性和发展特点，为实施差别化教育提供依据。科任教师通过积分的发放，可以为每个学生出具一张学科画像（见图6–5）。

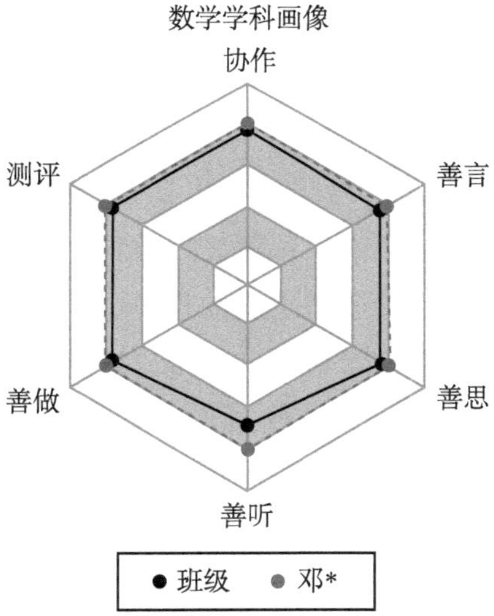

图6–5　学科画像

以数学学科为例，可以简明直观地呈现班级每一位学生在善言、善做、善听等指标上的数据，这有利于教师在短时间内对学生的发展特点有比较全面的了解。从这些学科画像里我们可以看出，一些学生虽然目前成绩不拔尖，但其本身有着较好的思维潜质和综合素养，教师应该给予重点关注。对于一些平时比较内向，不喜欢和老师、同学交流的学生，我们能利用学科画像获取其包括家庭背景、成长环境等方面的信息，从而展开有针对性的指导和教育。更为重要的是，学科画像还可以把一些暂时表现得不是太好的学生（比如在某些指标上处于全班、全年级相对靠后位置的学生）重点标注出来，通过这种预警的方式提醒教师、家长对这些处境相对不利的学生加以重视，在学习和生活上给予他们更多的帮助，从而促进学生的全面发展。

6.1.2 个人成长

1. 弥补学生不足，促进学生全面发展

在进行学生评价时，我们既要关注学生学习的结果，也要关注学生学习的过程和进步情况，这样才能更加清楚地掌握学生的优势与劣势，因材施教，促进全体学生的全面发展。

通过实施积分评价，我们发现学生在这个过程中发生了积极的转变。虽然各个学科都只针对本学科实施评价，但是学生作为评价的对象能够清楚地感知自己在不同学科之间的优势与不足。积分卡的发放数量很大程度上反映了学生在该学科上的表现，教师通过成长值得分的变化可以更加直观地了解学生在不同学科上的差异，针对学生的薄弱学科，可以及时通过家访等活动和学生、家长进行沟通，给出合理的学习建议（见图6–6）。

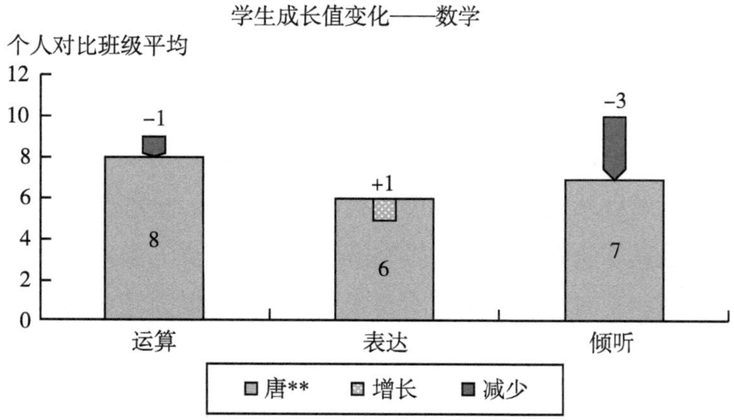

图6–6 学生成长值变化

2. 了解学生学习动态，促进教师因材施教

在评价学生时只注重学业成绩，很难符合学生发展实际，考试所得的学习成绩，仅代表学生素质的一部分，对学生学校生活各方面的进步、变化进行评价，更能体现学生的综合素质。因此，有效的评价在提醒教师时刻关注每位学生学习变化的同时，还应时刻提醒教师关注每一位学生的个性发展，这样不仅增强了学生的自信心，还使教师坚定了每一位学生都是“潜力股”的信念。

实施积分评价，除了可以帮助教师了解学生的发展状况，还能通过深入的数据分析得出客观规律，从而为教育教学的改革提供支撑，为实现因材施教提供依据。评价对象面向学生全体，积极举手发言的学生是评价对象的首选，其中基础较差的学生成为教师重点关注的对象，每一位学生都在评价过程中。在小组合作学习过程中，教师不仅对小组的讨论结果进行评价，还重视对小组合作学习中每一位学生的分工指导，重视小组合作中对学生学习方法的指导。对教师而言，通过积分数据分析可以更加有效地开展个性化教学，当教学出现问题时，还能够根据积分数据及时调整教学设计，利用数据及时分析自己教学前后的变化，促进学生的成长和发展（见图6–7）。

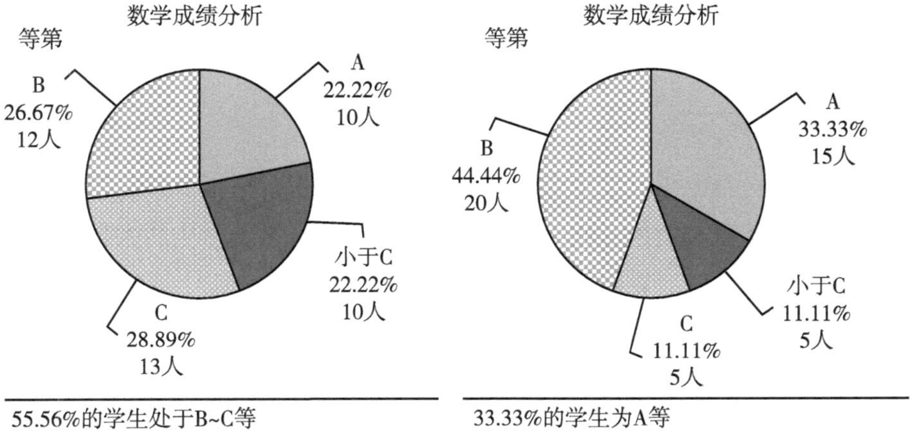

图6–7　学科分析

6.2 细致专业的数据分析

6.2.1 多元评价助力学生全面发展

传统的教育评价体系过于倚重分数，给家长和学生带来了沉重的压力。为了减轻教育负担，小学阶段一学期仅有一次学业检测，并采用等级评价。然而，这种单一的评价方式使家长难以全面了解学生在学校的学习情况和行为习惯，难以把握学生的真实需求。随着家长对学生全面发展的期望不断提高，单一的学业等级评价已无法满足他们的需求，进而引发了家长对学生学业的过度焦虑。

为此，我们引入了积分评价系统，从多个维度和视角全面评价学生的发展。这一评价方式不仅能让家长全面了解并评价学生的成长，还能清晰地看到学生每周的进步与变化。我们的目标是促进学生的全面发展，涵盖认知、情感、社交、创造力等多个方面。我们尊重每个学生的独特性，鼓励他们个性化发展，并为教育提供更全面、更丰富的反馈。

1. 德育环节

我们针对每个年级学生的年龄特点和成长需求，制定了细致的评价指标，让家长能更全面地掌握学生的成长轨迹。通过浏览学生的德育多边形图，家长可以直观地看到学生在非学科领域的优势和短板（见图6–8）。例如，学生在心理健康和家庭生活方面的得分偏低，家长就能及时关注，寻找背后的原因，并与教师紧密沟通，协助学生调整心态。

明确的德育评价维度不仅帮助家长深入理解学校的教育理念和教学方

法，还加强了家校之间的沟通与协作。家长可以根据评价结果积极参与学生的教育过程，共同推动他们的全面发展。

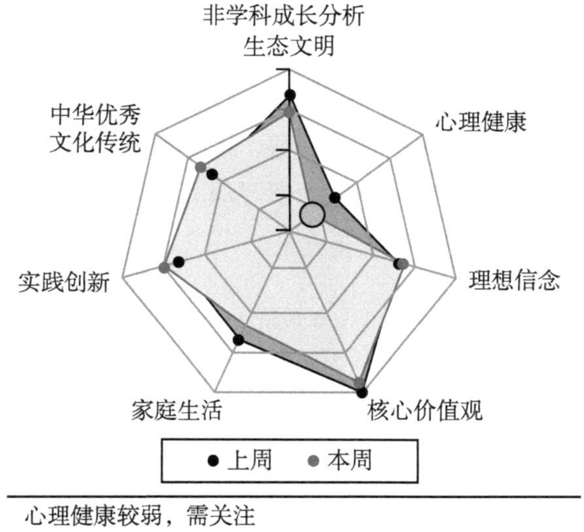

图6–8　非学科评价维度

2. 学科板块

我们根据各学科的学龄特点，为家长们精心设计了多元化的评价维度。家长不仅可以全面掌握学生所有学科的整体学习情况，还能深入了解他们在各科目的具体表现。通过与上周的数据进行对比，家长可以清晰地看到学生在学业上的进步与不足。例如，学生在体育和英语两科上的表现有待提高，家长可以迅速发现并通过与上周数据的对比，了解到学生在英语方面正逐渐进步，在体育方面则有所退步。这时，家长可以及时与相应学科的老师取得联系，共同针对孩子的性格特点进行因材施教。

此外，我们还为家长们提供了各学科的详细情况分析，以便他们更全面地了解学生在各科目的具体表现（见图6–9）。以语文科目为例，若数据分析显示学生在表达与交流方面存在不足，家长则可以及时与学生进行沟通，了解他是不敢表达还是不知道如何表达，进而与语文老师合作，寻找提升学生语言表达能力的有效方法。同样地，若在数学科目中，学生在合作与运算方面表现较弱，家长可以更多地关注这方面的练习，并与数学老师紧密合作，迅速找到适合学生的提升方法。

这种多样化的学科评价不仅有助于家长们为学生选择更适合的教育路径和活动，还能根据学生的个性和兴趣，帮助他们在感兴趣的领域获得更好的发展。同时，这也将激发学生的学习动力，提升他们的成就感，使他们在快乐中成长，取得更好的学业成果。

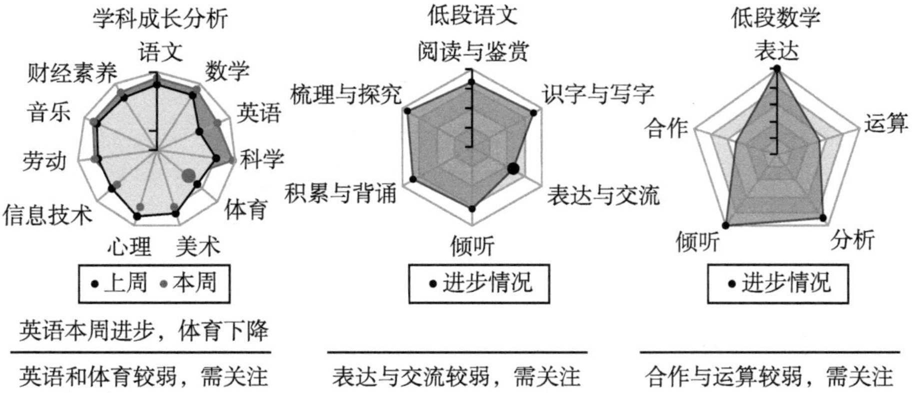

图6–9　学科评价

3.期末的三方测评

学生、家长和老师共同参与评价。同学间互评、家长评价学生、老师评价学生。多元化的评价体系让家长更全面地了解学生在道德、智力、情感、社会交往等多方面的发展情况。这有助于家长认识到学生的优势和有待改进之处，从而更有针对性地提供支持和指导。同时，三方评价鼓励学生自我反思，家长也可借此与学生回顾和分析学习过程，帮助学生建立正确的价值观和自我认知（见图6–10）。

学生自评　　　　学生互评　　　　家长评价

图6-10　在线收集期末三方评价

6.2.2　构建家校沟通桥梁，巧妙引导家长深度参与评价过程

面对忙碌的工作和生活，许多家长难以腾出充足的时间和精力来深度参与学生的教育过程，这导致家校合作面临诸多困难，家长往往缺乏参与感和归属感。为解决这一问题，积分评价系统应运而生，它在促进学生全面发展和加强家校合作方面起到了举足轻重的作用。

1. 轻松一扫，实时见证学生成长

该评价系统的独特之处在于“一物一码”设计，即每张积分卡都配备唯一的二维码。学生获得积分卡后，需由家长扫码获取积分。这一设计巧妙地激发了家长的参与热情。家长不仅能及时掌握学生的动态，有效缩短评价反馈周期，还能通过频繁扫码，持续见证学生的成长轨迹，及时捕捉学生成长中的积极瞬间。

2. 数字画像，实现家校无缝沟通

家长不仅能实时查看学生在各学科、各维度的积分情况，还能通过系统分析功能获得学生的数字画像。这一画像详细展示了学生在各个评价维度上的表现，并与班级常模进行对比，家长能够清晰地了解学生在各领域的优势和不足。这种直观的数字画像极大地促进了家长对学生发展状况的客观认识。实践表明，当家长关注学生的数字画像时，他们会积极与老师沟通，及时解决学生成长过程中的基础性问题，从而推动学生更高效、更优质地成长，实现家校之间的紧密合作与无缝对接（见图6–11）。

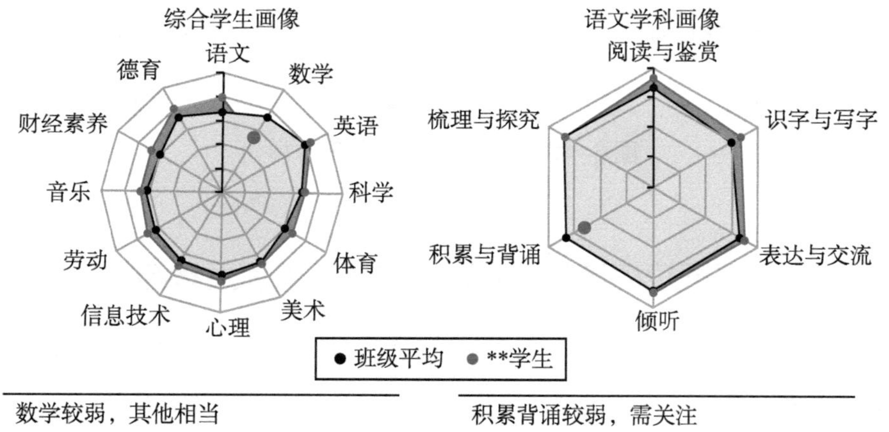

图6–11 数字画像

此外，家长课堂不仅是加强家校互动的关键桥梁，更是促进家长与学生共同成长的宝贵平台。学校精心策划的家长学校“1号课堂”，不仅致力于提高家长的家庭教育技巧，还助力他们深入理解学校的教育理念及教学方法。这一课堂为家长提供了深入参与学生教育的机会，鼓励他们分享育儿经验与困惑，并通过案例分析、角色扮演等多样化的学习方式，提升教育效果。同时，这也是家校沟通的重要时刻，教师可以详细介绍学校的计划与活动，家长则能全面了解学生在校的点滴表现。结合家校共育项目，如亲子阅读、家庭作业辅导等，家长课堂让家长在陪伴学生的过程中，实现共同成长。此举不仅提升了家长的教育能力，加深了他们对学校教育的认识，更促进了家校之间的紧密合作，共同为学生的全面发展提供有力支持（见图6–12）。

图6–12　家长课堂

6.2.3　实时反馈助力家长深入了解学生，缓解焦虑情绪

积分评价的多元化数据为家长提供了全面、深入了解学生成长状况的有力工具，帮助家长更加全面地了解学生的发展情况，减少不必要的焦虑。通过实时反馈，家长能够及时掌握学生的学习和生活状态，从而为他们提供更有针对性的支持和帮助。

此外，家长还能更深入地了解学校的评价体系，积极参与评价过程。通过数据分析，家长可以清晰地看到学生在学业成绩、社交能力、艺术、体育等方面的表现，进而更准确地了解学生的优势和需要改进的地方。这不仅有助于家长与学生之间的有效沟通，还为家长与学校教师的合作提供了更具体的反馈和建议。

最重要的是，实时反馈让家长更加关注学生的学习过程，见证他们的努力与进步。家长可以更加清晰地发现每个学生的独特个性和兴趣，鼓励他们在自己擅长和感兴趣的领域自由发展。这种关注过程而非结果的评价方式，有助于培养学生的自信心和兴趣，促进他们的全面发展。

6.3 科学全面的数字画像

《义务教育课程方案（2022年版）》的"课程实施"明确要求："全面落实新时代教育评价改革要求，改进结果评价，强化过程评价，探索增值评价，健全综合评价，着力推进评价观念、方式方法改革。"在新时代、新政策背景下，从学生视角出发，思考教育质量评价如何帮助学生实现核心素养的提升，天府七小尝试利用数据化评价助推学生全面发展。

在信息化浪潮下，数字化终端获取成本大大降低，数据化也成为教育质量评价的一个重要趋势。学校以学生成长为中心，利用大数据技术，建立"互联网+学生评价"平台。

借助科学严谨的工具，把学生在日常学习生活中的各种表现转化为评价数据，并及时收集分析评价数据，结合循证教育理念，生成各种可视化报表，最终呈现为学生成长数字画像。

数字画像的推出适应当下的时代需求，这是一个有计划、有目的地收集、分析学生成长数据的评价载体。相较于传统评价模式，数字画像充分发挥了评价育人的教育价值。学生对教育质量评价的认知也随之转向，根本性地从对自身价值的判断转为评价服务与自我成长。

6.3.1　从单一转向多维——全过程和全面性评价

1. 评价维度多向

个体差异性是教育最基本的特征，通常人们会简单认为教育质量评价就是对学生考核成绩作出价值判断。但每个学生都是独特的主体，是无法用统一量化标准进行评价的。学生之间由于先天条件、后天因素的影响以及成长环境的差异，在个体情感、态度、价值观、认知水平等方面存在极大差异。然而教育质量评价往往只关注评价结果，忽视了在评价中的个性化因素。教育评价的“唯分数论”问题，也造成了学生成长目标的趋同现象。

单纯以结果为导向的评价忽视了学生成长过程中的努力，违背了归因理论，无法对学生进行科学严谨的整体判断，是对教育质量评价的狭隘化。最终教师和家长将升学考试制度作为唯一的教育评价制度，导致学生成长质量大打折扣，学生沦为迎合应试制度的傀儡。

数字画像式评价指标体系的设计全面包含学生学习生活的方方面面，同时确保学生能够理解评价的内容，符合学生的认知发展。除了以数据记录来进行量化评价，还以质性评价来对各维度进行补充。质性评价作为该评价机制的重要一环，需要记录学生成长过程中的典型事件和关键行为，并不断反思什么样的教育情境更能激发这些典型事件和关键行为。

2. 评价主体多元

传统教育质量评价中，教师、家长等权威主体掌控着评价的权力，评价的结果是对学生的单向赋能，学生处于被动接受状态。这些评价标准通常是外部的、强制性的，忽视了学生本身也可以作为评价主体在自评和互评中产生教育意义，在一定程度上扼杀了学生在成长过程中的内部活力和主观能动性。

数字画像式评价采取自我评价与外部评价相结合的方式，形成多元主体全面参与的评价机制，学生在评价中学会为自己负责、为他人负责，最终在评价过程中实现从被动应付到主动作为的转变。在多维评价体系下，自我、同伴、家长、学校成为生活学习过程的多元评价主体，力求从不同侧面、多角度来评价学生。在多元主体参与评价的过程中，学生、教师、家长之间不断产生互动。在互动中，学生、教师、家长分享学生成长信息，引导学生参与评价并进行自我评价，帮助学生建构作为学习者的自我认知和评价体系。

3. 评价方法多样

学生评价不单单是纸笔评价，要存在于学生整个小学阶段学习生活的全过程，就需要做到评价时间灵活且方法多样。考虑学生在学校、家庭、社会的学习生活时空不同，既有固定时间评价，也有活动节点评价。针对不同的评价主体，我们设计了多样的评价方法，如通过校园之星申报、定期问卷调查实现自我评价、同伴互评和家长评价；通过家校沟通手册实现及时的家长评价；教师通过发放“七悦”评价小圆片对学生日常学习情况和学校活动参与情况进行评价。在技术手段方面，采取线上评价与线下评价相结合的方式，最终的评价结果在线上进行汇总。

这一评价机制的实施，使学生、家长都具有更高的参与热情，多向的评价维度保证了评价的全面性，多元的评价主体消释了学生主体缺位的隐忧，多样的评价方式提高了评价的时效性。

6.3.2 从记录转向分析——可视化和精准性评价

在传统评价模式下，以下几种现象较为常见且值得反思。日常教学中，大多数教师停留在口头评价上，学生获取的反馈不够深入，往往下课就会忘记，无法发挥学生自我监控学习的过程和评价的育人价值。学生印象深刻的评价主要为期末测试的分数，这一评价方式周期太长，学生在学期历程中接收到的反馈不充分、不直观，无法判断自我的表现情况和调整方向，导致学生学习状态出现波动甚至产生破窗效应。也有不少教师会采取纸质记录的方式呈现学生的表现情况，这样的纸质记录难以长期保存和统计，不利于通过数据分析让学生得到深度反馈，数据产生的价值有限。也有一些学校尝试利用数字化工具进行评价，但记录数据往往是为了实现统计功能，只体现了数据的原始样态，这种离散的数据并不能反映出学生成长的内部联系，对学生成长的助益有限。随着人工智能的发展，“互联网+”技术在教育教学中的应用越来越智慧化，大量而精准地收集学生的成长数据成为可能，数据将精准量化学习过程。

此后，在科学的评价指标体系下，将不同维度的数据进行整理分析，最终根据评价需求精准提炼数据，利用可视化技术，即折线图、雷达图、扇形图等可见图表关联化呈现数据，数据间的关系、数据与结果的逻辑便清晰可见，学生的成长也就有据可依、有迹可循了，最终勾勒出学生成长数字画像。数字画像让评价读取更容易，让激励更可见，让成长动态化，学生可以精准地认知自我成长，提高元认知和自我反思能力。

作为成长中的人，学生对自我的认知往往存在盲目化的特征，容易受到生理和心理的状态影响。学生的自我认知走向精准化的关键环节在于数据呈现，学生基于数据反馈进行结果分析，制定改进措施，形成成长内驱力。因此，学校采用多种统计图让学生看见数据结果。每种统计图表具有其表征优势，比如学生通过条形统计图可以看到自己在不同学科表现出来的水平；通过折线统计图可以看到某一评价维度在不同阶段的变化情况；通过雷达图可以看到自己在某一学科不同维度上的表现情况。

6.3.3　从甄别转向增值——个性化和改进性评价

虽然学校及教师都熟稔“培养德、智、体、美、劳全面发展的社会主义建设者和接班人”这一教育的根本目的，但是长期以来，社会只关注评价结果。比如，将评价结果作为衡量学校教学水平的指标，从而起到招生宣传作用。潜移默化下，大部分学生对全面发展的感知依然不强，甚至对此存在片面的、错误的理解，将分数视为认知自我的唯一准绳。从教育质量评价的发生逻辑来看，评价只是一种促进学生成长的手段，并不是最终目的。

如果评价只对学生当前的学习状况进行说明，对学生进行甄别，评价就没有太大意义，评价更重要的是指导未来发展。增值评价在一定程度上弥补了传统评价的弊端，增值评价不以最后的考试成绩对学生进行定性，而是从学生的特征入手，对学生在不同时空下的情况作出纵向对比，从而判断学生是否有所长进，研判增值空间和成长方向。增值评价作为一种发展性评价模式，更多关注学生在整个成长过程中的成就与收获。数字画像评价机制能够充分记录学生成长过程中的数据变化，与增值评价的结合能够更清晰地为学生后继发展指明方向。

让每一个学生在全面发展的基础上找到自己的长处，从而实现个性化的发展是学生评价的最终目的。每一个学生的成长数据就是一个大数据库，依据评价指标筛选、处理、分析数据，对学生进行全过程、全方位的评价，形成每一个个体的数字画像，这对强化过程评价、改进结果评价能起到很好的支持作用。数字画像能够让学生清楚直观地了解自己各方面能力的发展情况，从中了解自己的优势并获得未来成长的发展性建议。

个性化的增值评价结果不作为奖惩的依据，而是为学生后续的改善行动提供依据和支持。在这一评价机制中，不是简单地唯分数论、分等次，而是要让学生享受成长的快乐，唤醒学生从被动学到主动学的内驱力。增值评价衡量的是学生在自身可以改变的方面所作出的努力，剥离了教育教学活动中学校、教师等不可控因素，发展学生自我监控学习过程和结果的元学习能力。

6.3.4 案例分析

1. 三方测评

每学期期末，通过学生、家长、同伴、教师多主体对学生进行全面的、个性化的评价，以量化评价的方式形成每一项目的星级评分，教师和家长的评语作为质性评价对评价结果进行说明。通过这样的方式生成的综合素质评价表既是针对每一个学生的个性化评价，也是对学生成长方向的指引。引导学生关注不足之处，分析不同主体评价的差异性，学生才能够更全面、更立体地认知自我（见表6–2）。

表6–2　天府七小学生综合素质评价
（3~4年级）

学生姓名：× × ×　　班级：2021级 × 班　　主任导师：× × ×

项目	要素	表现	学生自评	家长评价	同伴互评	教师评价	小项合并	大项合并
必备品格	爱国守法	①尊敬国旗、国徽；升国旗时，庄重严肃，行好队礼，唱好国歌 ②懂得简单的法律常识	☆☆☆	☆☆☆	☆☆☆	☆☆☆	☆☆☆	☆☆☆
	诚实守信	①待人真诚，言行一致 ②作业不抄袭、考试不作弊 ③答应别人的事努力做到，做不到时表示歉意	☆☆☆	☆☆☆	☆☆☆	☆☆☆	☆☆☆	
	关心集体	①积极参加集体活动，多为班级做好事 ②不做有损于集体荣誉的事情，懂得互相尊重和合作	☆☆☆	☆☆☆	☆☆☆	☆☆☆	☆☆☆	
	尊重他人	①知道父母和长辈的生日，关心父母 ②尊老爱幼，平等待人，和同学能友好相处 ③懂得谦让，不任性，能主动为他人着想 ④尊敬老师，虚心领教，积极协助老师的教育工作	☆☆☆	☆☆☆	☆☆☆	☆☆☆	☆☆☆	
	文明守纪	①微笑待人，主动向别人问好 ②遵守公共秩序，乘车时主动给老幼病残孕让座 ③上课专心听讲，遵守课堂纪律	☆☆☆	☆☆☆	☆☆☆	☆☆☆	☆☆☆	

续表1

项目	要素	表现	学生自评	家长评价	同伴互评	教师评价	小项合并	大项合并
必备品格	环保卫生	①认真参与环卫劳动，懂得爱护环境，不乱扔废弃物 ②讲究节约，有随手关灯和随手关水龙头的习惯 ③爱护公物，不乱刻画，不随意损坏	☆☆☆	☆☆☆	☆☆☆	☆☆☆	☆☆☆	☆☆☆
	安全自护	①珍爱生命，不做危险性的游戏，不追跑打闹 ②遇到紧急或危险情况时知道利用各种紧急电话正确地报警 ③健康上网，不进入网吧等未成年人不宜入内的场所	☆☆☆	☆☆☆	☆☆☆	☆☆☆	☆☆☆	
关键能力	主动学习	①上课注意力集中，学会倾听和表达 ②自觉按要求完成作业，有订正的习惯 ③坚持每天阅读课外书籍半小时	☆☆☆	☆☆☆	☆☆☆	☆☆☆	☆☆☆	☆☆☆
	学会学习	①乐于学习，善于学习 ②在老师的指导下学会预习和复习	☆☆☆	☆☆☆	☆☆☆	☆☆☆	☆☆☆	
	问题解决	①喜欢思考和创造，经常有一些新的思考和实践 ②积极参加科技活动，有金点子和小发明	☆☆☆	☆☆☆	☆☆☆	☆☆☆	☆☆☆	
	乐于交流	①活泼开朗，愿意和同学交往 ②愿意把心里话告诉自己的亲人和朋友	☆☆☆	☆☆☆	☆☆☆	☆☆☆	☆☆☆	
	学会合作	①合作时能与组员合理分工，协作完成任务 ②学会谦让和宽容	☆☆☆	☆☆☆	☆☆☆	☆☆☆	☆☆☆	

续表2

项目	要素	表现	学生自评	家长评价	同伴互评	教师评价	小项合并	大项合并
生活习惯	健康状况	①积极参加运动，养成锻炼习惯 ②有一项自己喜爱的体育活动，体质测评成绩合格 ③知道奥林匹克精神并有主动参与意识	☆ ☆ ☆	☆ ☆ ☆	☆ ☆ ☆	☆ ☆ ☆	☆ ☆ ☆	☆ ☆ ☆
	生活方式	①早睡早起，劳逸结合 ②均衡饮食，不挑食不偏食 ③会整理自己的房间，会做一些力所能及的家务劳动	☆ ☆ ☆	☆ ☆ ☆	☆ ☆ ☆	☆ ☆ ☆	☆ ☆ ☆	
审美表现	审美情趣	①认真上好艺术课，达到课程标准要求 ②仪表美，穿戴得体	☆ ☆ ☆	☆ ☆ ☆	☆ ☆ ☆	☆ ☆ ☆	☆ ☆ ☆	☆ ☆ ☆
	艺术表现	①积极参加艺术活动，有一定的艺术表现能力 ②有自己得意的艺术作品	☆ ☆ ☆	☆ ☆ ☆	☆ ☆ ☆	☆ ☆ ☆	☆ ☆ ☆	

老师的话：“海阔凭鱼跃，天高任鸟飞。”眼里有同学、心里有班级，你会关注我们班集体的任何一个角落，有垃圾你会主动拾起，有放乱的东西，你会主动摆好。你不断地吸收着知识的甘露，化为自己成长的养分。正是有了你这样的学习状态，所以才有了如此卓尔不凡的你。老师无比欣赏你。继续加油，创造更多奇迹。愿你不要停止奔跑，继续奔走在自己的热爱中。

家长的话：小田同学，三年级迎来的是全新的挑战吧，学习内容变多了，也变难了。可喜的是你依然对自己保持着严格要求，遇到不会的也能主动地去请教老师了。希望你稳扎稳打，新学年更加自信，继续勇攀高峰！爱你。

填表说明：评定等级分为优秀3颗☆，良好2颗☆，一般1颗☆（以涂黑的☆计数）。每一小项评定等级达到半数，则该项即为此等级，如甲同学第1个小项评星数量为3颗☆+3颗☆+2颗☆+2颗☆，3颗☆达到半数，则该项评价小项合计为3颗☆；第2个小项评星数量为3颗☆+2颗☆+2颗☆+1颗☆，2颗☆达到半数，则该项评价小项合计为2颗☆。

以“生活习惯”项目中的“生活方式”要素为例，家长评价为两星，其他主体均评价为三星。可以看到在具体表现中，有些内容是教师和同伴在学校学习生活中观察不到的，这样的差异性正说明了学生对自我的要求与家长的要求是不同的。

此外，在具体操作中，同伴评价的主体是随机的，也就要求学生在学校生活中广泛地进行人际交往，锻炼合理评价他人的能力，这样的评价机制也能促进自身的发展。

2. 学习水平测试

在传统的评价中，学生学业水平测试的结果往往以分数和等级制度来说明，这样的评价会让学生过度追求分数而忽略了学习过程与学习中更应该发展的素养。

以期末参与测试的语文、数学、英语、科学学科为例，一名学生在四科的测试中均取得了“A”的评价，学生当然会认为自己四门学科的知识掌握和学习方法都是正确的（见表6–3）。

表6–3 学科质量水平

科目	评价	科目	评价
语文	A	数学	A
英语	A	科学	A

我们应该将学生本学期的期末测试情况与平时学习情况进行整合，形成学生的学科数字画像。观察学科数字画像可以看出，该生在四门学科的知识掌握方面表现良好，但是语文和英语的表达有所欠缺，而这两门科目的素养形成是离不开表达的。在数学与科学这样偏理科的学习中，该生取得优异成绩的原因可能是其扎实的运算基础和认真倾听的学习习惯，未来科研发展更看重的团队合作能力却是学生所欠缺的。

更丰富、全面的学科数字画像能够帮助学生分析每一学科的学习情况，做得好的方面继续保持，有欠缺的方面更应该进行调整，精准的数字画像才能帮助学生在评价中增值（见图6–13）。

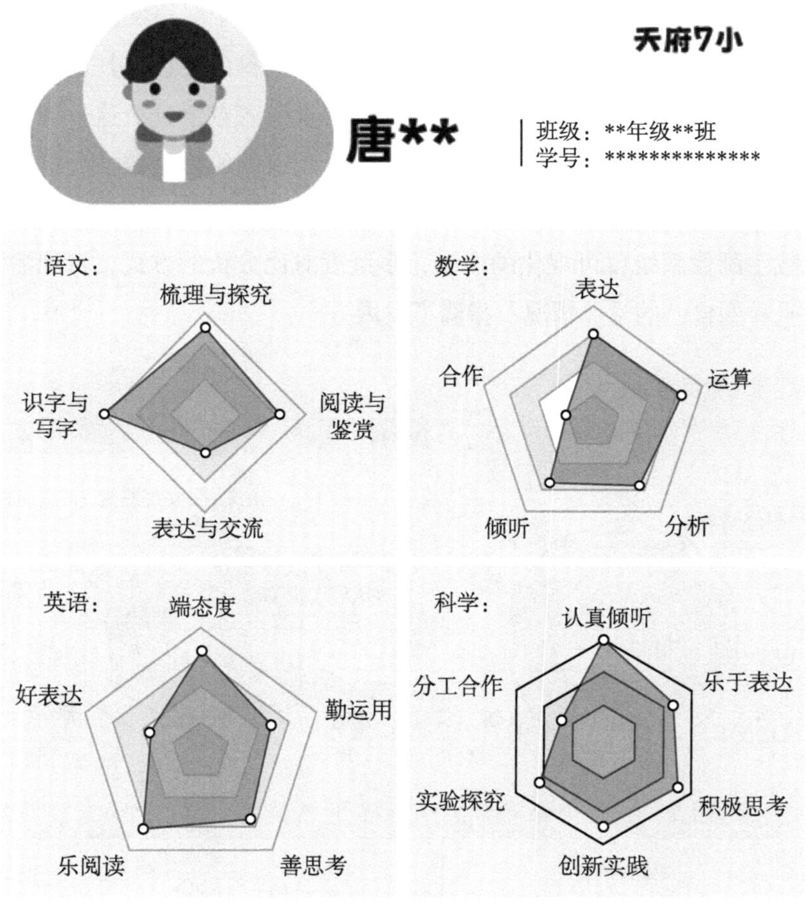

图6–13　学科数字画像

3. 学生具体表现分析

数字画像除了对期末测试科目进行呈现，还可以通过数据处理，在同一基准下呈现学生全学科的整体表现。如图6–14所示，可以看到学生在美术和体育学科中的表现还有较大发展空间，进一步点开体育和美术学科的具体情况，可以更清晰地看到体育学科的健康行为和学习态度、美术学科的创意实践方面还有较大的提升空间。通过数字画像系统可以筛选出与表达相关的所有维度，语文学科关注学生阅读与鉴赏、表达与交流的能力，该生表现较好；在小学阶段的科学与英语学科中，更关注学生的表达态度，能看到该生有很强的表达意愿；将数学学科的表达与其他学科相比较，能够发现该生的数学表达是比较薄弱的。引入数学分析这一维度，学生自然而然就能发现，自己在数学方面表达较差的原因是数学分析能力还不足以支撑自己的数学表达。

数字画像系统以可视化的图表，多维度对比分析的方式，直观清晰地让学生看到自己的学业情况，指明了发展方向。

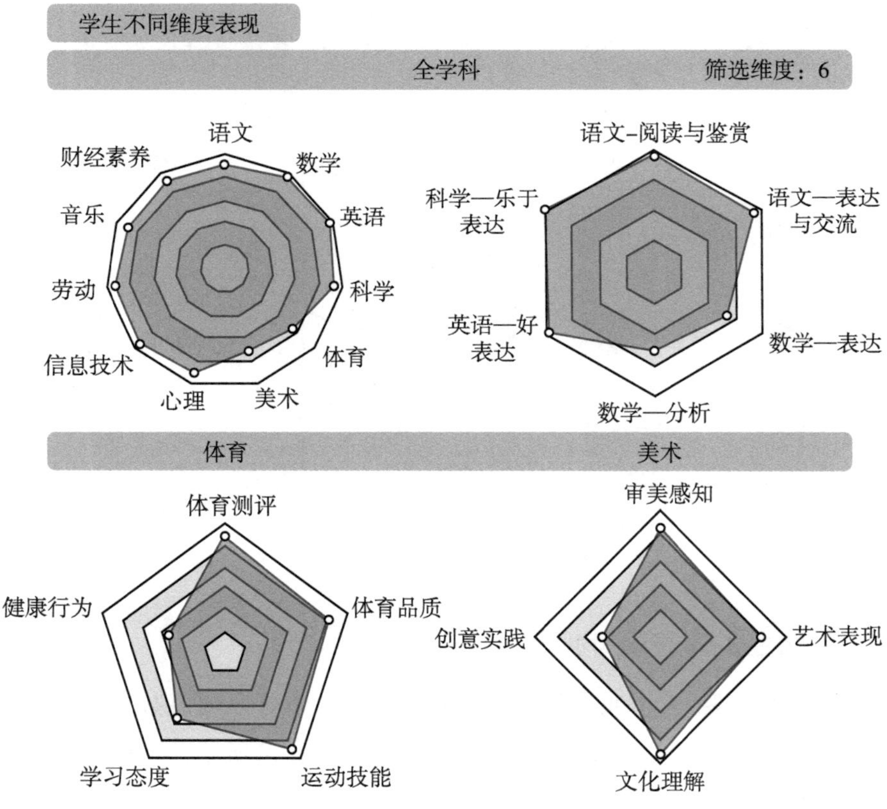

图6–14　学科维度评价

4. 学生总体表现分析

数字画像系统除了对学科各维度进行分析，还能够就某一学科与班级平均水平进行对比分析。过去，学生能够感受到自己在班级中的表现大概如何，但是往往不能及时分析自己的表现，把做得好的行为延续下去。在图6–15中可以看到，该生在某一学科中的表现与班级平均水平总体一致，但是波动比较大。有了这一图表，学生能够发现自己第7周的表现是远高于平均水平的，说明这一周的某些行为是比较好的，那么就可以及时总结，将好的行为延续下去。

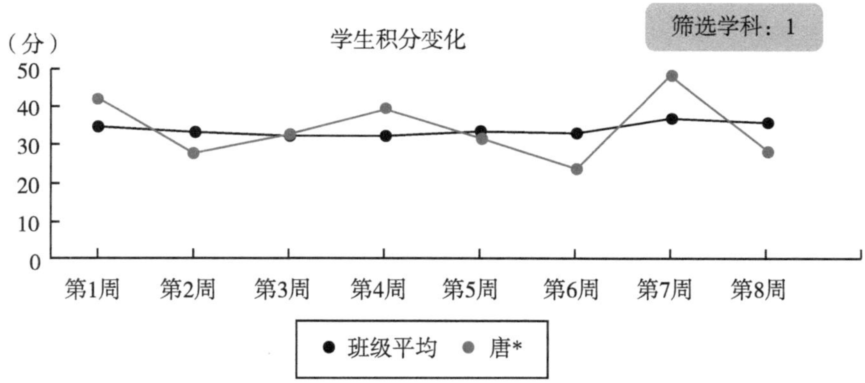

图6–15 学生积分变化

6.4 忠实客观的数据记录

评价是教育事业发展的指挥棒，影响着教育改革的发展方向和路径。2020年10月，中共中央、国务院印发《深化新时代教育评价改革总体方案》，提出的重点任务之一就是改进中小学校教育评价，强调“用人工智能、大数据等现代信息技术开展学生评价”。《基础教育课程改革纲要》针对课程评价更是明确提出“三个促进”：建立促进学生素质全面发展的评价体系，建立促进教师不断提高的评价体系，建立促进课程不断发展的评价体系。科学有效的评价体系促进学校管理的发展，更为高品质办学提供保障。

近年来，各互联网公司联合高校、中小学等开展的基于“互联网+”的评价系统的研发如火如荼，学生评价App、学生管理平台等如雨后春笋陆续出现，相继亮相课堂，辅助教学。2019年6月，天府七小于正式提出构建“学生积分评价系统”，并与互联网教育工作团队合力推出积分系统线上使用平台。学校以积分制为手段，力图建立综合评价学生德、智、体、美、劳全面发展情况的信息化评价体系，以项目为依托，形成记录学生全面、全周期成长轨迹的数字化档案，精准记录学生在校成长轨迹。该系统基于当前小学课堂教学改革方向，结合学校“与儿童共创”的教育哲学，立足互联网环境下教师与学生的实际需求，进行深刻洞察，通过积累全员、全过程、全方位的学生成长数据，建立起可视化的数据分析与预测应用系统，为学校管理者提供科学的统计数据与发展预测，助力学校高品质发展。

6.4.1 从分散转向系统，促进学校教师管理

教师是学校发展的第一资源，也是学校质量建设的基石。随着教育的进步，学生评价体系和教师教学评价体系的构建成为教育改革的重要内容之一。这两个评价体系互为补充，共同推动着教学质量的提高。理想状态下，学校管理者期待从评价体系的数据库中获得关于学校整体情况的认知，包括各学生、各班级、各年级以及各学科横向、纵向的对比表现，以此了解学校班级生态、学科生态、年级生态等，从而掌握教师教育教学发展状况，进一步发现问题、解决问题，均衡师资配比。然而，在实践研究中我们发现，传统的数字化评价体系大多缺乏基于校情的整体设计，导致评价维度格式化，实施缺乏有力抓手；或者评价主体过于单一，除班主任外，其余教师对评价系统的使用度不高，出现各班、各科各自评价的现

象。因此，评价数据对学校管理层来说缺乏参考价值，无法实现对师资层面的进一步优化与调控，导致部分教师的个人优势被埋没，无法促进学校的良性发展。

积分评价的实施，深化了校园“共生共创”的深层文化。在传统教学中，学生处于教师的绝对控制中，只能静听教师的灌输。积分评价系统的使用，让教师能够借助精准的数据更加全面地了解学生，从而促进教师转变教学行为，推动课堂变革，课堂教学从以灌输为中心的教学走向以对话为中心的教学，变“教学”为“学教”（见图6–16）。

当我们把视域进一步放大，积分评价系统为学校各管理部门提供了更高层级的数据查询和分析权限。例如，课程研发部门要确认全域整合课程实施的有效性，只需要查询实施年级各班的评价数据即可；若出现评价的极端情况（积分卡发放过多或过少），课程研发部就会组织课程开发和实施团队共同分析背后的原因，并进行课程内容修订或作业设计优化（见图6–17）。此外，对班级各科积分卡发放数据的呈现，使学校了解学科评价系统的使用情况以及各班整体发展水平，从学校层面形成相应的对策，促进教学提升。

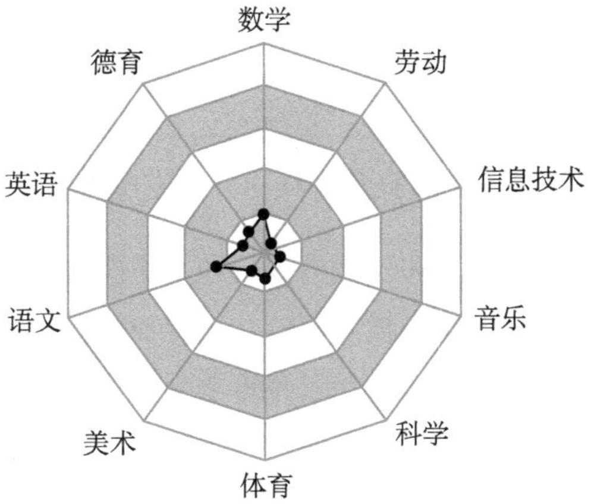

图6–16　班级各科画像

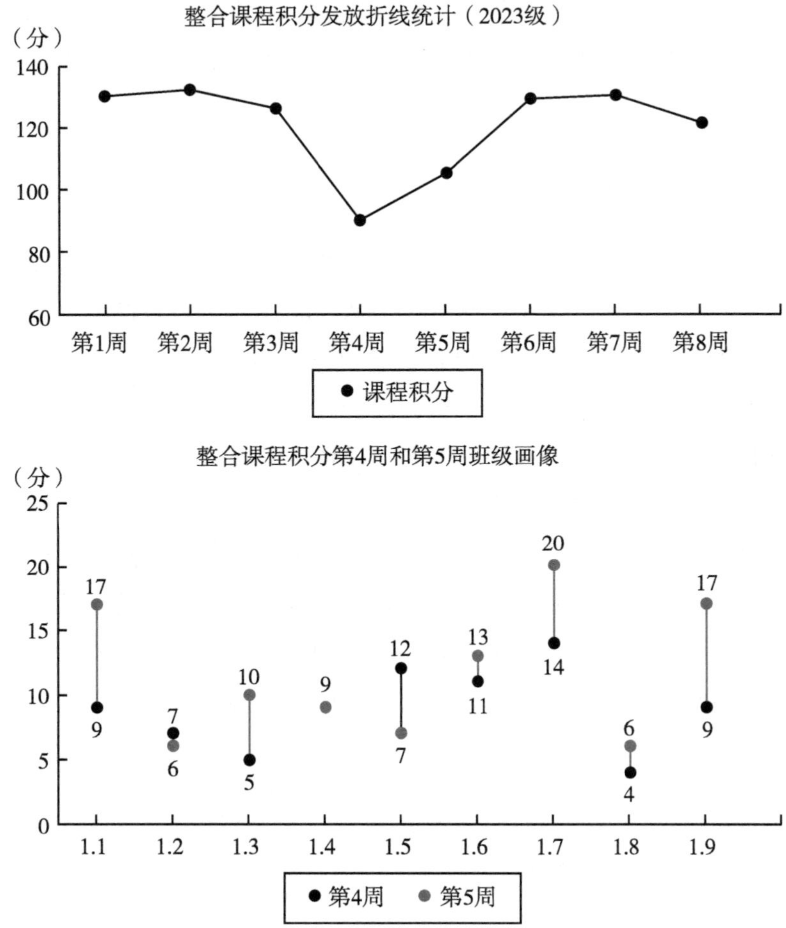

图6–17　全域整合课程积分卡发放数量统计

近些年来，随着教师对评价数据分析和运用能力的提升，学校各年级备课组已经形成了定期的年级横向评价数据专项教研活动，大家以评价数据为样本，透过统计图表分析本年级各班学生的发展差异，结合日常教学反思得失（见图6–18）。这样的研修活动极大地推动了学生增值性评价的发生和发展（见图6–19和图6–20）。

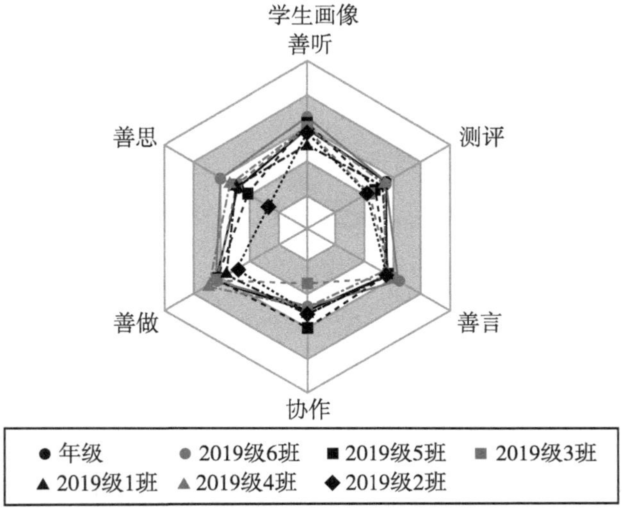

图 6–18　各年级学生画像

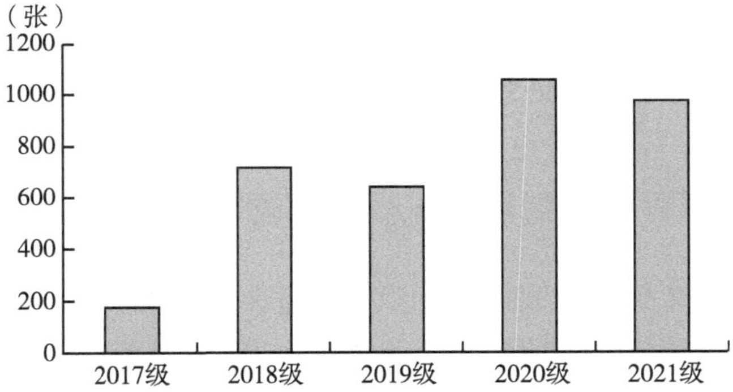

图 6–19　年级积分卡数量发布情况

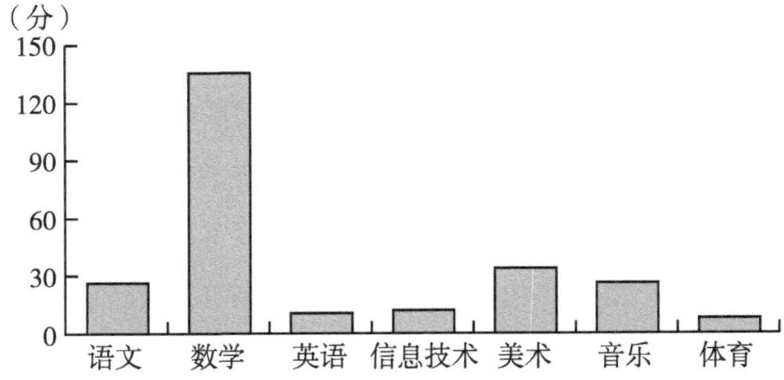

图 6–20　学科积分数量情况

此外，积分评价系统以积分制为评价手段，5个积分就能兑换1元校币，校币的产生激活了学生自生性项目的发展，也为教师的特长发展提供了可能。在这样的体系下，语文老师可以是一名优秀的糕点师（见图6–21），数学老师可以是一名专业的演说家（见图6–22）。在学科教学之外，教师们也可以“尽其兴，展其长”，成为学生的兴趣导师，从专业的角度指导学生成长。

图6–21　擅长烘焙的语文老师

图6–22　可以演说的数学老师

6.4.2　从课程评价到评价课程，完善学校课程结构

在传统视角的评价设计中，往往评价是评价、课程是课程，我们也曾走过脱离课程作评价的弯路。但很快我们就发现，评价本质上就应该是课程的组成部分，是反映课程目标达成度的重要指标，理应在课程建设的过程中同步思考。同时，评价工具的开发和使用既应该为课程的优化、调整和变革提供数据支撑，其本身也应能反哺课程，为课程提供动力和资源。但遗憾的是，在传统的评价工具中，评价和课程往往是割裂的。

自评价系统在天府七小运行以来，学生们的真实反应从两方面推动了学校的课程发展：一方面，匹配系统运行的财经素养知识学习需要越来越多，财经素养课程天然的“超学科”特性，完善了学校整合课程体系；另一方面，学生个性化的“创富”需求引申出了许多有趣的想法，这些想法天然就具有项目化课程的基本要素，如核心任务、核心问题等，甚至都不需要花心思去提炼。每一个项目从酝酿到准备再到最后的成果呈现、评价与反思，项目化学习的过程就是最好的自然形态。从欣然地发现到欣喜的课程还需要有规范的管理，从课程准入到课程运行、从课程支持到复盘反思，学校课程研发部在与学生们共同经历之后共创了自生性课程运行的学校范式。

1. 课程准入规范——建立项目评审制

为确保“好想法”优质高效地转化成促进学生素养发展的课程，学校建立了项目评审制，由课程研发部下设的积分评价项目组负责实施。其具体职能包括：①统筹学校所有自主项目，进行规范性指导；②审核每个项目的可操作性，组织进行“项目小答辩”，以推动项目的科学有序规划与运行；③指导每个项目的实际运行，帮助第一责任导师把握好参与的度并做好成果化工作。

2. 课程运行流程——建立七阶递进工作模式

为确保从“好想法”到“好课程”的落地落实，学校建立了从提出项目到最后课程复盘反思的七阶递进工作模式（见图6–23），规定所有的项目课程运行务必做好过程管理，原则上应坚持“夯实一个环节方可进入下一环节”，积分评价项目组将全程监管每个课程运行的全流程。

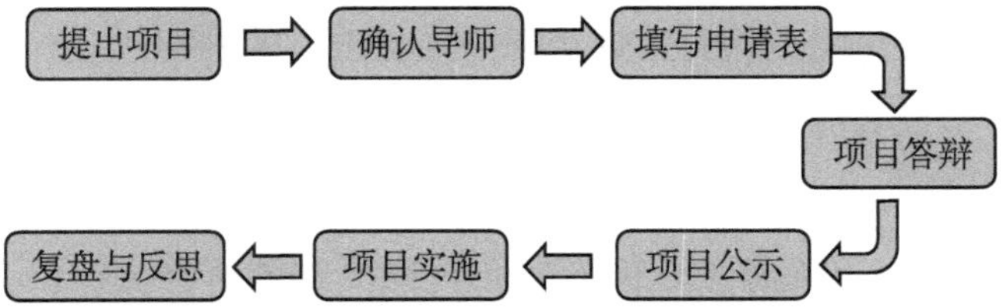

图6–23　七阶递进工作模式

3. 课程支持——建立第一责任导师制

经过前期探索，学校发现学生的自生性课程从“主意”到“课程”依然离不开教师的参与，但教师的功能不再是指导而应是支持，因此我们根据师生的前期反馈总结提出了“第一责任导师制”。德国哲学家约翰·戈特利布·费希特说，教育必须培养人的自我决定能力，而不是去培养人们适应传统的世界。因而，我们规定第一责任导师只是项目的观察、记录和支持者，其职能包括：①协助学生排除非能力因素的干扰，确保项目正常运行；②参与学生的项目策划会，为项目建言献策，但不可过度介入和指导，应允许学生充分经历和体验非原则性错误；③项目结束后带领学生进行复盘与反思，引导学生总结经验；④搜集学生自主项目运行的过程性资料，记录项目运行的主要情况，待项目完全结束后进行成果化。

6.4.3 从传统评价走向数字评价，用数据赋能“双减”

“双减”是党中央站在实现中华民族伟大复兴的战略高度作出的重要指示，是“党全心全意为人民服务的根本宗旨”在教育领域的具体体现。《中华人民共和国国民经济和社会发展第十四个五年规划和2035年远景目标纲要》提出，要减轻家庭生育、养育、教育负担，释放生育政策潜力。“双减”政策的落实必然是降低“三育”成本的重要举措。

2001年，教育部发布的《基础教育课程改革实施纲要（试行）》提出，除用于甄别和选拔外，教育评价还要能够发挥促进学生发展、教师提高和改进教学实践的功能。然而，近年来“唯分数”的倾向严重，为提高考试成绩，很多学校实施题海战术，家长寄托校外补习，学生学习负担加重。为解决这一问题，2020年中共中央、国务院发布《深化新时代教育评价改革总体方案》（以下简称《总体方案》），提出要改革学生评价，即“改进结果评价，强化过程评价，探索增值评价，健全综合评价”，促进学生德、智、体、美、劳全面发展。在此背景下，中共中央办公厅、国务院办公厅于2021年印发的《关于进一步减轻义务教育阶段学生作业负担和校外培训负担的意见》（简称“双减”政策）提出，要有效减轻义务教育阶段学生过重作业负担和校外培训负担。由此可见，“双减”政策的落实，必然促使学校评价体系的完善与改革。“双减”政策的目的看似是要减少学生过多的学习任务“量”，实质是要增强学习的“质”，达到促进学生全面发展的目的。以评价为线索，促进学生积极参与丰富多彩的评价活动，以此进行不同维度的自我提升，将是“双减”政策落地的重要抓手。

通过积分评价系统，教师能够基于动态采集数据，掌握每位学生的学习方式与学习成效，进而分析得出精准数据，开展教学工作，促进学生个性化学习、深度学习。课后，充分发挥师生主观能动性，拓展校内外学习空间，引导学生多感官深入学习，分享学习成果。此外，课堂上对学生即时评价而得到的精确数据，通过系统形成数字画像，帮助教师掌握每个学生的特点，在此基础上优化作业设计，分层、弹性、个性化的作业满足学生个性需求，真正达到“双减”中减负增效的效果。例如，通过对班级画像中每个同学在某学科维度中的具体表现进行分析，可精准划分学生层次，精准锁定优生、中等生以及后进生，便于学习的个性指导以及作业划分（见图6–24）。对于表现突出的学生，则根据个人总体画像清楚呈现学科各维度的情况，为教师的帮扶计划提供支撑（见图6–25）。

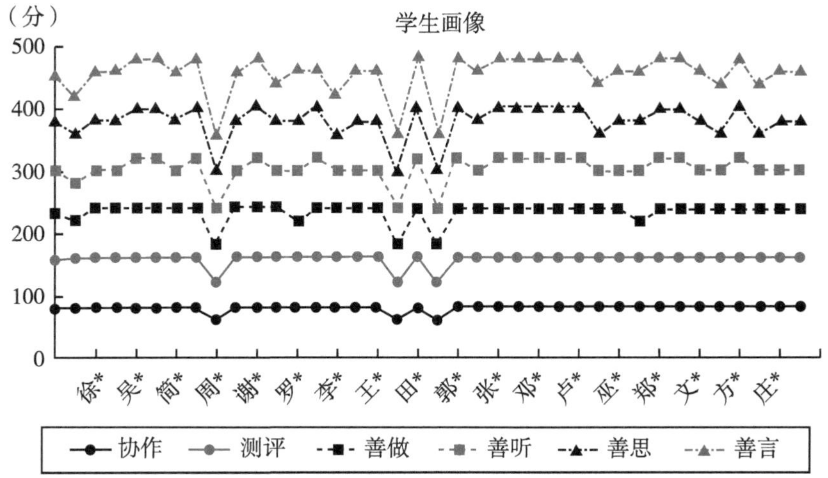

图6–24　某班级数学学科全体学生画像

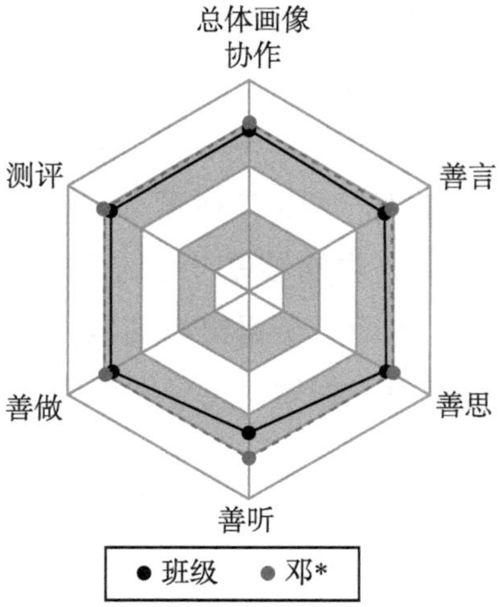

图6-25 某学生数学学科总体画像

天府七小以积分制为评价手段，5个积分就能获得1元校币，校币的产生激活了学生自生性项目的发展，学生可以利用所获得的校币在学校超市进行兑换，还可以在校内进行一些交易活动。有以校币为媒介的交易活动，也有各类“钱生钱”的活动。学生在这个过程中，产生了许多自生性的活动，如开电影院、菜市场、花店、便利店等。在活动中，需要整合学生多方面的能力，这不仅促进了学生财经素养的提高，也使学生不断在活动中锻炼能力、修养心性，实现全面发展，达到减量增质的目的，推动了立德树人根本任务的落地（见图6-26）。

图6-26 评价下的多彩活动

附　表

附表1　　天府七小积分评价维度总表

模块	领域	维度
学科教育	语文	识字与写字
		阅读与鉴赏
		表达与交流
		积累与背诵
		弹性
	数学	善运算
		乐表达
		会分析
		倾听
		合作
	英语	乐阅读
		好表达
		勤运用
		善思考
		端态度

续表1

模块	领域	维度
学科教育	体育	学习态度
		运动技能
		健康行为
		体育品质
		体育测评
	美术	审美感知
		艺术表现
		实践创意
		文化理解
		美术赛事
	音乐	文化理解
		审美感知
		艺术表现
		创意实践
	科学	认真倾听
		积极思考
		乐于表达
		分工合作
		实验探究
		实践创新
	信息技术	善思
		善听
		善言
		善做
		测评

续表2

模块	领域	维度
学科教育	劳动	爱劳动
		慧劳动
		恒劳动
		敬劳动
学校生活德育教育	理想信念	领会国家发展使命
		树立远大奋斗理想
		坚定社会主义信念
	社会主义核心价值观	把握价值目标
		理解价值取向
		遵守价值准则
	中华优秀传统文化	家国情怀
		社会关爱
		人格修养
	生态文明	认识生态文明
		形成文明的自然观
		形成健康文明的生活方式
	家庭生活	健康生活
		热爱劳动
	实践创新	实践创新意识
		实践创新思维
心理健康教育	认识自我与尊重生命	
	人际交往与情绪调试	
	升学择业与人生规划	
	会学习与适应社会生活	

附表2　　语文低段积分评价细则

评价维度	素养视角	行为视角	维度占比
识字与写字	（1）喜欢学习汉字，有主动识字、写字的愿望；能够认识常用汉字1600个左右，能够正确书写汉字800个左右 （2）学会汉语拼音，能读准声母、韵母、声调和整体认读音节，能准确地拼读音节，正确书写声母、韵母和音节；认识大写字母，熟记《汉语拼音字母表》 （3）学习独立识字，能借助汉语拼音认读汉字，学会用音序检字法和部首检字法查字典 （4）能掌握汉字的基本笔画和常用偏旁部首；可以按基本的笔顺规则用硬笔写字，注意间架结构，在学习过程中初步感受汉字的形体美 （5）努力养成良好的写字习惯，写字姿势正确，书写规范、端正、整洁	以下项目中满足一项即可获得相应数量的积分卡： （1）平时语文书写正确、工整、美观的，可以适当发放1~3张积分卡 （2）1号本抄写正确、工整、美观的可以奖励1~2张积分卡 （3）2号本听写错2个以内的可以奖励1张积分卡，全对的可以奖励2~3张积分卡 （4）课堂上学习认字和写字表现非常积极，认真思考字音、字形特点的，可以奖励1~2张积分卡	30%
阅读与鉴赏	（1）喜欢阅读，富有阅读的乐趣，尝试阅读整本书，乐于和同伴、老师分享课外阅读图书以及阅读成果 （2）会朗读，学默读；读正确，读流利，读好停顿；认识课文中出现的常用标点符号，在阅读中体会句号、问号、感叹号所表达的不同语气；在读好长句子的基础上，能够分角色进行表演朗读	以下项目中满足一项即可获得相应数量的积分卡： （1）喜欢阅读，并且主动坚持阅读各类书籍，愿意主动分享阅读故事，可获得1~2张积分卡 （2）在新课探究中有自己独特的想法或有启发意义的问题分析而获得老师和同学们“点赞”的每次可获得1张积分卡	25%

续表1

评价维度	素养视角	行为视角	维度占比
阅读与鉴赏	（3）能够结合上下文、生活实际了解课文中词句的意思，在阅读中积累词语；能够借助读物中的插图进行理解 （4）具备阅读简单童话、寓言和故事的能力，在阅读中积累热爱自然和生命的积极情感；对故事中的人和事形成自己独特的感受和见解，并乐于与同伴分享；在诵读儿歌、儿童诗以及浅显的古诗后，具备一定的想象力 （5）积累自己喜欢的成语和格言警句，背诵优秀诗文50篇（段），课外阅读总量不少于5万字	（3）课堂作业情况：①书写端正，作业规范、全对，可获得3个“☆”②错误在3个以内或书写不端正但全对，可获得2个“☆”③错误在4~5个，态度端正，可获得1个“☆”④错误在5个以上，获得“△”，学生认真改错过关后可获得1个“☆”；5个“☆”可兑换1张积分卡 （4）在各种闯关中，根据阅读题的完成情况可获得1~3张积分卡。 （5）日常学习生活中，能够善于观察，并且有一定的鉴赏能力，即可获得1~2张积分卡。 （6）其他因善于分析问题而获得的表扬和奖励，视情况获得1~3张积分卡 （7）能利用教材插图，完成阅读和表达，可获得1张积分卡 （8）能联系生活经验，在课堂上理解课文生字词，可获得1张积分卡 （9）能够提出恰当的问题，并带动自己的阅读，在阅读后解决问题可获得2~3张积分卡 （10）在阅读时认识标点符号，了解其作用，并且能读出相应的停顿和语气，可获得1张积分卡	25%

续表2

评价维度	素养视角	行为视角	维度占比
表达与交流	（1）能读准生字的正确发音，学会说普通话，逐步养成说普通话的习惯 （2）能在与他人交流的过程中，学会倾听他人讲话，努力了解谈话的大致内容；积极参加讨论，敢于发表自己的看法，态度自然大方，有礼貌 （3）能在听故事、看影视作品时，复述故事大意和自己感兴趣的情节，能比较完整地用自己的话讲述小故事，并能简要表达自己感兴趣的见闻 （4）能做个生活中的“有心人”，善于运用在阅读或实际生活中所学的生字词表达自己的感受，将自己想说的话进行较为规范的书面表达 （5）可以根据书面表达的实际需要，学习并正确使用逗号、句号、问号、感叹号	以下项目中满足一项即可获得相应数量的积分卡： （1）课上积极发言，能够自信、流畅、完整地回答问题，视情况可获得1张积分卡 （2）课上认真倾听同学发言，能完整复述同学的观点或质疑同学的观点，视情况可获得1张积分卡 （3）同学上台讲解题目时，能认真倾听，积极回答同学提问或自己提出疑问，视情况可获得1张积分卡 （4）小组合作时，能与同伴围绕主题积极主动交流、合作，一次可获得1张积分卡 （5）晨读时，声音洪亮、读准字音、有停顿，一次可获得1张积分卡 （6）能够留心周围事物，正确运用逗号、句号、问号、感叹号这些常见的标点符号，写自己想说的话，视表达效果可获得1~3张积分卡	25%
探究与梳理	（1）汉字识记：能认真仔细地观察汉字独特的字形结构特点；能深入体会并表达汉字各个部件之间的紧密逻辑关系；梳理学过的汉字，感受汉字与人们日常生活的紧密联系	以下项目中满足一项即可获得相应数量的积分卡： （1）能在生活中观察汉字、积累汉字、运用汉字，如做小老师领读生字，或运用生字组词等；利用学过的字族、偏旁归类、换一换等方法，梳理学过的汉字，感知汉字与生活的联系，积累课本外的生字，即可获得1张积分卡	15%

续表3

评价维度	素养视角	行为视角	维度占比
探究与梳理	（2）生活体验：积极主动地观察丰富多彩的大自然，以饱满的热情参加校园内的各种活动以及社区组织的各类活动，在这些活动中不断积累活动体验；能将语文学习与这些活动体验紧密结合起来，运用口头表述或者通过图文并茂等多种方式，充分表达自己在活动中的所见、所闻以及内心深处的想法 （3）问题讨论：对周围事物有好奇心，能就感兴趣的内容提出问题，结合其他学科的学习和生活经验进行交流讨论，尝试提出自己的看法	（2）用语文的眼睛观察大自然，热心参加校园社区活动，积累活动体验；结合语文学习，用口头或图文等方式整理表达自己在活动中的见闻和想法，如为班级、年级、学校活动做宣传，做课前3分钟的小表达，即可获得1~2张积分卡 （3）对周围语文知识有好奇心，能就感兴趣的内容提出问题，对课文中的内容提出问题，尝试结合其他学科的学习和生活经验进行交流讨论，并提出自己的看法，如向老师提问、就课文展开讨论、做小老师为同学答疑解惑，即可获得1~2张积分卡 （4）学生在合作探究活动中能积极主动进行思考与探究，能和伙伴沟通、协作，勇敢地表达自己的观点和看法，可根据情况适当奖励1~2张积分卡	15%
弹性	—	—	5%

附表3　　　　语文中段积分评价细则

评价维度	素养视角	行为视角	维度占比
识字与写字	（1）乐于识字，逐步养成在学习中、生活中主动识字的习惯 （2）工整写字，能使用硬笔熟练地书写正楷字，做到规范、端正、整洁	以下项目中满足一项即可获得相应数量的积分卡： （1）平时抄写练习正确、规范、整洁可获得1张积分卡；进步明显者可获得1~2张积分卡	20%

续表1

评价维度	素养视角	行为视角	维度占比
识字与写字	（3）累计认识常用汉字2500个左右，其中1600个左右会写 （4）会运用音序检字法和部首检字法查字典、词典，有初步的独立识字能力	（2）听写、默写全对一次获得1张积分卡；特别优秀或进步明显的获得2张积分卡；积极认真完成改错获1张积分卡 （3）随堂练习通关者，可获得1张积分卡；进步明显者可获得1~2张积分卡 （4）能正确使用字典，连续一周在作业中不出现拼音，获得1~2张积分卡；在生活中主动识字分享，获得1张积分卡。 （5）在校级或区级举办的书法比赛活动中获得相应等级奖励的，视情况发1~5张积分卡	20%
阅读与鉴赏	（1）能够正确、流利、有感情地朗读课文；初步学会默读，做到不出声、不指读 （2）能借助多种阅读方法，理解词句的意思，体会课文中关键词句表达情意的作用；在理解语句的过程中，体会标点符号的用法 （3）能初步把握文章的主要内容，体会文章表达的思想感情；学习圈点、批注等阅读方法 （4）能复述叙事性作品的大意，初步感受作品中生动的形象和优美的语言，关心作品中人物的命运和喜怒哀乐，与他人交流自己不理解的地方或阅读感受 （5）诵读优秀诗文，注意在诵读的过程中体验情感，展开想象，领悟诗文大意。	以下项目中满足一项即可获得相应数量的积分卡： （1）晨读中能做到正确、流利、有感情地朗读，获得1张积分卡 （2）课间休闲时养成主动阅读习惯的，可奖励1张积分卡 （3）随堂练习阅读通关者，可获得1张积分卡；进步明显者可获得1~2张积分卡 （4）坚持做到每日阅读，每坚持一周获2张积分卡；做相应的圈画、批注获得1~3张积分卡；主动在积累本收集好词好句获1~3张积分卡 （5）阅读之后能复述故事的大意，并与他人交流分享自己的阅读感受，获得1~3张积分卡	25%

续表2

评价维度	素养视角	行为视角	维度占比
阅读与鉴赏	（6）积累课文中的优美词语、精彩句段，以及在课外阅读和生活中获得的语言材料；背诵优秀诗文50篇（段），课外阅读总量不少于40万字	（6）积累背诵过关一次奖励1张积分卡；背诵课外的诗词、小古文一篇可获得2张积分卡	25%
表达与交流	（1）乐于用口头、书面的方式与人交流沟通，愿意与他人分享，增强表达的自信心 （2）能用普通话交谈，学会认真倾听，听人说话时能把握主要内容，并能简要、正确地转述；能就不理解的地方向人请教，就不同的意见与人商讨 （3）能清楚明白地讲述见闻，说出自己的感受和想法；讲述故事力求具体生动；能主动参与日常生活中的文化活动，根据不同的场合，尝试运用合适的音量和语气与他人交流，有礼貌地请教、回应 （4）观察周围世界，能不拘形式地写下自己的见闻、感受和想象，注意把自己觉得新奇有趣或印象最深、最受感动的内容写清楚；能用便条、简短的书信等进行交流；尝试在习作中运用自己平时积累的语言材料，特别是有新鲜感的词句 （5）学习修改习作中有明显错误的词句；根据表达的需要，正确使用冒号、引号等标点符号	以下项目中满足一项即可获得相应数量的积分卡： （1）课堂口语交际活动中认真倾听他人发言，能依据他人发言作出清晰评价，即可获得1张积分卡 （2）课堂或课间，遇到不懂的问题能主动向他人请教，并语意清晰地表达自己的疑惑，即可获得1张积分卡 （3）能在口语交际活动中主动与人交流，并依据不同场合和不同对象调整谈话语气，做到有礼交谈，即可获得1张积分卡 （4）主动用文字记录生活，并主动参与分享，即可获得1~3张积分卡 （5）完成课内习作，并依据完成效果获得1~5张积分卡 （6）能在习作完成后互读互改，熟练运用修改符号，即可获得1~3张积分卡	25%

续表3

评价维度	素养视角	行为视角	维度占比
梳理与探究	（1）尝试分类整理学过的字词，尝试发现所学汉字形、音、义和书写的特点，帮助自己识字、写字 （2）学习组织有趣味的语文实践活动，在活动中学习语文，学会合作；结合语文学习，观察大自然，观察社会，积极思考；运用书面或口头方式，并可尝试用表格、图像、音频等多种媒介，呈现自己的观察与探究所得 （3）能提出学习和生活中的问题，有目的地搜集资料，共同讨论，尝试运用语文并结合其他学科知识解决问题	以下项目中满足一项即可获得相应数量的积分卡： （1）主动分类整理学过的字词等知识要点，一次获得1~3张积分卡 （2）在学习写日记、观察笔记时，通过简要文字、表格、图示等进行梳理和表达，获得1~3张积分卡 （3）能够利用思维导图、表格等工具，进行辨析、质疑、提问、表达观点，获得1~3张积分卡 （4）在阅读完整本书之后能厘清目录，发现各章节的关系，了解故事的主要人物、内容和情节，并借助表格、鱼骨图、人物关系图等多种方式讲述故事大意，获得1~3张积分卡 （5）能提出学习和生活中的问题，有目的地收集资料，与老师、同学共同讨论，尝试运用语文并结合其他学科知识解决问题，获得1~5张积分卡 （6）积极参加各级各类语文综合实践活动，获得1~3张积分卡；在校级或区级及以上单位举办的语文实践活动中，获得相应等级奖励的，视情况发1~5张积分卡	25%
弹性	—	—	5%

附表4　　语文高段积分评价细则

评价维度	素养视角	行为视角	维度占比
识字与写字	（1）有较强的独立识字能力，累计认识常用汉字3000个左右，其中2500个左右会写；感受汉字的构字组词特点，体会汉字蕴含的智慧 （2）写字姿势正确，有良好的书写习惯；硬笔书写楷书，行款整齐，力求美观，有一定的速度 （3）能用毛笔书写楷书，在书写中体会汉字的优美	以下项目中满足一项即可获得相应数量的积分卡： （1）平时抄写练习连续3次规范、端正、整洁可获得1张积分卡 （2）听写、默写全对一次获得1张积分卡；特别优秀或进步明显的获得2枚积分卡；积极认真完成改错获得1~3张积分卡 （3）单元识字检测过关获得1张积分卡 （4）在校级或区级举办的书法比赛活动中获得相应等级奖励的，视情况发1~5张积分卡	10%
阅读与鉴赏	（1）熟练地用普通话正确、流利、有感情地朗读课文；默读有一定的速度，默读一般读物每分钟不少于300字；能扩大知识面，能根据需要搜集信息 （2）能联系上下文和自己的积累，推想课文中有关词句的意思，辨别词语的感情色彩，体会其表达效果 （3）在阅读中了解文章的表达顺序，体会作者的思想感情，初步领悟文章的基本表达方法；在交流和讨论中，敢于提出看法，作出自己的判断	以下项目中满足一项即可获得相应数量的积分卡： （1）坚持做到每周阅读积累，每次获得1张积分卡；有真实而适度的圈画、批注的，可获得2~3张积分卡；能主动与同学交流分享自己的阅读感受的，可获得4~5张积分卡 （2）晨读中能做到正确、流利、有感情地朗读，获1张积分卡 （3）能感受作品中生动的形象和优美的语言，与他人交流分享自己的阅读感受获得老师和同学们“点赞”的，获得1张积分卡 （4）积累背诵过关一次奖励1张积分卡	30%

续表1

评价维度	素养视角	行为视角	维度占比
阅读与鉴赏	（4）阅读叙事性作品，了解事件梗概，能简单描述印象最深的场景、人物、细节，说出自己的喜爱、憎恶、崇敬、向往、同情等感受；阅读诗歌，大体把握诗意，想象诗歌描述的情境，体会作品的情感；受到优秀作品的感染和激励，向往和追求美好的理想 （5）阅读说明性文章，能抓住要点，了解文章的基本说明方法；阅读简单的非连续性文本，能从图文等组合材料中找出有价值的信息；能尝试使用多种媒介阅读 （6）阅读整本书，把握文本的主要内容，积极向同学推荐并说明理由 （7）背诵优秀诗文60篇（段），注意通过语调、韵律、节奏等体味作品的内容和情感；扩展阅读面，课外阅读总量不少于100万字	（5）能按要求完成班级共读书目，每读完一本可获得3张积分卡 （6）在保证阅读效果的前提下，阅读速度有明显提高的，奖励1张积分卡 （7）自主阅读优秀诗歌，能够表达自己的体会，可获得1张积分卡 （8）在生活中读懂非连续性文本（说明书、图表、门票等）并能找出有价值的信息，可获得1~3张积分卡 （9）阅读整本书，能积极向同学推荐并说明理由，可获得1~3张积分卡	30%
表达与交流	（1）听人说话认真、耐心，能抓住要点，并能正确、简要转述；乐于表达，与人交流能尊重和理解对方；注意语言美，抵制不文明的语言 （2）表达有条理，语气、语调适当；参与讨论，敢于发表自己的意见，说清自己的观点；能根据对象和场合，稍作准备，做简单的发言	以下项目中满足一项即可获得相应数量的积分卡： （1）能做到上课认真倾听，不打断同学、老师讲话，一周可获1张积分卡；在课堂倾听表现上有明显进步的同学，可获得1张积分卡 （2）上课乐于表达，当日发言积极或者发言质量高的同学，可获得1张积分卡	30%

续表2

评价维度	素养视角	行为视角	维度占比
表达与交流	（3）懂得写作是为了自我表达和与人交流，养成留心观察周围事物的习惯，有意识地丰富自己的见闻，珍视个人的独特感受，积累习作素材 （4）能写简单的纪实作文和想象作文，内容具体，感情真实；能根据内容表达的需要，分段表述；学写读书笔记，学写常见应用文 （5）修改自己的习作，并主动与他人交换修改，做到语句通顺，行款正确，书写规范、整洁；根据表达需要，正确使用常用的标点符号；习作要有一定速度，课内习作每学年16次左右	（3）能主动记录生活，每完成一次习作可获得1张积分卡；若习作完成质量高，可以额外获得1张积分卡 （4）有修改习作的能力，帮助他人修改习作，可获得1张积分卡	30%
梳理与探究	（1）分类整理学过的字词，发现所学汉字形、音、义和书写的特点，形成独立的识字能力和写字能力 （2）感受不同媒介的表达效果，学习跨媒介阅读与运用，初步运用多种方法整理和呈现信息 （3）初步了解查找资料、运用资料的基本方法，利用图书馆、网络等渠道获取资料，解决与学习和生活相关的问题，尝试写简单的研究报告 （4）策划简单的校园活动和社会活动，对所策划的主题进行讨论和分析，学写活动计划和活动总结；对自己身边的、大家共	（1）有独立识字学习的能力，在预习检测中全对的同学，可获得1张积分卡；在课后主动整理、复习字词，并在课上能做到全对的同学，可获得1张积分卡 （2）能按照学习需要收集资料，每完成一次资料的收集，可获得1张积分卡	25%

续表3

评价维度	素养视角	行为视角	维度占比
梳理与探究	同关注的问题，或影视作品中的故事和形象，通过调查访问、讨论演讲等方式，开展专题探究活动，学习辨别是非、善恶、美丑	（3）能参与班级、学校组织的语文实践活动，在活动中按照具体的活动内容设置积分卡发放规则	25%
弹性	—	—	5%

附表5　　　　　数学低段积分评价细则

评价维度	素养视角	行为视角	维度占比
善运算	（1）知道四则运算的含义，能进行简单的整数四则运算 （2）认识到能利用熟悉的数量对较大的数量进行估计 （3）体会数的认识与数的运算具有密切的联系，感悟数的意义、运算的意义以及运算之间的关系，探索算理与算法 （4）利用逐一计数计算10以内的加减法；20以内的加减法，在数数的基础上体会“10”的作用和“想加算减”；百以内、万以内整数加减法是相同计数单位个数的加减，整数乘法利用相同加数的和，整数除法利用平均分配以及“想乘算除”	在一个月的周期内，保证运算正确率达到90% 以下项目中满足一项即可获得相应数量的积分卡： （1）口算练习时2次全对获得1张计算积分卡 （2）计算有进步时奖励1张积分卡，持续进步的根据情况发放1~2张积分卡 （3）“计算王”阶梯发放：全对发5张积分卡；错1~2个发4张积分卡；错3~4个发3张积分卡 （4）单元练习全对并且字迹工整，发放计算1张积分卡	15%
会分析	（1）感知数的加减运算要在相同数位进行，体会简单的推理过程 （2）在认识图形的过程中知道“面在体上”	根据具体情境获取数学信息，理解数学问题，初步提出猜想 能够根据生活经验判断结果是否合理 以下项目中满足一项即可获得相应数量的积分卡：	15%

续表1

评价维度	素养视角	行为视角	维度占比
会分析	（3）掌握基本数学模型，并能解决简单的实际问题 （4）在熟悉的生活情境中运用数和数的运算，合理表达简单的数量关系，解决简单的问题；在解决问题的过程中，体会解决问题的道理，解释计算结果的实际意义，感悟数学与现实世界的关联	（1）审题时，关键字词画横线，数学信息圈一圈，做到规范审题，并作出相应的标注，可获得1张积分卡 （2）能解决实际问题，能根据数学问题找到相应的数学信息和关键字词，并找到解决该数学问题所需要的数学信息及相应的条件，知道用什么方法解决，会解决，可获得1张积分卡 （3）作业或者闯关每10星或10“A”换1张对应能力的积分卡 （4）单元大练习全对，根据相应的能力发放对应积分卡	15%
合作	（1）能恰当地选择长度单位描述生活中常见物体的长度，能估测身边常见物体的长度，初步形成量感 （2）会用简单图形拼图，并能说出各组成部分的图形名称；能说出立体图形中某一个对应的平面图形，形成初步的空间观念 （3）掌握数据的收集方法，理解数据承载的信息与意义 （4）能依据事物特征，按照一定的标准进行分类 （5）能发现事物的特征并制订分类标准，依据标准对事物进行分类	同桌合作为主，完成教师布置的学习任务，能在合作中互相学习，能够在全班进行小组展示 以下项目中满足一项即可获得相应数量的积分卡： （1）帮助他人解决问题，给他人规范、仔细、认真地讲题；督促进度慢、效率低的同学完成任务，可获得1张积分卡 （2）在课堂上充当、扮演小老师的角色，可获得1张积分卡 （3）课中能进行小组人员分工，并且会合理分配学具，课后能归纳整理学具，可获得1张积分卡 （4）在小组合作时每个小组成员积极参与讨论，并且积极履行自己的职责，该记录的记录，该操作的操作，可获得1张积分卡	15%

续表2

评价维度	素养视角	行为视角	维度占比
合作		（5）合作中每个组员能合理使用学具，可获得1张积分卡 （6）每个成员都能对需要改进的地方提出相应的意见，其他成员需要认真听取意见并沟通、交流意见的可行性，可获得1张积分卡	15%
乐表达	（1）能在熟悉的生活情境中运用数和数的运算，合理表达简单的数量关系 （2）能用图形解释计算结果的实际意义，形成初步的几何直观 （3）能说出立体图形中某一个对应的平面图形，形成初步的空间观念 （4）能用语言、文字、图画或表格等方式简单描述分类的结果和过程 （5）感知事物的共性和差异	能够根据情境完整地说出数学信息和问题 能够清晰地表达自己的想法，在表达中尝试使用数学术语 以下项目中满足一项即可获得相应数量的积分卡： （1）面对同学的提问或疑问，能积极主动举手表达自己的想法，可获得1张积分卡 （2）面对老师的提问或疑问，能积极主动举手表达自己的想法，可获得1张积分卡 （3）面对老师和同学的提问，能简洁准确地回答，可获得1张积分卡 （4）举手端正：左手放桌面，端正举右手并放于桌面，可获得1张积分卡 （5）书写字迹规范，排版整齐，卷面整洁，可获得1张积分卡 （6）解答题目完整规范，单元练习全对，在解决问题方面有完整的算式、单位、答语，可获得1张积分卡	30%

续表3

评价维度	素养视角	行为视角	维度占比
倾听	能体现思辨能力： 听结论——正确或错误 听思路——合理或不合理 听差异——相同或不同	能够有意识、有耐心地倾听他人发言，能对他人的观点进行补充或修正 以下项目中满足一项即可获得相应数量的积分卡： （1）在课堂中能复述同学或老师的发言，可获得1张积分卡 （2）在他人发言时保持专注，不插话、不做小动作、不东张西望，可获得1张积分卡	25%

附表6　　数学中段积分评价细则

评价维度	素养视角	行为视角	维度占比
善运算	（1）有效探索并掌握多位数的乘除法 （2）会同分母分数的加减法和一位小数的加减法 （3）体会“四位一级”（数级），使十进位值制得到完善，可以表示更大的数，进一步感悟计数单位的意义 （4）在解决简单实际问题的过程中，理解四则混合运算的意义，能进行整数的四则混合运算 （5）能描述减法和加法的关系、除法和乘法的关系 （6）能运用运算律进行简便运算，解决相关的简单实际问题	在一个月的周期内，保证运算正确率达到95% 以下项目中满足一项即可获得相应数量的积分卡： （1）平时计算专项练习每次全对可获得1张积分卡 （2）在任意检测中无因计算产生的扣分，每次可奖励1张积分卡 （3）在班级或校级举办的计算类专项比赛活动中获得相应等级奖励的，视情况发3~5张积分卡 （4）其他因计算表现突出或进步明显可获得额外奖励，数量为1~3张积分卡	25%

续表1

评价维度	素养视角	行为视角	维度占比
善运算	（7）结合具体情境感悟计数单位及其在比较大小、简单运算中的作用，初步感受小数和分数的加减运算与整数的加减运算具有一致性 （8）能结合具体情况选择合适的单位进行简单估算		25%
会分析	（1）通过与熟悉数量的比较，可以推断出具体情境中大数的实际意义 （2）经历用归纳的方法探索运算律、用字母表示运算律的过程，感知运算律是确定算理和算法的重要依据 （3）能完成相同计数单位的个数相加减运算，建立初步的推理意识 （4）能尝试用数学和其他学科知识与方法解决问题，积累数学活动经验 （5）能根据长方形、正方形特点推导周长和面积的计算公式 （6）能用常见的数量关系解决问题 （7）对于现实生活中的一些简单问题，能根据数据提供的信息，判断随机现象发生的可能性	根据具体情境，获取关键数学信息，理解问题与信息的关系，提出有价值的猜想，尝试进行探索，得出初步的结论 能够通过初步的演绎推理，判断结果是否正确 以下项目中满足一项即可获得相应数量的积分卡： （1）在新课探究中因独特或有启发意义的问题分析而获得老师和同学们“点赞”的，每次可获得1~2张积分卡 （2）在课堂或课后作业中有完整、严谨、科学的分析过程（审题过程和书写过程）且作业情况良好的，每次可获得1~2张积分卡 （3）在各种测评中能规范地使用数学方法（语言），如图示、等量关系式等进行审题和问题分析，且解决问题效果良好的，每次可获得1~2张积分卡 （4）在班级或校级思维挑战赛中取得良好成绩且解决问题均有科学、严谨的分析过程，每次可获得1~3张积分卡	25%

续表2

评价维度	素养视角	行为视角	维度占比
会分析		（5）其他因善于分析问题而获得的表扬和奖励，视情况获得1~3张积分卡	25%
合作	（1）能够从生活情境中构建数学模型并解决问题 （2）能运用年、月、日的知识解释生活中的问题 （3）积极参与活动，在活动中独立思考问题，主动与他人交流，经历实地测量、收集素材、调查研究、解决问题的过程，提高思考问题的能力，积累根据解决问题的需要合理选择策略和方法的经验	能在多人小组合作中根据提前确定的分工完成探究任务 能够在全班进行成果展示，并对他人的成果进行评价 以下项目中满足一项即可获得相应数量的积分卡： （1）在生生互动（课中和课后）中能合理分工并完成任务，每人获得1张积分卡 （2）在师生互动中能积极协作并完成任务，每人获得1张积分卡 （3）其他友好协作行为获得表扬和奖励的，视情况每次可获得1~2张积分卡	15%
乐表达	（1）能用语言、文字、图画或表格等方式简单描述分类的结果和过程 （2）能够有意识地运用数学语言表达现实生活与其他学科中事物的关系和规律，并能解释表达的合理性 （3）有意识地使用真实数据表达、解释与分析现实世界中的不确定现象，欣赏数学语言的简洁与优美，逐步形成用数学语言表达与交流的习惯	能够根据情境完整说出数学信息，解释生活中的现象，并提出数学问题 能有条理、简洁地表达自己的观点，尝试用数学化语言进行表达 以下项目中满足一项即可获得相应数量的积分卡： （1）能尊重他人发言且在课堂学习中积极表达自己的想法获得老师或同学肯定的，每节课可获得1张积分卡	20%

续表3

评价维度	素养视角	行为视角	维度占比
乐表达		（2）在某些问题的表达中有突出表现，如对挑战性问题的表达逻辑清晰、简明，能启发同伴思考，以高质量分析和表达促进同伴更好地理解，主动承接前序发言并进行有效拓展，对老师或同伴的前序分享进行补充或提出有效质疑，引发大家深入学习等，每次可获得1张积分卡 （3）善用数学语言进行表达，如能主动绘制和分享较为精确的示意图，能根据题干整理出有利于问题分析的等量关系式，能用韦恩图或统计图表进行有效信息和问题的整理，每次可获得1张积分卡 （4）其他因善于表达而获得的奖励，视情况可获得1~2张积分卡	20%
倾听	能体现思辨能力： 听结论——正确或错误，片面或全面 听思路——清晰或混乱，烦琐或简洁 听差异——相同或不同，联系或区别	能够有意识、有耐心地倾听他人发言，能对他人的观点进行补充或修正 以下项目中满足一项即可获得相应数量的积分卡： （1）在课堂中能复述同学或老师的发言，可获得1张积分卡 （2）在他人发言时保持专注，不插话、不做小动作、不东张西望，可获得1张积分卡	15%

附表7　　　　数学高段积分评价细则

评价维度	素养视角	行为视角	维度占比
善运算	（1）能进行简单的小数和分数的四则混合运算，并说明运算过程 （2）能在较复杂的真实情境中选择恰当的运算方法解决问题 （3）理解常见的数量关系 （4）能计算图形的周长、面积（表面积）、体积 （5）在解决实际问题的过程中，会选择合适的方法进行估算 （6）会进行小数和分数的转化 （7）能在具体情境中判断两个量的比，会计算比值	在一个月的周期内，保证运算正确率达到95%，能够自我监控运算正确率 以下项目中满足一项即可获得相应数量的积分卡： （1）平时计算专项练习连续2次全对可获得1张积分卡，连续3次全对可获得一次“免计算” （2）在任意检测中无因计算产生的扣分，每次可奖励1张积分卡 （3）在班级或校级举办的计算类专项比赛活动中获得相应等级奖励的，视情况发1~5张积分卡 （4）其他因计算表现突出而获得的奖励，视情况获得1~3张积分卡	20%
会分析	（1）结合具体情境理解整数除法与分数的关系 （2）感悟运算的一致性 （3）能对一些随机现象发生的可能性大小作定性描述，会根据统计图的结果作出简单的判断和预测 （4）用列举、计算、归纳等方法，探究2、3、5的倍数的特征，理解公因数和公倍数、奇数与偶数、质数与合数	根据具体情境和问题的需要筛选关键数学信息，根据学习经验提出合理的猜想，并通过结构化的探究得出结论 能够根据数量关系，利用严密的演绎推理判断结果是否正确 以下项目中满足一项即可获得相应数量的积分卡： （1）在新课探究中因独特或有启发意义的问题分析而获得老师和同学们“点赞”的，每次可获得1张积分卡	25%

续表1

评价维度	素养视角	行为视角	维度占比
会分析	（5）理解不同解题方法之间的联系，并用数学概念、法则、定理进行解释，构建问题解决的基本模型 （6）能在解决实际问题中运用恰当的方法进行估算，并能描述估算的过程 （7）能在具体问题中用字母或含有字母的式子表示数量之间的关系、性质和规律，感受等式的基本性质，解决实际问题，合理解释结果的实际意义，感受字母表示的一般性 （8）能在具体情境中描述成正比的量，能找出生活中成正比的量的实例 （9）能用相应的几何图形面积或体积公式解决实际问题	（2）课堂和课后作业情况：①书写端正，作业规范、全对，可获得3个“☆”；②错误在3个以内或书写不端正但全对，可获得2个“☆”；③错误在4~5个，态度端正，可获得1个“☆”；④错误在5个以上，获得“△”；学生认真改错过关后可获得1个“☆”；5个“☆”可兑换1张积分卡 （3）在各种测评中能规范地使用数学方法（语言），如图示、等量关系式等进行审题和问题分析，且解决问题效果良好的，每次可获得1~2张积分卡 （4）在班级或校级思维挑战赛中取得良好成绩且解决问题均有科学、严谨的分析过程，每次可获得1~3张积分卡 （5）其他因善于分析问题而获得的表扬和奖励，视情况获得1~3张积分卡	25%
合作	（1）能根据问题的需要，从报纸、杂志、电视、互联网等媒体上获取数据，或者通过其他合适的方式获取数据，能把数据整理成条形统计图、折线统计图，知道条形统计图、折线统计图和扇形统计图的功能，会解释统计图表达的意义，能根据结果作出简单的判断和预测	基于问题，自发分工合作，通过探究解决问题 能够在全班进行成果展示，能够吸取他组经验完善本组成果 以下项目中满足一项即可获得相应数量的积分卡： （1）在课堂小组学习交流活动中参与度高，能活用所学知识进行问题解决与解释，得到老师和同学的一致认同，每个小组成员每次可获得1张积分卡	20%

续表2

评价维度	素养视角	行为视角	维度占比
合作	（2）能够积极参与活动，在活动中独立思考问题，主动与他人交流，经历实地测量、收集素材、调查研究、解决问题的过程，提高思考问题的能力，积累根据解决问题的需要合理选择策略和方法的经验	（2）课后能用自己的空余时间和知识能力充当小老师，帮助同学解决疑难困惑，每次可获得1张积分卡 （3）小组长收发作业且能及时督促小组成员及时改错过关，一周内全部小组都及时交作业且全过关，小组长获得2张积分卡	20%
乐表达	（1）用字母或含有字母的式子表示数量之间的关系、性质和规律，感悟用字母表示具有一般性 （2）能在具体情境中描述成正比的量$\frac{y}{x}=k$（$k\neq0$），能找出生活中成正比的量的实例 （3）能用直观的方式表示分数和小数，并正确转换 （4）能根据给出的成正比关系的数据在方格纸上画图，了解$y=kx$（$k\neq0$）的形式 （5）能对一些随机现象发生的可能性大小作定性描述	能够根据日常生活，提出有价值的数学问题，并能说明需要的数学信息；能够严谨地用数学化语言表达自己的观点，在表达时能区分信息和观点 以下项目中满足一项即可获得相应数量的积分卡： （1）能尊重他人发言且在课堂学习中积极表达自己的想法获得老师或同学肯定的，每节课可获得1张积分卡 （2）在某些问题的表达中有突出表现，如对挑战性问题的表达逻辑清晰、简明、能启发同伴思考，因高质量分析和表达促进同伴的更好理解，主动承接前序发言并进行有效拓展，对老师或同伴的前序分享进行补充或提出有效质疑，引发大家深入学习等，每次可获得1张积分卡	25%

续表3

评价维度	素养视角	行为视角	维度占比
乐表达	（6）能在具体情境中描述成正比的量，能找出生活中成正比的量的实例，并描述出来 （7）能列举生活中的随机现象	（3）善用数学语言进行表达，如能主动绘制和分享较为精确的示意图，能根据题干整理出有利于问题分析的等量关系式，能用韦恩图或统计图表进行有效信息和问题的整理，每次可获得1张积分卡 （4）在平时的作业练习中，书写比原来有明显进步的，视情况可获得1张积分卡 （5）在单元或期末大练习中取得明显进步且有良好的答题习惯，如格式规范有序、书写工整、审题情况良好等，视情况可获得1~2张积分卡 （6）其他因善于表达而获得的奖励，视情况可获得1~2张积分卡	25%
倾听	听结论——正确或错误，片面或全面 听思路——清晰或混乱，烦琐或简洁 听差异——相同或不同，联系或区别	能够有意识、有思考地倾听他人发言，能对他人观点进行补充，提出有意义的质疑和批判，在倾听的同时主动对观点进行总结 以下项目中满足一项即可获得相应数量的积分卡： （1）课上认真倾听同学发言，能完整复述同学的观点或者质疑同学的观点，视情况可获得1张积分卡 （2）同学上台讲解题目时，能认真倾听，积极回答同学提问或自己提出疑问，视情况可获得1张积分卡	10%

附表 8　　英语低段积分评价细则

评价维度	素养视角	行为视角	维度占比
端态度	（1）具有良好的英语课堂学习习惯，倾听、交流等能做到专注、有礼、有节 （2）对英语学习保持足够的兴趣，能主动地参与学习，有自己的英语学习目标 （3）对英语国家的文化背景和中外文化差异有好奇心和学习意愿，在学习过程中逐步形成民族文化意识，理解并尊重英语国家的文化和风俗习惯，提高跨文化交际的意识 （4）通过英语学习，成为有知识素养、人文修养的人	在教学过程中，以良好端正的态度参与到日常的学习中来，正确的态度得到同学和老师们的认可 以下项目中满足一项即可获得相应数量的积分卡： （1）自觉按时按量完成作业，按要求完成特定的作业，教师视情况奖励1~3张积分卡 （2）自觉遵守课堂纪律，做到严于律己，能够长期在纪律方面有良好表现，将会得到1张积分卡 （3）能用英语积极开展实践活动，在课堂上积极参与，充分展示自己，将会获得1~2张积分卡 （4）课堂学习态度端正，认真听讲，积极参与课堂活动，将会得到1张积分卡 （5）乐于帮助同学解决学习中的问题，带领同学取得了一定的进步，教师视情况奖励1~3张积分卡	20%
好表达	（1）能积极运用英语在课堂和课外进行交流和表达，提高语言综合运用能力 （2）感知语言的价值与魅力，真正做到“用”英语而不是简单的“学”英语 （3）通过自己的表达，努力创设交际环境，促进英语学习中重要的“写”“说”能力的提升	在教学过程中保持积极良好的表达习惯，在学习中表达，在表达中进步 以下项目中满足一项即可获得相应数量的积分卡：	30%

续表1

评价维度	素养视角	行为视角	维度占比
好表达	（4）敢于用英语表达自己，积极用英语和同学老师交流，体验外语使用的乐趣与成就感	（1）积极举手，在课堂上积极发言回答问题，积极参与英语课堂中的小组练习和各种对话活动，达到活动要求，教师视情况奖励1~2张积分卡 （2）尊重他人发言，在别人回答问题时不打断别人的发言，养成良好的发言习惯，能维持良好的发言习惯，一周为周期，奖励1张积分卡 （3）表达内容优秀，在表达中利用已学知识充分、正确表达自己的想法，将会获得1~2张积分卡	30%
勤运用	（1）能在听、读、看的过程中有目的地提取、梳理所需信息 （2）能大声跟读音视频材料，正确朗读学过的对话、故事和文段 （3）能积极运用所学英语进行表达和交流 （4）能在语境中与他人进行简单的问候或道别 （5）能简单介绍自己的日常起居、生活、学校、动物等 （6）能在图片和动作的提示下听懂简单的小故事，并作出适当的反应	在一周内，能够按照教师的要求，按时、高质量地完成听读作业，并在教师批改后及时改正 以下项目中满足一项即可获得相应数量的积分卡： （1）教师批阅作业后，学生应立即对作业进行修订，若连续3次在规定时间内完成改正，将获得1张积分卡 （2）在班级或校级举办的英语听读类专项比赛活动中获得相应等级奖励的，视情况奖励1~5张积分卡 （3）因其他作业表现突出或进步明显，可视情况奖励1~3张积分卡	20%

续表2

评价维度	素养视角	行为视角	维度占比
善思考	（1）好奇心与探索精神：在学习中能主动提出问题，积极参与课堂互动，对英语学习保持持续的兴趣和热情 （2）初步的逻辑分析：能在简单的英语问题中展现出初步的逻辑分析能力，能理解基本的英语句子结构，并能通过上下文推断词义 （3）积极的学习态度：以积极的态度参与英语学习，勇于尝试新的学习方法和策略，能在遇到困难时保持耐心和毅力，不轻易放弃 （4）创造性运用语言：能在日常生活中创造性地运用所学的英语知识，可以尝试用简单的英语表达自己的想法和感受，或者在游戏中运用英语进行交流 （5）批判性思维萌芽：能对所学的英语知识进行初步的思考和评估，能对不同的英语学习方法和资源进行比较，选择适合自己的学习方式	在教学过程中，以下项目中满足一项即可获得相应数量的积分卡： （1）在课堂上，能看图找出图片信息，并用完整的句子表达，可获得1张积分卡 （2）课堂上根据所学的句型，观察图片，通过思考，完成补全对话或复述故事等思维活动，可获得1张积分卡 （3）课后结合所学，完成英语实践作业，可获得1张积分卡 （4）其他因善于思考而获得的奖励，视情况可获得1~2张积分卡	10%
乐阅读	（1）能观看语音简单的英语动画片或英语教学节目，理解大意，并模仿其中的简单话语 （2）能推断多模态语篇（如动画、图书及其他印刷品的封面和封底，贺卡）中的画面、图像、声音、色彩等传达的意义	在一周内，能够按照教师的要求，按时完成教材听读作业、绘本的阅读 （1）每天坚持完成听读任务，奖励1张积分卡 （2）每周坚持朗读绘本，并能熟练朗读绘本内容，奖励1张积分卡	20%

续表3

评价维度	素养视角	行为视角	维度占比
乐阅读	（3）能在听、读、看的过程中有目的地提取、梳理所需信息 （4）能根据图片信息推断语篇的语境及主要信息	（3）在班级绘本学习或与课外阅读相关的活动、比赛中，表现突出或进步明显，视情况奖励1~3张积分卡	20%

附表9　　英语中段积分评价细则

评价维度	素养视角	行为视角	维度占比
端态度	（1）对英语学习有兴趣，乐于与同伴一起通过模仿、表演等方式参与学习活动 （2）理解日常学习和生活中的指令，完成任务 （3）根据需要进行预习，对所学内容进行主动复习和归纳 （4）对英语有好奇心，在阅读配图故事、对话等简单语篇材料时，能积极思考，尝试就不懂之处提出疑问 （5）乐于观察生活中的语言和文化现象，尝试从不同角度看待事物 （6）有主动了解中外文化的愿望，初步具有观察、识别、比较中外文化的意识	在教学过程中，以良好端正的态度参与到日常的学习中来，正确的态度得到同学和老师们的认可 以下项目中满足一项即可获得相应数量的积分卡： （1）自觉按时按量完成作业，按要求完成特定的作业，教师视情况奖励1~3张积分卡 （2）自觉遵守课堂纪律，做到严于律己，能够长期在纪律方面有良好表现，将会得到1张积分卡 （3）能用英语积极开展实践活动，在课堂上积极参与，充分展示自己，将会获得1~2张积分卡 （4）课堂学习态度端正，认真听讲，积极参与课堂活动，将会得到1张积分卡 （5）乐于帮助同学解决学习中的问题，带领同学取得了一定的进步，教师视情况奖励1~3张积分卡	20%

续表1

评价维度	素养视角	行为视角	维度占比
好表达	（1）敢于开口，表达中不怕出错 （2）运用所学的日常用语向他人介绍自己的基本情况和熟悉的事物（如个人喜好、学习生活等），进行简单的交流，用语基本得体 （3）围绕相关主题和所读内容进行简短叙述和交流，表达个人情感态度和观点 （4）在老师的帮助下表演小故事或短剧 （5）围绕图片内容，写出几句意思连贯的描述 （6）在口头表达中做到语音基本正确，语调自然流畅	在英语学习中积极思考，并运用所学参与课堂发言，大胆表达，体现语言综合运用能力 在一个大单元学习结束后，以下项目中满足一项即可获得相应数量的积分卡： （1）课堂分小组比赛，最佳小组每人获1张积分卡 （2）在角色扮演课文故事的活动中，根据评价维度得分最高的小组，每人获1张积分卡 （3）句子写作无误且综合运用所学语言进行写作表达，获1张积分卡	30%
勤运用	（1）能根据既定计划，及时预习复习所学内容，并自主完成简单的英语学习计划 （2）能在学习活动中与他人合作，共同完成学习任务 （3）能对语篇内容进行准确复述和简单改编 （4）能就语篇的主题意义和观点作出正确的理解和判断，对人物的行为作出评价	在一周内，能够按照教师的要求，按时、高质量地提交作业，并在教师批改后及时改正 以下项目中满足一项即可获得相应数量的积分卡： （1）作业（口语和书面）连续3次优秀，奖励1张积分卡 （2）教师批阅作业后，学生应立即对作业进行修订，若连续3次在规定时间内完成改正，将获得1张积分卡 （3）按时按要求完成英语特色作业，优秀者可获得2张积分卡，一般作业则奖励1张积分卡	20%

续表2

评价维度	素养视角	行为视角	维度占比
勤运用	（5）能围绕相关主题，运用所学语言进行简单的交流，能介绍自己和身边熟悉的人或事物，表达情感和喜好等，语言达意；在书面表达中，能根据图片或语境仿写简单的句子	（4）因其他书面作业表现突出或进步明显，可获得额外奖励，教师视情况奖励1~3张积分卡	20%
善思考	（1）有主动了解中外文化的愿望 （2）能在教师的指导下，通过图片、配图故事、歌曲、韵文等获取简单的中外文化信息 （3）能观察、辨识中外典型文化标志物、饮食及重大节日 （4）能用简单的单词、短语和句子描述与中外文化有关的图片和熟悉的具体事物；初步具有观察、识别、比较中外文化的意识 （5）能通过对图片、具体现象和事物的观察获取信息，了解不同事物的特点，辅助对语篇意义的理解 （6）能注意到不同的人看待问题是有差异的；能从不同角度观察周围的人与事	在教学过程中，教师倡导学生主动参与课堂讨论，勇于表达自身观点，展示出富有创意的思维和独特的见解；课后，教师鼓励学生将所学知识进行实际应用和拓展 以下项目中满足一项即可获得相应数量的积分卡： （1）在课堂上，当学生表现出创新思维和果敢精神，积极发表见解和富有创意的陈述，可获得1张积分卡 （2）课后积极参与英语相关的创意表达活动，结合所学充分发掘自身潜能，展现创新思维，可获得1张积分卡 （3）其他因善于思考而获得的奖励，视情况可获得1~2张积分卡	10%
乐阅读	（1）能借助图片读懂语言简单的小故事，理解基本信息 （2）能在语境中理解简单句的表意功能 （3）能通过图片、配图故事获取中外文化信息	在教学过程中，教师适当将语篇研读分为泛读、精读、师生共读和自主阅读 （1）在师生共读的环节，教师设置一系列帮助学生理解故事情节的问题，如根据标题、图片预测故事情节等，请学生回答，如回答言之有理，即可获得1张积分卡	20%

续表3

评价维度	素养视角	行为视角	维度占比
乐阅读	（4）能识别图片、短文中体现中外文化和正确价值观的具体现象与事物 （5）通过对图片、具体现象和事物的观察，获取相关信息，了解不同事物的特点，辅助对语篇意义的理解 （6）能根据图片或关键词，归纳语篇的重要信息 （7）能就语篇信息或观点形成自己的想法和意见 （8）能根据标题、图片、语篇信息等进行预测。	（2）在自主阅读的活动中，如果学生能借助图片理解故事，获取图片、故事中的中外文化和正确的价值观，可以获得1~2张积分卡 （3）每周检查听读打卡单，5次良好的记录获1张积分卡 （4）每个大单元的课文背诵获2个A等级或一个A+，则得1张积分卡	20%

附表10　　英语高段积分评价细则

评价维度	素养视角	行为视角	维度占比
端态度	（1）对英语学习有较浓厚的兴趣和自信心 （2）能积极参与课堂活动，注意倾听，大胆尝试用英语进行交流 （3）乐于参与英语实践活动，遇到问题积极请教，不畏困难 （4）对开展跨文化沟通与交流有兴趣 （5）能与他人友好相处；能在教师的引导下，了解不同文化背景的人们待人接物的礼仪 （6）能注意到跨文化沟通与交流中彼此的文化差异	在学期教学时间内，每周能够按照教师要求达到以下目标，即可获得相应数量的积分卡： （1）自觉遵守课堂纪律，共同维护良好上课秩序，教师视情况发放1~2张积分卡 （2）能用英语积极开展实践活动，并有相应成果，可获得奖励，数量为1~3张积分卡 （3）课堂学习态度端正，课前准备充分，上课认真做笔记，可获得1张积分卡 （4）乐于帮助同学，积极解决同学学习上的疑问，教师可视情况发放1~2张积分卡	20%

续表1

评价维度	素养视角	行为视角	维度占比
好表达	（1）能在教师的引导和启发下，围绕相应级别的主题，理解日常生活中常见的简单语言材料，领悟其基本意义，获取和整合基本的事实性信息，把握主要内容 （2）运用所学语言与他人交流，传递信息，叙述事件，表达看法及观点，实现基本的沟通与交流 （3）获取中外文化的简单信息，感知与体验文化多样性 （4）能用简短的句子描述所学的与中外文化有关的具体事物	在学期教学时间内，每周能够按照教师要求达到以下目标，即可获得对应数量的积分卡： （1）在课堂上积极举手发言，发表自己的意见，可获得1张积分卡；若内容准确优秀，可额外获得1张积分卡 （2）在别人发言时尊重他人，不打断、不干扰正在发言的同学，教师可视情况发放1张积分卡 （3）发言掷地有声，发音准确，可获得1~2张积分卡	30%
勤运用	（1）能在教师的指导下，制订并完成简单的英语学习计划，及时预习复习所学内容 （2）能在学习活动中与他人合作，共同完成学习任务 （3）能围绕相关主题，运用所学语言，与他人简单交流，表演小故事或短剧，语音语调基本正确 （4）能围绕图片内容或模仿范文，写出几句意思连贯的话 （5）能对语篇内容进行简单的续写或改编等 （6）能就语篇的主题意义和观点作出正确的理解和判断，能根据语篇推测作者的态度和观点	在一周内，能够按照教师的要求，按时、高质量地提交作业，并在教师批改后及时改正 以下项目中满足一项即可获得相应数量的积分卡： （1）作业连续3次优秀，奖励1张积分卡 （2）教师批阅作业后，学生应立即对作业进行修订，若连续3次在规定时间内完成改正，将获得1张积分卡 （3）在班级或校级举办的竞赛活动中获得相应等级奖励的，视情况发1~5张积分卡 （4）因其他书面作业表现突出或进步明显，可获得额外奖励，数量为1~3张积分卡	20%

续表2

评价维度	素养视角	行为视角	维度占比
善思考	（1）具有独立意识，能初步进行独立思考 （2）初步具有观察、识别、比较中外文化异同的能力 （3）能理解与中外优秀文化有关的图片、短文，发现和感悟其中的人生哲理 （4）将语言学习与做人、做事相结合 （5）体现爱国主义情怀和文化自信	在教学过程中，教师倡导学生主动参与课堂讨论，勇于表达自身观点，展示出富有创意的思维和独特的见解；课后，教师鼓励学生将所学知识进行实际应用和拓展 以下项目中满足一项即可获得相应数量的积分卡： （1）在课堂上，当学生表现出创新思维和果敢精神，积极发表见解和富有创意的陈述，可获得1张积分卡 （2）课后积极参与英语相关的创意表达活动，结合所学充分发掘自身潜能，展现创新思维，可获得1张积分卡 （3）其他因善于思考而获得的奖励，视情况可获得1~2张积分卡	10%
乐阅读	（1）能通过简短语篇了解世界主要国家的生活习俗、饮食习惯、文化传统等，初步比较文化异同 （2）能借助图片、上下文线索尝试推测语篇中生词的含义 （3）在阅读相关主题的语篇材料时，能梳理人物、场景、情节等信息，独立思考，提出个人见解 （4）能流利地朗读课内所学语篇，发音清晰，语音、语调基本正确	在学期教学时间内，每周能够按照教师要求达到以下目标，即可获得相应数量的积分卡： （1）在课堂上，学生能关注并分享文化异同，获1张积分卡 （2）在课堂上，善于应用阅读策略推测生词含义，完成阅读理解任务，获1张积分卡 （3）在课堂上能就阅读内容提出思考问题，获1张积分卡 （4）在课堂上能进行不同视角的认知表达，获1张积分卡	20%

续表3

评价维度	素养视角	行为视角	维度占比
乐阅读	（5）愿意通过阅读等方式了解不同的语言和文化现象，尝试从不同角度分析问题	（5）在一个单元学习周期内完成熟读课文的任务，可获得1张积分卡；背诵课文或者复述课文，可获得2张积分卡 （6）坚持良好的阅读习惯，记录阅读的材料、时长、效果等，保持良好的记录习惯，每20条记录获得1张积分卡	20%

附表11　　科学低段积分评价细则

评价维度	素养视角	行为视角	维度占比
认真倾听	（1）课堂上愿意倾听他人发言 （2）逐步养成专注倾听的习惯，能在倾听后针对他人的想法进行正确的简要复述、提问或补充	（1）具有正确的倾听姿势：眼睛看着发言的人、手放桌面、身正、脚平，做到即可获得1张积分卡 （2）在课堂中能正确、完整、简洁地复述他人发言，可以获得1张积分卡 （3）能理解他人观点并有针对性地提出问题或作出补充，可获得1张积分卡	20%
积极思考	（1）可以有依据地质疑别人的观点，尝试从多个角度、以多种方式认识事物 （2）能在教师的指导下，描述具体现象与事物的构成要素，比较并描述具体现象与事物的外在特征 （3）能在教师的指导下，分清观点与事实，根据研究问题提出假设或观点，具有提供证据的意识	（1）在课堂上能提出有研究价值的科学问题，并针对科学问题进行合理猜想与假设，可以获得1张积分卡 （2）能突破对常见物品功能的思维定式，利用发散思维、重组思维等方法，提出不同想法，可以获得1张积分卡	15%

续表1

评价维度	素养视角	行为视角	维度占比
积极思考	（4）在好奇心的驱使下，对常见自然现象或生活中的科学现象表现出直觉兴趣	（3）课堂上通过分析证据得出结论，可以获得1张积分卡	15%
乐于表达	（1）具有基于事实表达观点的意识 （2）初步具有从多角度提出观点的意识，能针对事物的外在特征提出多种想法，个别想法具有新颖性 （3）能准确讲述并反思自己的探究过程和结果，作出自我评价与调整，初步具有交流、反思以及评价探究过程和结果的意识	基于学生表现，满足以下任一项，可获得1张积分卡： （1）课堂上面对老师的提问或疑问，能积极主动举手并能清楚地表达自己的观点 （2）能在教师的指导下，观察具体事物的构成要素，通过口述、画图等方式描述事物的外在特征或表达自己的想法 （3）能够有依据地质疑别人的观点，尝试从不同角度、以不同方式认识事物	15%
分工合作	（1）角色认知：理解自己在小组中的角色，知道每个成员都有重要的任务 （2）轮流分享：学会在小组内轮流发言，倾听同伴的意见，并尝试回应 （3）基本沟通：能够用简单的语言描述自己的想法，并尝试理解同伴的表达 （4）共同参与：在小组活动中，每个成员都能参与到任务中，体验合作的乐趣 （5）指导跟随：在老师或小组长的引导下，跟随步骤完成任务，学习基本的合作技能	以学习小组为单位，通过讨论、实验等学习过程，评估小组成员的分工合作情况，基于以下表现，小组成员获得1~2张积分卡： （1）在教师的指导下，学生能够积极参与小组讨论，轮流发言 （2）学生能够遵守小组制定的基本规则，如轮流说话、倾听他人 （3）学生能够承担并完成小组分配的简单任务，如摆放物品、传递材料 （4）学生能够在需要时向同伴提供帮助，或在遇到困难时请求帮助 （5）学生能够体验到通过小组合作完成活动带来的成就感	15%

续表2

评价维度	素养视角	行为视角	维度占比
实验探究	（1）在教师的引导下，通过对具体现象与事物的观察和比较，提出可探究的科学问题，并基于已有经验和所学知识，从现象和事件发生的条件、过程、原因等方面提出假设，制订简单的探究计划 （2）了解生活中常见的科学技术给人类生活带来的便利，珍爱生命，具有保护身边动植物的意识，知道保护环境的重要性 （3）能如实记录观察到的信息	基于学生在实验探究时的表现，满足以下任一项，可获得1~2张积分卡： （1）在教师的指导下，通过对具体现象与事物的观察和比较，提出感兴趣的问题，作出简单猜想，制订简单的探究计划 （2）能运用分析、比较、推理、概括等方法得出科学探究的结论，并判断结论与假设是否一致 （3）能运用观察、实验、查阅资料、实地调查、案例分析等方式获取事物的信息，用简单的科学术语、概念图、统计图表等记录整理信息，清晰表述探究结果 （4）课堂上真实记录观察及实验探究的结果	25%
创新实践	（1）在好奇心的驱使下，对常见自然现象或生活中的科学现象表现出直觉兴趣 （2）有了解技术与工程实践的兴趣，具有较好的探究习惯	（1）能开展初步的创意设计，并利用摄影、录像、文字、草图、实物等表达自己的创意与构想，有所表现即可获得1张积分卡 （2）在好奇心的驱使下，表现出对现象发生的过程及原因等方面的因果兴趣，并可以将所学知识迁移到新的情境中，愿意尝试更多的拓展探究，可获得1~2张积分卡	10%

附表12　　　　科学中段积分评价细则

评价维度	素养视角	行为视角	维度占比
认真倾听	（1）养成专注倾听的习惯 （2）能在倾听老师和同伴的交流后进行概括或质疑	以下项目中满足一项即可获得相应数量的积分卡： （1）能完整、专注地倾听他人的表达，每节课可获得1张积分卡 （2）能接受并理解别人传递的信息，并可以正确复述，可获得1张积分卡 （3）能接纳他人的正确观点并能正确概括或质疑，可获得1张积分卡	10%
积极思考	（1）能在教师的引导下，观察并描述具体事物的构成要素，分析并表达要素之间的关系，找到它们之间重要的、共同的特征，利用模型解释简单的科学现象 （2）能在教师的引导下，用二维方式表达三维空间的物体；比较事物的某些本质特征，根据不同的目的进行分类，基于事物之间的功能相似性进行类比；分析事物的特征及结构，建立事实与观点之间的联系；根据问题提出假设，能提供支撑性的证据；可以利用控制变量的方法设计简单的实验 （3）初步掌握重组思维、发散思维、突破定势等创造性思维的基本方法，能基于具体事物的外在特征展开想象，突破生活中	以下项目中满足一项即可获得相应数量的积分卡： （1）在课堂上能提出有研究价值的科学问题，并针对科学问题进行合理猜想与假设，可获得1张积分卡 （2）能针对具体的研究问题和交流情境，基于一定的证据提出自己的假设或观点，利用分析、比较归纳、演绎等方法，建立证据与观点之间的联系，可获得1~2张积分卡 （3）在熟悉的真实情境中，描述、解释和预测常见现象发生的过程、规律或原因，能在现象之间建立联系，可获得1张积分卡 （4）善于用类比的方法认识事物的特征，用辩证的观点分析问题，能比较事物的本质特征，抽象概括常见事物的共同属性，可获得1张积分卡	15%

续表1

评价维度	素养视角	行为视角	维度占比
积极思考	常见问题的思维定式，提出有一定新颖性和合理性的观点，针对事物的外在特征进行设计，并对方案进行初步的科学分析	（5）通过分析证据得出结论，可获得1张积分卡	15%
乐于表达	（1）具有基于事实表达观点的意识 （2）能选择恰当的工具、仪器，运用感官观察并描述对象的外部形态特征及现象，用较准确的科学词汇、统计图表等记录和整理信息，并运用分析、比较、推理、概括等方法，分析结果，得出结论；初步具有描述对象外部特征和现象，以及分析处理信息并得出结论的能力 （3）能准确讲述并反思自己的探究过程和结果，作出自我评价与调整，初步具有交流、反思以及评价探究过程和结果的意识	以下项目中满足一项即可获得1张积分卡： （1）课堂上积极举手发言，并能清楚地表达自己的观点 （2）小组内讨论的时候愿意沟通交流，乐于与他人就科学观点上的分歧进行沟通交流和辩论，基于证据反思和调整探究	15%
分工合作	（1）角色分配：能够根据个人特长和小组需要分配角色和任务，并承担相应责任 （2）有效沟通：在小组讨论中，能够表达自己的观点，并尊重和理解他人的意见 （3）协作探究：共同参与科学探究活动，学习如何协作解决问题，分享发现 （4）资源共享：学会在小组内共享材料和信息，体验团队合作带来的效率和成果	以学习小组为单位，通过讨论、实验等学习过程，评估小组成员的分工合作情况，基于以下表现，小组成员可获得1~2张积分卡 （1）学生能够根据个人兴趣和能力选择或被分配具体的小组任务 （2）学生能够在小组内清晰表达自己的想法，并倾听同伴的意见 （3）学生能够与小组成员一起讨论问题，共同寻找解决方案 （4）学生能够在小组活动中分享所需资源，并相互提供支持	15%

续表2

评价维度	素养视角	行为视角	维度占比
分工合作	（5）冲突解决：在遇到不同意见时，学习如何平和地讨论和解决冲突	（5）学生能够参与小组成果的展示，向班级介绍小组的工作	15%
实验探究	（1）能在教师的引导下，通过对具体现象与事物的观察和比较，提出可探究的科学问题，并基于已有经验和所学知识，从现象和事件发生的条件、过程、原因等方面提出假设，制订简单的探究计划 （2）初步具有根据具体现象与事物提出探究问题，基于已有经验和知识制订简单探究计划的能力	以下项目中满足一项即可获得相应数量的积分卡： （1）能运用观察、实验、查阅资料、实地调查、案例分析等方式获取事物的信息，用科学术语、概念图、统计图表等记录整理信息，清晰表述探究结果，可获得1~2张积分卡 （2）能运用分析、比较、推理、概括等方法得出科学探究的结论，并判断结论与假设是否一致，可获得1张积分卡 （3）能采用不同的方式（如小论文、调查报告等）呈现探究的过程与结论，并与相关的科学原理进行比较，对探究活动进行过程性反思和总结性评价，完善探究报告，可获得1~3张积分卡 （4）能根据实际效果进行修改迭代，不断完善探究报告，可获得1张积分卡	30%
创新实践	（1）掌握常见工具的使用方法；能拆开简单产品并复原，制作某种产品的简化实物模型并反映其中的部分科学原理；能发现作品的不足并进行改进；初步具有参与技术与工程实践的意识及使用常见工具的技能	以下项目中满足一项即可获得相应数量的积分卡： （1）能运用创造性思维的基本方法，基于所学的科学原理，提出有一定新颖性和合理性的观点，可获得1张积分卡	15%

续表3

评价维度	素养视角	行为视角	维度占比
创新实践	（2）知道生活中的天然材料和人造材料存在区别；知道技术产品包含的科学概念、原理；知道简单的设计问题存在限制条件，并有多种设计方案	（2）能开展初步的创意设计，并利用摄影、录像、文字、草图、实物等，表达自己的创意与构想，可获得1张积分卡 （3）在好奇心的驱使下，表现出对现象发生的过程及原因等方面的因果兴趣，并可以将所学知识迁移到新的情境中，愿意尝试更多的拓展探究，可获得1~2张积分卡	15%

附表13　　科学高段积分评价细则

评价维度	素养视角	行为视角	维度占比
认真倾听	（1）能够认真倾听他人观点，以事实为依据作出独立判断 （2）面对有说服力的证据，愿意调整自己的想法 （3）善于有依据地质疑别人的观点	能认真且完整地倾听他人的表达，并基于别人的表达表现出自己的认同或质疑，且有理有据的，可获得1张积分卡	10%
积极思考	（1）能利用所学知识描述现象的变化过程，并初步解释现象发生的原因，解决简单的科学问题 （2）能分析、解释简单模型所涉及的各个要素及结构，通过分析、比较、抽象、概括等方法，抓住简单事物的本质特征，展示对事物的系统、结构、关系、过程及循环的理解，能使用或建构模型，解释有关的科学现象和过程	在课堂和活动中，对现象发生的过程及原因等表现出因果兴趣，并进行分析、比较、综合、质疑等，形成自己的想法 以下情况满足一项即可获得相应数目的积分卡： （1）课堂上全程认真参与学习活动，能够基于他人的表达提出有建设性的意见，或有依据的质疑，根据具体情况获得1~2张积分卡	15%

续表1

评价维度	素养视角	行为视角	维度占比
积极思考	（3）能形成事物动态变化的图景，掌握比较的方法和分类的基本要求；善于用类比的方法认识事物的特征，理解归纳推理和演绎推理的基本方法并用于解决真实情境中的简单问题；抽象概括常见事物的本质特征，比较全面地分析问题的各种影响因素；分析科学实验中的变量控制，建立证据与假设或观点之间的联系	（2）能针对所学内容提出自己的问题，或者基于教师、其他同学的提问，从不同方面进行分析，有自己的思考，提出合理的假设或观点，有理有据，每堂课可获得1张积分卡 （3）能对实验现象进行分析，并得出合理结论；能分析实验存在的问题，或出现不同结果时的原因及影响因素，并有科学道理，每次可获得1张积分卡 （4）能用比较、分类、归纳、演绎推理等方法，对科学实验中的变量控制、实验结果等进行分析，并进行表达交流，每堂课可获得1张积分卡 （5）能分析、解释简单的模型或者用模型解释有关的科学现象和过程，每次可获得1张积分卡	15%
乐于表达	（1）乐于与他人就科学想法上的分歧进行沟通交流和辩论，基于证据反思和调整探究 （2）能针对具体的研究问题和交流情境，基于一定的证据，提出自己的假设或观点 （3）能基于所学的科学原理提出有一定新颖性和合理性的观点	以下情况满足一项即可获得1张积分卡： （1）课堂上积极举手发言，并能清楚地表达自己的观点 （2）回答问题或表达自己的疑问时有条理、有依据、简洁且具有科学性 （3）小组内讨论的时候愿意沟通交流，能够与他人就科学观点上的分歧进行沟通交流和辩论，基于证据反思和调整探究 （4）组间交流时能提出有建设性的意见，且乐于表达自己的观点	15%

续表2

评价维度	素养视角	行为视角	维度占比
分工合作	（1）领导与协调：能够在小组中担任领导角色，协调成员之间的工作和沟通 （2）批判性思维：在小组讨论中提出批判性见解，鼓励同伴考虑问题的多个方面 （3）独立工作：在分工的基础上，能够独立完成自己的任务，并为小组成果作出贡献 （4）策略规划：参与制订小组工作计划和策略，理解每个步骤的重要性和逻辑顺序 （5）反思与评估：活动结束后，能够对小组合作的过程和结果进行反思和评估，提出改进建议	以学习小组为单位，通过讨论、实验等学习过程，评估小组成员的分工合作情况，基于以下表现，小组成员可获得1~2张积分卡： （1）能够在小组中担任领导角色，组织和协调小组活动 （2）能够在小组讨论中提出批判性问题，促进深入思考 （3）能够独立完成分配的任务，并确保质量符合小组标准 （4）能够参与制订小组计划，并执行计划以达成目标 （5）能够在活动结束后对小组合作过程进行反思，并进行自我评估	15%
实验探究	（1）能基于所学知识，从事物的结构、功能、变化、相互关系等角度提出可探究的科学问题和研究假设，制订比较完整的探究计划，设计控制变量的实验方案 （2）能有依据地质疑别人的观点，乐于尝试运用多种材料、多种思路、多种方法完成探究和实践 （3）初步具有获取信息并用科学的方法描述信息、处理信息、得出结论的能力，具有初步的构思、设计、实施和检验的能力，具有初步的制订学习计划、监控学习过程和总结反思的能力	基于学生在实验探究时的表现和不同教学场景实际，学生满足以下条件中的任意一项即可获得1张积分卡，具体情况由教师视具体场景确定： （1）能够观察自然现象或实验结果，并从中提出具有科学探究价值的问题，并基于问题设计一个包含目的、方法、材料、步骤的探究计划 （2）在设计实验时，能够识别并控制实验中的变量，确保实验的有效性	25%

续表3

评价维度	素养视角	行为视角	维度占比
实验探究	（4）能运用观察、实验、查阅资料、实地调查、案例分析等方式获取信息，用科学语言、概念图、统计图表等记录整理信息，表述探究结果，并运用分析、比较、推理、概括等方法得出科学探究的结论，判断结论与假设是否一致 （5）初步具有获取信息、运用科学方法描述和处理信息并得出结论的能力	（3）能够通过观察、实验、查阅资料等多种方式获取信息，并用科学的方法进行记录和分析 （4）能够使用科学语言、概念图、统计图表等工具来表述探究结果，并与同伴进行有效交流 （5）能够根据实验数据得出结论，并与最初的假设进行比较，判断其一致性；能够对探究过程进行反思，识别其中的强项和弱点，并提出改进措施 （6）能够撰写小论文或调查报告，详细记录探究过程、结果和反思 （7）能够根据反馈和评价结果，对探究方案进行修改和迭代，以求得更好的探究效果 （8）在探究过程中展现出好奇心、坚持和尊重事实的科学态度	25%
创新实践	（1）乐于尝试运用多种思路和方法完成探究和实践，初步具有创新的兴趣 （2）具有基于事物的结构、功能等展开想象的能力，能运用重组思维、发散思维、突破定势等创造性思维的基本方法，基于科学原理提出有一定新颖性和合理性的观点；能进行初步的创意设计，并利用影像、文字或实物表达自己的创意	基于学生表现，满足以下任一项即可获得1张积分卡： （1）在面对科学问题时，能够从不同的角度出发，提出多种可能的解释和解决方案，能够运用重组思维和发散思维，将不同的想法和概念结合起来，形成新的观点 （2）表现出对科学探究的好奇心和兴趣，乐于尝试新的实验方法和创意设计 （3）能够基于科学原理，设计并制作出具有创新性的模型或装置	20%

续表4

评价维度	素养视角	行为视角	维度占比
创新实践	（3）能运用创造性思维的基本方法，基于所学的科学原理，提出有一定新颖性和合理性的观点；能开展初步的创意设计，并利用摄影、录像、文字、草图、实物等，表达自己的创意与构想 （4）在好奇心的驱使下，表现出对现象发生的过程及原因等方面的因果兴趣，并可以将所学知识迁移到新的情境中，愿意尝试更多的拓展探究	（4）在完成基本的科学探究后，愿意进行更深入的研究，探索更多的相关问题，将所学的科学原理应用于新的情境，解决实际问题 （5）能够通过绘画、写作、制作视频或实物展示等多种方式来表达自己的创意和设计 （6）能够在同学和老师面前展示自己的创意设计，并且能够倾听他人的意见，进行有效的交流 （7）在创新实践中能够进行自我反思，识别设计的不足，并基于反馈进行改进	20%

附表14　　音乐低段积分评价细则

评价维度	素养视角	行为视角	维度占比
审美感知	（1）能用正确的姿势、自然的声音，有感情地独唱或齐唱，能在演唱中以适当的动作进行表演 （2）会演奏简单的音乐片段或其他节奏型，能进行独奏、合奏或为演唱和游戏伴奏 （3）能按要求随音乐进行动作模仿、音乐游戏、角色扮演、舞蹈表演等，用身体律动表现音乐的基本要素	以下项目中满足一项即可获得相应的积分卡： （1）能感受音乐的速度（例如快、慢等）可获得1张积分卡 （2）聆听音乐并对音乐做出反馈（如拍手、摇头）；对二拍子、三拍子做出体态反应，可获得2张积分卡 （3）聆听音乐，并能说出自己聆听之后的心情，可获得1张积分卡	20%

续表1

评价维度	素养视角	行为视角	维度占比
审美感知	（4）能跟随琴声模唱简单旋律，认识常用的音乐记号，能用线条、色块、图形等表示所听到的音乐 （5）能遵守游戏规则，初步建立合作意识 （6）在唱游活动中能根据教师或指挥提示，做出正确的反应	（4）在聆听歌曲时，保持安静和专注的状态，可获得1张积分卡	20%
艺术表现	（1）能根据音乐的情绪自然流露出相应的表情或做出体态反应，说出音乐情绪的相同与不同，简要描述音乐表现的形象与内容 （2）能听辨常见打击乐器的音色以及歌唱中的童声、女声和男声音色，判断音乐的高低、快慢、强弱、长短、音色变化，并做出相应的体态反应或进行简单描述 （3）能跟随音乐的节拍拍手或走步，并对二拍子、三拍子音乐做出相应的体态反应 （4）能区分独唱（奏）、齐唱（奏）、轮唱、合奏等，能随进行曲、舞曲、摇篮曲等音乐进行律动、舞蹈 （5）能运用所学知识和积累的听觉经验区分相同或不同风格的音乐，并借助律动、舞蹈、色彩或线条等予以表示	以下项目中满足一项即可获得1张积分卡： （1）能用正确的姿势、自然的声音演唱歌曲（有感情地独唱或齐唱） （2）能跟随琴声模唱简单旋律 （3）认识常用的音乐记号，如强弱、反复等 （4）根据教师钢琴伴奏的强弱，做出正确反应 （5）聆听音乐，并能分辨音乐的高低、强弱、快慢、长短	30%

续表2

评价维度	素养视角	行为视角	维度占比
创意实践	（1）能根据要求观察舞蹈、戏剧等艺术表现形式的特征，并运用自己的表情、肢体动作进行模仿或表演 （2）能根据音乐特点进行动作创编或即兴表演，与同伴一起体验表现造型、扮演角色的乐趣，表达自己的情绪和情感 （3）能选择合适的表现形式，根据一定的情境、主题或表演要求进行创编和表演；能编创简单节奏或旋律，配合表演	以下项目中满足一项即可获得1张积分卡： （1）遵守游戏规则并做到有序参与 （2）积极参与表演、展示、制作等艺术活动 （3）根据歌曲情景选择合适的乐器进行创意表演	30%
文化理解	（1）能举例说明生活和自然界中声音的特点，能运用人声、乐器、动作或其他合适的方式进行模仿、表现和创造 （2）能按一定节奏朗读儿歌、童谣和诗词，初步了解音乐节奏、音调与语言节奏、声调的关系 （3）能通过广播、影视、网络等多种媒介听赏音乐，养成在生活中聆听音乐的习惯；乐于参加家庭或社区的音乐活动	以下项目中满足一项即可获得1张积分卡： （1）能够对各民族的代表性音乐、歌舞、节日等有一定的了解 （2）能简单表达自己喜欢的民族或民族音乐	20%

附表15　　音乐中段积分评价细则

评价维度	素养视角	行为视角	维度占比
审美感知	（1）能听辨音乐中的情绪和情感变化，并判断是哪些音乐要素引起音乐情绪、情感的变化	以下项目中满足一项即可获得1张积分卡：	20%

续表1

评价维度	素养视角	行为视角	维度占比
审美感知	（2）能听辨歌唱中的女高音、女低音、男高音、男低音的音色；听辨常见中国民族乐器与西洋乐器的音色，知道乐器名称 （3）在感知音乐的过程中能初步辨别节拍的不同，能对常见节拍音乐做出相应的体态反应 （4）能听辨音乐力度、速度的变化，感知、辨别常见旋律的进行方式，认识不同的节奏型，并用动作、图示等做出恰当的反应；能用语言简单描述这些要素的特点 （5）能听出音乐的主题，随音乐哼唱或默唱，区分乐句和乐段，了解二段体、三段体、回旋曲式等音乐结构，并能用语言、动作、图示或乐谱等加以表示 （6）能区分独唱、齐唱、轮唱、合唱等基本演唱形式；能分辨小型音乐的体裁与形式，简单描述它们的特点；初步了解不同体裁与形式、不同风格的音乐与生活的关系，能根据情感表达和生活需要选用合适的音乐	（1）能感受并描述音乐的速度，如快、慢 （2）聆听音乐并对音乐做出反馈，如拍手、摇头；对二拍子、三拍子、四拍子音乐做出相应的体态反应 （3）聆听音乐，对音乐情绪的变化能够进行基本的感知和描述，并能进行表现 （4）聆听音乐，并能分辨出音乐的高低、强弱、快慢、长短、旋律起伏 （5）聆听音乐，能够用适当的旋律线表示 （6）在聆听歌曲时，保持安静和专注的状态 （7）能够听辨常见中国民族乐器和西洋乐器的音色	20%
艺术表现	（1）乐于参与各种演唱活动，能用正确的姿势和方法、自然的声音，自信、有感情地独唱或与同伴合作进行齐唱、轮唱、固定音型伴唱，以及其他形式较为简单的合唱	以下项目中满足一项即可获得1张积分卡： （1）能用正确的声音状态、自然的方式演唱歌曲，同时呼吸自然，有气息支持 （2）能按照拍号对应的强弱规律演唱歌曲，节奏、音准基本准确	30%

续表2

评价维度	素养视角	行为视角	维度占比
艺术表现	（2）认识常用的拍号、表情记号和力度、速度记号，知道它们的名称和用途；演唱时能根据音乐术语或记号，适切地表达歌曲的情感，并对指挥动作做出恰当反应 （3）能正确识读或拍击简单节奏谱（含多声部节奏），跟随音乐模唱或用唱名视唱简单旋律 （4）每学年背唱歌曲4~6首，包括中国民歌或戏曲（戏歌）片段；演奏简单乐曲1~2首 （5）能参与各种形式的演奏活动，享受演奏的乐趣	（3）能基本表现出来歌曲中的装饰音和音乐记号等音乐要素 （4）能跟随琴声校准模唱旋律 （5）器乐演奏姿势和手势基本正确（按孔手势、指法、口型、吐音口腔动作），呼吸方法科学 （6）能够基本准确地掌握英式高音竖笛的演奏方法 （7）能够准确掌握从中音5到高音2的指法	30%
创意实践	（1）能用打击乐器或其他课堂乐器进行独奏、简单的合奏或为歌（乐）曲伴奏 （2）正确表现音乐的节拍、节奏和音高；能根据音乐的情绪和特点采用合适的力度、速度表演 （3）能运用乐器编创并演奏简单节奏和旋律 （4）能评价自己和他人的演奏，交流心得体会，根据他人建议改进自己的演奏	以下项目中满足一项即可获得1张积分卡： （1）遵守游戏规则并做到有序参与 （2）积极参与表演、展示、制作等艺术活动 （3）根据歌曲情景选择合适的乐器进行创意表演 （4）能够对自己或他人的表演进行简单的评价	30%
文化理解	（1）能背唱中国民歌或戏曲（戏歌）片段 （2）了解部分民族音乐的特点并交流 （3）能听辨部分民族音乐	以下项目中满足一项即可获得1张积分卡： （1）对各民族的代表性音乐、歌舞、节日等有一定的了解 （2）初步了解中国音乐文化和世界多元音乐文化，能与他人分享、交流自己的发现和感受	20%

附表16　　音乐高段积分评价细则

评价维度	素养视角	行为视角	维度占比
审美感知	（1）能听辨音乐中的情绪和情感变化，并能从音乐要素分析变化的原因 （2）能听辨歌唱中的音色，以及更多常见中外乐器的音色，知道乐器名称 （3）能辨别音乐节拍的不同，对常见节拍以及变化拍子能做出相应的反应 （4）能感知、辨别其他常见的音乐表现要素，用动作、图示等做出恰当的反应；描述要素的特点和表现作用 （5）能感知民族五声调式和大调式、小调式的音乐特点；能听辨常见音乐结构，并选用合适的方式表示出来 （6）能分辨所听乐曲的音乐体裁、形式，简单描述其音乐特征和风格特点 （7）能听辨中国民歌、民族器乐曲和戏曲并模唱，能区分我国有代表性的地区和民族音乐的风格 （8）初步了解音乐在综合艺术中的作用，能说出它们在表现形式上的区别和联系 （9）在聆听、体验音乐中保持良好的注意力，能按规则和要求完成各种欣赏任务	以下项目中满足一项即可获得1张积分卡： （1）能听辨音乐中的情绪和情感变化，能从音乐的强弱、速度、音色的变化中，分析音乐情感产生变化的原因 （2）能够听辨更多常见中国民族乐器和西洋乐器的音色并能说出乐器名称，如单簧管、双簧管、圆号、竹笛、扬琴等 （3）能辨别节拍的不同，如四二拍、四三拍、八三拍、八六拍 （4）能够感知大调、小调的音乐特点 （5）能听辨音乐主题，感知音乐主题及乐句、乐段的重复与变化	20%

续表1

评价维度	素养视角	行为视角	维度占比
艺术表现	（1）乐于参与不同形式的演唱活动，能用正确的姿势和方法、自然的声音、准确的节奏和音调，自信、有感情地独唱或与同伴合作进行齐唱、轮唱及简单的合唱 （2）养成良好的歌唱习惯，懂得嗓音保护的方法 （3）熟悉常用的音乐记号，在演唱中能正确地加以表现或根据指挥提示调整自己的演唱 （4）能用声势、语言、动作等模仿或表现包含简单和稍复杂节奏型的节奏谱（含多声部节奏） （5）能跟随琴声或录音视唱简单乐谱 （6）能对自己或他人的演唱作出简单评价 （7）每学年背唱歌曲4~6首，包括中国民歌或戏曲（戏歌）片段；乐于参与各种形式的演奏活动，能演奏稍具复杂性的乐曲1~2首，用正确的姿势和方法视谱演奏，有良好的演奏习惯	以下项目中满足一项即可获得1张积分卡： （1）乐于参与不同形式的演唱活动，能用正确的姿势和方法、自然的声音、准确的节奏和音调，自信、有感情地独唱或与同伴合作进行齐唱、轮唱及简单的合唱 （2）养成良好的歌唱习惯，懂得嗓音保护的方法 （3）熟悉常用的音乐记号，在演唱中能正确地加以表现或根据指挥提示调整自己的演唱 （4）能用声势、语言、动作等模仿或表现包含简单和稍复杂节奏型的节奏谱（含多声部节奏） （5）能跟随琴声或录音视唱简单乐谱 （6）能对自己或他人的演唱作出简单评价	30%
创意实践	（1）能根据歌曲特点与风格，在歌曲表现中体现自己的想法 （2）掌握所学乐器的基本演奏技巧，不断提高演奏能力	以下项目中满足一项即可获得1张积分卡： （1）遵守游戏规则并做到有序参与 （2）积极参与表演、展示、制作等艺术活动	30%

续表2

评价维度	素养视角	行为视角	维度占比
创意实践	（3）在演绎中能表现不同的音色，正确表现音乐的节拍、节奏和音高，体现乐句和乐段；能根据需要改变速度、力度和音色，增强演奏的表现力 （4）能根据要求即兴或有计划地用乐器编创和表现短小节奏与旋律 （5）能根据既定标准评价自己及他人的演奏，并根据评价反馈调整自己的演奏	（3）能根据歌曲情景选择合适的乐器进行创意表演 （4）能按要求独立或与他人合作编创、表现有重复和变化的节奏或旋律 （5）能对自己编创的作品作出说明，能根据自己的感受和理解评价他人的编创与表演，并根据他人的作品进行修改完善 （6）能用正确的方式演绎作品	30%
文化理解	（1）初步了解世界部分国家的民族民间音乐，感受不同的音乐风格，作出恰当的判断或反应 （2）能正确表达自己的情感，理解音乐作品的编创和音乐情绪 （3）能根据自己的感受和理解评价他人的编创与表演，并根据他人的评价和建议对作品进行修改、完善	以下项目中满足一项即可获得1张积分卡： （1）能够对各民族的代表性音乐、歌舞、节日等有一定的了解 （2）了解中国音乐文化和世界多元音乐文化，能与他人分享、交流自己的发现和感受 （3）了解（前置作业或拓展延伸）不同地区、民族和国家的历史与文化传统，并能与同学分享	20%

附表17　　体育低段积分评价细则

评价维度	素养视角	行为视角	维度占比
运动技能	（1）了解正确的身体姿势，有正确的坐、立、行和读写姿势等	在运动技能的学习过程中能保持良好的身体姿态，乐于参与基本运动技能的学练和游戏，满足一项即可获得相应数量的积分卡	30%

续表1

评价维度	素养视角	行为视角	维度占比
运动技能	（2）体验移动性技能、非移动性技能和操控性技能的具体内容和练习方法 （3）在运动过程中体验方向、水平、路径、节奏、力量和位移速度的变化，感受与他人或物体的相对关系，知道相关运动术语 （4）能感受时空变化，在个人和集体练习中根据指定节拍感受时间变化，在不同活动场景中学会区分自我空间和公共空间	（1）练习队列队形时身体姿态端正，教师根据学生的回答或展示情况给学生发放1张积分卡 例如，在练习三面转法行走时抬头挺胸、步伐轻盈，口令、口号干脆响亮 （2）在体育教师教授完运动技能后，能单独做出相应的技术动作，教师根据学生的展示情况给学生发放1张积分卡 例如，在50米跑练习中能够正确地进行摆臂，在跳绳练习中能做到轻盈落地等 （3）在课堂上或课后认真练习运动技能，并在进行技能展示时，动作的熟练度、完整性较上一次展示等级有所提高，教师根据学生的进步程度给学生发放1~2张积分卡 （4）学生能逻辑清晰地口头描述出运动技术的重难点、基本运动技能的内容，能说出表示方向变化、速度快慢、力量大小等的运动术语，教师可根据学生语言描述的准确、流畅程度给学生发放1张积分卡 例如，能够清晰地表述跳绳的握绳、起跳、落地动作技术的注意事项；能够清晰地表述50米跑的摆臂、蹬地动作技术要求等	30%

续表2

评价维度	素养视角	行为视角	维度占比
健康行为	（1）适量饮水，知道瓜果蔬菜的种类，了解偏食、挑食、暴饮暴食的危害，懂得基本的餐桌礼仪 （2）保持个人卫生，遵守公共场所礼仪规范，按时接种疫苗 （3）参与户外运动或游戏；知道基本的运动安全知识和方法；保持坐姿端正，行走时身姿挺拔，关注自己的体重 （4）知道保护视力的常用方法，树立爱眼意识，预防眼外伤；知道视力异常的症状和正确配戴眼镜的方法 （5）知道人体主要器官的作用，懂得积极情绪有益健康，能识别、表达情绪，能与他人沟通交流 （6）知道受伤的简单处理方法，了解预防溺水的知识和自救方法，遇到意外伤病时会拨打急救电话	以下项目中满足一项即可获得相应数量的积分卡： （1）能够选择适宜的运动着装，养成良好的生活卫生习惯，教师根据学生的完成情况给学生发放1张积分卡 例如，勤换衣、勤洗手、勤刷牙、勤洗澡，适量饮水，文明如厕 （2）注意公共场所文明礼仪，正确佩戴口罩，知道如何防范流行性疾病，教师根据学生的实际情况给学生发放1张积分卡 例如，公共场合不大声喧哗，打喷嚏捂住口鼻，打餐佩戴口罩 （3）做到正确的身体姿态，教师根据学生的实际情况给学生发放1张积分卡 例如，站姿、坐姿正确，眼保健操姿势标准 （4）知道人体器官的名字和功能，知道控制情绪的一些办法，教师根据学生的掌握情况给学生发放1张积分卡 （5）遇到紧急情况知道拨打急救电话寻求帮助，了解紧急处理的简单方法，教师根据学生的实际情况给学生发放1张积分卡 （6）能够按时作息，教师根据学生的实际情况给学生发放1张积分卡 例如，每天晚上不晚于21：30睡觉，早上不晚于7：30起床	15%

续表3

评价维度	素养视角	行为视角	维度占比
学习态度	（1）积极参与体育活动，对待体育活动总是充满热情；乐于参加各类体育比赛和活动，敢于展示自己的才能和技能 （2）主动学习体育知识，课堂中认真听课，仔细观看教师的示范动作，认真完成教师布置的练习任务，课后认真完成教师布置的练习作业 （3）通过不断的练习，逐渐提高动作的准确性和熟练度，为后续更复杂的体育技能打下坚实的基础 （4）做好充分的课前准备，提前清空桌面、调整衣物、准备好课上需要用到的体育器材，并在座位上静息候课；教师到班后，引导站队时做到快、静、齐 （5）对自己未能掌握的运动技能，课后主动寻求教师或同学的帮助，课余时间积极练习	以下项目中满足一项即可获得相应数量的积分卡： （1）体育课前能够充分最好课前准备，教师可根据学生的表现给学生发放1张积分卡 例如，能提前清空桌面，将凳子推至桌子下方，提前准备好体育课需要用到的器材 （2）积极回答课堂问题2次以上者，教师可根据实际情况给学生发放1张积分卡 （3）认真倾听且受到3次表扬者，教师可根据实际情况给学生发放1张积分卡 （4）积极进行课堂练习且受到老师和同学肯定的，可获得1张积分卡 （5）认真完成课后练习，积极报名参加校级（2次）及以上（1次）体育赛事者，可获得1张积分卡	25%
体育品质	（1）能够在体育学习及分组练习中帮助同学；能够在遇到不懂的问题时主动寻求老师或同学的帮助 （2）在室外进行体育运动时养成观察周围环境的习惯，规避外部存在的潜在安全风险 （3）在进行体育游戏时，能够理解游戏的方式方法与规则，在规则允许的范围内进行游戏	以下项目中满足一项即可获得相应数量的积分卡： （1）小组活动中，与同学互帮互助，互相纠正动作，提高运动技能，可获得1张积分卡 例如，在篮球分组练习中，看到其他同学的投篮姿势不对，主动上前纠正，帮助其提高投篮命中率 （2）在体育活动时注意安全，遵循安全注意事项、能保护自己和同学，可获得1张积分卡	20%

续表4

评价维度	素养视角	行为视角	维度占比
体育品质	（4）在体育学习过程中遇到困难和挫折时，对自己进行疏导，坚持不懈、克服困难 （5）尊重比赛规则，遵守裁判的判罚，尊重对手，展现出良好的体育道德风尚	例如，在跑步时，注意到前方有同学突然停下，及时变道避免碰撞 （3）在游戏过程中遵守游戏规则，可获得1张积分卡 例如，在游戏比赛中，发现对方队员违规，立即举手向裁判报告，维护比赛的公平性 （4）在体育活动中坚持不懈，不轻言放弃，可获得2张积分卡 例如，在跳远训练中，虽然始终跳不过及格线，但毫不气馁，坚持练习，最终成功达到及格标准 （5）在体育课堂上教师布置体能练习时，能根据自身的情况进行练习，可获得1张积分卡	20%
体育测评	（1）了解并运用体能发展的基础知识和多种练习方法，掌握科学的体能测评方法并能对标进行自我提升 （2）能按照规则参与所学项目的比赛，做到关注同伴、尊重对手、履行自己的职责；比赛中发生碰撞、摔倒时能在评估自己的实时状态许可的情况下坚持不懈 （3）能正确运用比赛规则参与裁判工作，在观看体育比赛时能基于规则和标准进行简要评价	以下项目中满足一项即可获得相应数量的积分卡： （1）能在竞赛性活动中运用所学运动技能，并能够说出相关的专业术语，教师可根据学生展示或回答情况给学生发放1张积分卡 （2）能说出所学技能项目的安全知识，并注意防范运动中的安全隐患，教师可根据学生回答情况给学生发放1张积分卡 （3）每周运用所学运动技能进行4次（每次0.5小时以上）课外体育锻炼，教师可根据学生的实际参与情况给学生发放1张积分卡	10%

续表5

评价维度	素养视角	行为视角	维度占比
体育测评	（4）能在体育锻炼中定期进行自测，根据结果合理调整锻炼目标，提高锻炼效果	（4）根据《国家学生体质健康标准》，达到“优秀”的获得3张积分卡，达到“良好”的获得2张积分卡，达到“及格”的获得1张积分卡	10%

附表18　　体育中段积分评价细则

评价维度	素养视角	行为视角	维度占比
运动技能	（1）知道身体成分以及身体成分改善方法的基础知识 （2）练习并知道发展心肺耐力、肌肉力量、肌肉耐力、柔韧性、反应能力、位移速度、协调性、灵敏性、爆发力和平衡能力的多种方法 （3）对体能练习、游戏和比赛有着浓厚的运动兴趣	以下项目中满足一项即可获得相应数量的积分卡： （1）口述出身体成分的主要组成部分以及通过体育活动、膳食健康等方式改善身体成分的方法，教师根据学生的回答或展示情况给学生发放1张积分卡 （2）参与体能练习、游戏和比赛时，能说出相关的体能术语和游戏名称，教师根据学生的回答或展示情况给学生发放1张积分卡 （3）在随堂体能测试中成绩达到良好及以上的，教师根据学生的回答或展示情况给学生发放2张积分卡 例如，50米测试中充分摆臂、蹬地有力，动作流畅舒展	30%
健康行为	（1）了解健康食品和饮料的种类及成分，知道碳酸饮料对身体健康可能造成的危害 （2）了解吸烟、被动吸烟的危害，主动拒绝吸烟并抵制二手烟，发现周围有人在禁止吸烟的公共场所吸烟时能进行劝阻	以下项目中满足一项即可获得相应数量的积分卡： （1）在体育与健康知识的学习过程中，能够识别并且避免食用“三无产品”，同时能够准确地描述“三无产品”的危害，教	15%

续表1

评价维度	素养视角	行为视角	维度占比
健康行为	（3）了解体育锻炼、充足睡眠、合理膳食对生长发育和身心健康的益处，清楚自身的身体状况，积极参加适合的体育锻炼，选择合理的运动负荷 （4）了解近视的成因和科学矫正视力的方法，知道户外运动对预防近视的作用 （5）了解生长突增、第一性征、第二性征的概念和意义，熟知青春期身体的各种变化，知道运动和日常交往中的身体边界，学会保护自己的身体不受侵犯 （6）了解体育与健康课上和课外体育活动中常见的运动伤病及简单处理方法	师根据学生的回答或展示情况给学生发放1张积分卡 （2）在体育与健康知识的学习过程中，能够列举吸烟的危害，并说明二手烟的危害，以及为何要抵制二手烟、怎样抵制二手烟，教师根据学生的回答或展示情况给学生发放1张积分卡 （3）在体育与健康知识的学习过程中，能识别近视症状，并能提出科学的方法预防近视、矫正视力，教师根据学生的回答或展示情况给学生发放1张积分卡 例如，学生能表述出近视的症状，会区分近视镜片 （4）在体育与健康知识的学习过程中，能描述出身体变化并提出保健方法，能说出促进人体生长发育的主要因素，教师根据学生的回答或展示情况给学生发放1张积分卡 （5）在体育与健康知识的学习过程中，能够清楚地描述处理割伤、刺伤、擦伤、挫伤、扭伤、冻伤和中暑的方法，并会简单处理，教师根据学生的回答或处理情况给学生发放2张积分卡	15%
学习态度	（1）在体育课堂上能够乐于学习各种运动知识和技能，能够学会并掌握体育健康与安全的知识和技能	以下项目中满足一项即可获得相应的积分卡： （1）在体育老师下达练习口令后能够积极参与相关练习，一节课能够保持20分钟以上的专注学习，教师根据学生的专注情况给学生发放1张积分卡	25%

续表2

评价维度	素养视角	行为视角	维度占比
学习态度	（2）在体育课堂上能够认真学练，同时能主动开展课外体育锻炼，积极主动地参与各种体育类竞赛活动 （3）主动同他人交流与合作，遇到不懂的问题能够主动请教老师和同学，以此来弥补体育学习中的不足	例如，在教师发出立正口令后，能迅速做出立正姿势 （2）在体育老师提问或请同学进行运动技能展示时，当堂课被点到2次及以上，教师根据学生的回答或展示情况给学生发放1张积分卡 例如，能说出立定跳远预摆（上摆、下摆）、起跳、腾空、收腹、落地的5个动作要点 （3）积极报名参与校级及以上运动比赛，每次报名成功后教师根据报名情况给学生发放1张积分卡	25%
体育品质	（1）能理解参与体育学练、体育展示或体育比赛对个人品德塑造的重要性 （2）在遇到困难或挑战自身身体极限时，在保证安全的情况下能克服困难、坚持到底，与同伴一起顽强拼搏 （3）遵守体育游戏、体育展示或体育比赛的规则，相互尊重，诚实守信，具有公平竞争的意识和行为，同时充满自信，乐于助人，表现出良好的礼仪，承担不同角色并认真履行职责	以下项目中满足一项即可获得相应数量的积分卡： （1）在体育运动或游戏过程中，同学受伤或出现负面情绪时，主动对同学进行疏导并告知老师，教师根据情况给学生发放1张积分卡 （2）在体育课堂上布置体能练习时，每次练习主动加练老师布置任务的20%以上，教师根据学生突破自身极限的情况给学生发放2~3张积分卡 （3）体育竞赛过程中，在未能达到预期目标的情况下不气馁，主动和老师沟通并制订下次竞赛的目标，教师根据实际情况给学生发放2张积分卡	20%

续表3

评价维度	素养视角	行为视角	维度占比
体育品质	（4）正确对待成败，能将体育运动中养成的良好品德迁移到日常学习和生活中	（4）在跨学科学习过程中遵守规则，课堂上有着较高专注力，被其他学科老师表扬到“身体姿态”“遵守规则”“团结同学”“积极竞争”等相关词汇时，学生主动找体育老师沟通，教师根据学生被表扬的频率给学生发放1张积分卡	20%
体育测评	（1）能运用体能发展的基础知识和多种练习方法，掌握科学的体能测评方法并能对标进行自我提升 （2）在运动学练和比赛中做到情绪饱满 （3）能正确运用比赛规则参与裁判工作，在观看体育比赛时能基于规则和标准进行简要评价 （4）能在体育锻炼中定期对自己进行自测，根据结果合理调整锻炼目标，提高锻炼效果	以下项目中满足一项即可获得相应数量的积分卡： （1）能在竞赛性活动中运用所学运动技能，并能够说出相关的专业术语，教师根据学生的回答或展示情况给学生发放1张积分卡 （2）能说出所学技能项目的安全知识，并注意防范运动中的安全隐患，教师根据学生的回答或展示情况给学生发放1张积分卡 （3）每周运用所学运动技能进行4次（每次0.5小时以上）课外体育锻炼，教师根据实际情况给学生发放1张积分卡 （4）能说出饮食卫生和食品安全知识，注意合理安全饮食；能说出睡眠的作用，养成健康睡眠的习惯，教师根据学生的回答或展示情况给学生发放1张积分卡 （5）根据《国家学生体质健康标准》，达到“优秀”的获得3张积分卡，达到“良好”的获得2张积分卡，达到“及格”的获得1张积分卡	10%

附表19　　体育高段积分评价细则

评价维度	素养视角	行为视角	维度占比
运动技能	（1）了解体能发展的基础知识和多种练习方法，能主动用上这些知识和方法进行体能和技能训练，知道科学的体能评测方法 （2）了解关于身体成分的基础知识和改善身体成分的多种练习方法，能运用这些知识和方法提高自己的体能和技能水平 （3）了解并能主动运用发展心肺耐力的基础知识和多种练习方法 （4）了解并能运用发展肌肉力量、耐力、柔韧性以及反应能力的基础知识和多种练习方法 （5）了解并能运用发展协调性、灵敏性、爆发力和平衡能力的基础知识和多种练习方法	以下项目中满足一项即可获得相应数量的积分卡： （1）能描述各种体能练习方法，教师根据学生的回答或展示情况给学生发放1张积分卡 （2）能在游戏和比赛中积极运用运动技术，教师根据学生的运动情况给学生发放1张积分卡 例如，篮球运球中急停急起，降低重心侧滑步防守 （3）各种体能水平有明显提高，教师根据学生的实际情况给学生发放1张积分卡 例如，400米跑的成绩比上周有明显进步 （4）能根据自身的身体条件和体能基础选择适宜的锻炼方式，教师根据学生的实际情况给学生发放1张积分卡 例如，体重超标的情况下知道选择强度较低的运动，循序渐进地进行锻炼	30%
健康行为	（1）理解一日三餐的营养要求与作用、合理膳食的意义，知道营养均衡和饮食多样化的益处，知道适当运动有利于食物的消化和营养的吸收 （2）理解饮酒对健康和生长发育的影响、了解毒品的常见种类和危害	以下项目中满足一项即可获得相应数量的积分卡： （1）知道体育锻炼对健康生活的重要性，通过有规律的锻炼保持体重，促进生长发育，教师根据学生的实际情况给学生发放1张积分卡	15%

续表1

评价维度	素养视角	行为视角	维度占比
健康行为	（3）理解健康和常见疾病的概念、影响健康的因素及定期体检的必要性；理解正常体重、超重、肥胖和体重不足的概念，以及超重、肥胖与健康问题的关系；了解保持正常体重的方法 （4）理解视力不良对自身生活质量的影响 （5）知道青春期生理与心理的变化，具有预防运动过程中性骚扰的意识和行为 （6）掌握并运用一些情绪调控的方法，主动同他人交流与合作 （7）理解科学锻炼的注意事项，知道骨折和心肺复苏的处理原则与正确的处理方法，如固定骨折部位、搬运骨折患者的方法及心肺复苏的操作步骤	（2）知道饮食上要平衡多样，拒绝饮酒，远离毒品，教师根据学生的实际情况给学生发放1张积分卡 例如，在平常的生活中，不挑食、不厌食，不吃重油重盐食物 （3）能接受青春期生理和心理的各种变化，知道通过运动锻炼可以缓解疲劳和心情，教师根据学生的实际情况给学生发放1张积分卡 例如，了解青春期的生理变化，能够和异性保持正常的相处方式 （4）知道骨折和心肺复苏的处理原理与方法，根据周围环境和伤情轻重进行搬运处置，教师根据学生的回答或展示情况给学生发放1张积分卡 例如，会包扎伤口的简单方法，能主动帮助他人包扎 （5）通过户外运动缓解眼睛疲劳，预防近视，向家庭成员讲解定期体检的必要性，教师根据学生的回答或展示情况给学生发放1张积分卡 例如：掌握放松眼睛的方法，能主动避免电子产品的不正确使用	15%

续表2

评价维度	素养视角	行为视角	维度占比
学习态度	（1）理解体育课对个人成长的重要性和必要性 （2）理解遵守体育课堂常规的重要性 （3）在参与比赛时能尊重裁判、尊重对手、尊重老师、尊重队友 （4）在体育学习中能保持良好的专注力，能较好地开展体育活动	以下项目中满足一项即可获得相应数量的积分卡： （1）认为体育课是必不可少的学科，是非常重要的学科之一，教师可根据学生的回答情况给学生发放1张积分卡 （2）上课不迟到，不逃课，每学期出勤率不低于90%，教师可根据学生的实际情况给学生发放1张积分卡 （3）日常常规做到快、静、齐，教师可根据学生的表现给学生发放1张积分卡 （4）上课过程中学习态度端正，练习态度端正，小组协作时配合积极，教师可根据学生的表现给学生发放1张积分卡 （5）除了课上的时间，课后能自觉参与体育锻炼和练习，教师可根据学生的表现给学生发放1张积分卡	25%
体育品质	（1）在有挑战性的体育活动中能迎难而上，表现出自信和抗挫折能力 （2）遵守各种规范和规则，尊重裁判，尊重对手，表现出公平竞争的意识 （3）具有团队精神和集体意识能接受比赛结果	以下项目中满足一项即可获得相应数量的积分卡： （1）在参与体育活动和学练时，理解个人品德塑造的重要性，能说出体育活动培养了我们什么样的品质，教师可根据学生的回答和表现给学生发放1张积分卡 （2）参加体育活动时，在保证安全的情况下敢于挑战极限、克服困难、坚持到底，教师可根据学生的表现给学生发放1张积分卡	20%

续表3

评价维度	素养视角	行为视角	维度占比
体育品质		（3）小组合作时和同伴互相协作，一起顽强拼搏，教师可根据学生的表现给学生发放1张积分卡 （4）遵守体育活动、游戏、比赛的规则，相互尊重，诚实守信，教师根据学生的表现给学生发放1张积分卡 （5）乐于助人，承担不同角色时都能做到文明礼貌，教师根据学生的表现给学生发放1张积分卡 （6）能正确对待成败，学习上和日常生活上能迁移体育课上学习的良好品德，教师根据学生的表现给学生发放1张积分卡	20%
体育测评	（1）了解并运用体能发展的基础知识和多种练习方法，掌握科学的体能测评方法并能对标进行自我提升 （2）在运动学练和比赛中能做到情绪饱满，善于与同伴交流合作 （3）能按照规则参与所学项目的比赛，做到关注同伴、尊重对手、履行自己的职责；比赛中发生碰撞、摔倒时，能在评估自己的实时状态许可的情况下坚持不懈	以下项目中满足一项即可获得相应数量的积分卡： （1）掌握田径、球类、体操、传统体育类运动的基本动作技术和组合动作技术，并能在比赛中运用，教师根据学生的表现给学生发放1张积分卡 （2）期末专项技能测试达到等级（A~C），教师根据学生的表现给学生发放积分卡（A级3张、B级2张、C级1张） （3）能说出专项运动技能的基本规则，如羽毛球单打、双打的规则，教师根据学生的回答情况给学生发放1张积分卡	10%

续表4

评价维度	素养视角	行为视角	维度占比
体育测评	（4）能正确运用比赛规则参与裁判工作，在观看体育比赛时能基于规则和标准进行简要评价 （5）能在体育锻炼中定期对自己进行自测，根据结果合理调整锻炼目标，提高锻炼效果	（4）根据自身条件和体能基础选择适宜的锻炼方式，在体能活动中自尊自信、积极进取、勇敢顽强，教师根据学生的表现给学生发1张积分卡 （5）根据《国家学生体质健康标准》，达到“优秀”的获得3张积分卡，达到“良好”的获得2张积分卡，达到“及格”的获得1张积分卡	10%

附表20　　美术低段积分评价细则

评价维度	素养视角	具体标准	维度占比
审美感知	（1）观赏周边自然环境中的山水、树木、花草、动物等，感知其形状美、色彩美和肌理美，体会美存在于我们周围的环境之中 （2）识别学校或社区公共场所中常见的标识，从线条、形状、色彩的角度进行分析，了解其用途和所传递的信息 （3）观赏我国与世界各国表现儿童生活的美术作品，运用线条、形状、色彩、肌理等造型元素，以及对称、重复等形式原理，进行欣赏、评述，了解不同国家的儿童生活	以下项目中满足一项即可获得积分卡： （1）能从线条、形状、色彩、肌理等方面欣赏、评述周边环境中各种自然物与人造物，学会发现、感受、欣赏其中的美，可获得1~2张积分卡 （2）能识别至少5种生活中常见的标识，知道其用途和所传递的信息，并能用自己的语言与同学分享、交流；识别至少5种生活中常见的标识可获得1张积分卡，在识别的基础上，知道其用途和所传递的信息可获得2张积分卡，在此基础上还乐于用自己的语言与同学分享、交流的可获得3张积分卡	24%

续表1

评价维度	素养视角	具体标准	维度占比
审美感知	（4）根据周边环境中各种自然物与人造物，运用线条、形状、色彩、肌理等造型元素，以及对称、重复等形式原理，欣赏和评述其中的美 （5）能与同学分享、交流对身边的美的体会，初步形成发现、感知、欣赏美的意识	（3）其他因感知事物审美突出而获得的奖励，视具体情况给学生1~2张积分卡奖励	24%
艺术表现	（1）能用毛笔等工具在宣纸上进行水墨游戏活动，体验笔墨趣味 （2）能利用图形的对称，在各种材质的纸上进行表现，体会对称的形式原理 （3）能通过剪贴、刻画，用拓印、压印等方法制作版画 （4）能根据自己的观察与感受，尝试用纸、泥等材料，通过折、叠、揉、搓、压等方法，塑造立体造型作品 （5）能选择自己喜欢的玩具或制作的泥塑，尝试用数码相机、摄像设备拍摄，制作定格动画作品 （6）对美术创作具有好奇心和想象力，能使用不同的工具、材料和媒介，创作不同形式的美术作品，表达自己的感受 （7）能分享与交流自己的作品，理解同学的作品，尊重他人的看法 （8）能在教师的指导下养成安全使用不同工具、材料和媒介的习惯	以下项目中满足一项即可获得相应数量的积分卡： （1）能根据教师提出的主题或根据自己的所见所闻、所感所想，使用美术工具、材料和媒介创作作品，可获得1~2张积分卡 （2）创作作品（视作品质量进行积分卡的发放） 平面作品（1~3张积分卡）：①造型准确；②色彩丰富；③形象生动 立体作品（2~5张积分卡）：①造型准确；②材料运用丰富；③创意创新 动态作品（3~5张积分卡）：①情节完整；②创新创想	24%

续表2

评价维度	素养视角	具体标准	维度占比
艺术表现	（9）在活动结束时，能收拾、整理工具和材料，保持课桌和教室的整洁	（3）积极参与小组或班级组织的各种造型游戏活动，并结合各种活动进行创作，可获得1~2张积分卡	24%
创意实践	（1）能从形状、色彩、比例、材料和使用功能等方面欣赏日常生活用品 （2）能针对自己或他人的一件生活用品，根据外形和使用功能等，提出改进意见或进行装饰和美化 （3）能根据生活用品的外形和使用功能提出改进意见、进行装饰和美化，并与同学分享和交流 （4）知道我们的生活离不开设计，日常生活用品都是经过设计的	以下项目中满足一项即可获得相应数量的积分卡： （1）对1~2件生活用品的设计提出改进的想法，并能进行装饰和美化 提出改进创意想法，获得1张积分卡；在此基础上进行装饰美化，获得2张积分卡，可视作品质量进行叠加发放 （2）能运用撕、剪、编织等方法制作1~2件工艺品，如剪纸、小挂饰等 掌握1~2种制作方法，可获得2张积分卡，可视作品质量情况进行叠加发放 掌握3种及以上方法制作，获得3张积分卡，可视作品质量进行叠加发放	24%
文化理解	（1）在体验传统工艺和制作工艺品时，了解材料的特点，如粗糙、柔滑、坚硬等 （2）运用撕、剪、编织等方法制作工艺品，如剪纸、小挂饰等；知道中国传统工艺来自民间，是中华民族文化艺术的瑰宝 （3）能寻找身边的各种工具和材料，利用不同材料的特点，设计并制作工艺品	以下项目中满足一项即可获得相应数量的积分卡： （1）能够口头表述中国美术的种类，并说一说有哪些 说出1~2种中国美术种类，获得2张积分卡 说出3种中国美术种类，获得3张积分卡	24%

续表3

评价维度	素养视角	具体标准	维度占比
文化理解	（4）在制作工艺品时，能与他人交流自己的构想或制作过程，学会倾听别人的意见 （5）养成安全使用工具和材料的习惯	（2）在造型游戏活动中，能与同学交流合作，并尊重、理解他人的看法 造型游戏活动中与同伴交流合作，获得1张积分卡 在交流合作的基础上尊重理解他人，获得2张积分卡，视表达情况进行增减	24%
美术赛事	—	七小艺术家：50% 积极参与赛事并获得奖项（个人/团体） 校级奖状：获得1~5张积分卡，基数1张 区级奖状：获得6~10张积分卡，基数5张 市级奖状：获得11~15张积分卡，基数10张 省级奖状：获得16~20张积分卡，基数15张 国家级奖状：获得21~25张积分卡，基数20张	4%
		艺术小达人：50% 积极参与赛事，可获得1~2张积分卡，视难度而定	

附表21　　美术中段积分评价细则

评价维度	素养视角	具体标准	维度占比
审美感知	（1）乐于欣赏中外著名艺术家的美术作品，如绘画、雕塑、书法、篆刻、摄影、设计、建筑、媒体艺术等，了解不同美术门类的特点	以下项目中满足一项即可获得相应数量的积分卡：	24%

续表1

评价维度	素养视角	具体标准	维度占比
审美感知	（2）学会欣赏中国民间美术作品，如剪纸、皮影、年画、泥塑、刺绣、蜡染等，了解作品的材料、用途和特点 （3）学会用感悟、讨论、比较等方法，运用线条、形状、色彩、肌理等造型元素，以及对称、重复、对比、变化等形式原理，欣赏、评述中外美术作品 （4）知道中外著名艺术家及其作品，了解美术的不同门类；知道中国民间美术作品及其不同种类 （5）能运用美术语言及1~2种方法分析和评述中外美术作品，与同学分享和交流自己的体会	（1）知道至少4位中外著名美术家及其代表作；能运用感悟、讨论和比较的方法，描述、分析作品的主要内容和特点，获得1张积分卡 （2）知道3~4种美术门类，如绘画、雕塑、书法、篆刻、摄影、设计、建筑、媒体艺术等；能说出2~3种中国民间美术的类别，如剪纸、皮影、年画、泥塑、刺绣、蜡染等，获得2~5张积分卡 （3）能口头或书面表述对传统工艺师敬业、专注、精益求精的工匠精神的体会，获得3~5张积分卡	24%
艺术表达	（1）通过调和不同的颜色，认识原色、间色、复色、对比色和邻近色的特点 （2）观察室内或室外物体在空间中“近大远小”的变化规律，了解平行透视的知识 （3）根据自己对生活的感受与想法，使用不同的工具、材料和媒介，采用写实、夸张等手法进行表现 （4）在中国画学习中，尝试运用毛笔、宣纸等绘画工具和材料，体验笔法（中锋、侧锋）、墨法（焦、浓、重、淡、清）的特点	以下项目中满足一项即可获得相应数量的积分卡： （1）根据教师提出的主题或自己的所见所闻、所感所想，创作2~3件富有创意的平面、立体或动态的美术作品，如绘画、泥塑、摄影、定格动画等，运用造型的手段表达美，获得1~3张积分卡 （2）能用剪、刻、折、叠、卷曲、捏塑、插接等方法制作1~2件工艺品，如剪纸、编织、刺绣、印染、陶艺、风筝等，获得2~5张积分卡	24%

续表2

评价维度	素养视角	具体标准	维度占比
艺术表达	（5）在吹塑板、雪弗板、木板等材料上，通过剪贴、针刻、雕刻的手法，以及拓印、压印等方法，创作黑白或套色版画 （6）能根据自己的想象与构思，用纸、泥等材料，以及折、叠、捏、塑、组合等方法，塑造立体造型作品 （7）选择身边的物品或自己制作的泥塑作品，用数码相机、摄像设备拍摄，结合计算机动画软件制作定格动画作品 （8）能使用传统或现代的工具、材料和媒介，创作不同表现形式的美术作品，表达自己对生活的看法 （9）在创作美术作品时，能提出各种构想，并尝试运用各种表现形式和方法，创作富有创意的美术作品 （10）知道中国传统绘画技法是由我国历代画家不断探索、总结而成的	（3）能将美术与其他学科的知识、技能相结合，提出解决问题的思路和方案，获得3~5张积分卡	24%
创意实践	（1）观察学习与生活用品，了解实用与美观相结合的设计原则，从舒适、美观和便利的角度，发现其不足之处，用手绘草图等形式呈现自己的改进想法 （2）从实用、美观和环保的角度，为物品进行包装设计	以下项目中满足一项即可获得相应数量的积分卡： （1）能从舒适、美观、便利的角度发现日常生活用品存在的不足，并用手绘草图的形式提出改进建议，获得1~3张积分卡	24%

续表3

评价维度	素养视角	具体标准	维度占比
创意实践	（3）利用画笔或计算机，运用造型元素和形式原理，为班级或学校的活动设计标识、请柬、贺卡、图表、海报等 （4）能针对学习或生活用品设计中存在的不足之处，用手绘草图的形式提出改进建议 （5）能从实用、美观和环保的角度，为班级、学校的活动设计各种作品	（2）能为班级或学校的活动设计2~3件作品，如标识、请柬、贺卡、海报等，获得2~5张积分卡 （3）能运用不同学科的知识、技能和思维方式创作1~2件作品，如图画书、摄影、动画、微电影、戏剧小品等，获得3~5张积分卡	24%
文化理解	（1）在欣赏民间工艺品时，了解其特定的制作方法，体会工艺师敬业、专注和精益求精的工匠精神 （2）通过剪、刻、折、叠、卷曲、捏塑、插接等方法制作工艺品，如剪纸、编织、刺绣、印染、陶艺、风筝、民间玩具等，能运用传统的工艺方法制作工艺品	以下项目中满足一项即可获得相应数量的积分卡： （1）能口头或书面表述对设计改善、美化生活的作用和意义的认识，获得1~3张积分卡 （2）在参与综合探索活动中，能主动学习和探究；在交流、合作时，能尊重、理解他人的看法，获得2~5张积分卡 （3）能口头或书面表述对中国美术源远流长的历史和多样的艺术魅力的体会，获得3~5张积分卡	24%
美术赛事	—	七小艺术家：50% 积极参与赛事并获得奖项（个人/团体） 校级奖状：获得1~5张积分卡，基数1张 区级奖状：获得6~10张积分卡，基数5张 市级奖状：获得11~15张积分卡，基数10张	4%

续表4

评价维度	素养视角	具体标准	维度占比
美术赛事	—	省级奖状：获得16~20张积分卡，基数15张 国家级奖状：获得21~25张积分卡，基数20张	4%
		艺术小达人：50% 积极参与赛事，可获得1~2张积分卡，视难度而定	

附表22　　美术高段积分评价细则

评价维度	素养视角	具体标准	维度占比
审美感知	（1）会欣赏世界各国古代与现代艺术家的绘画、雕塑、书法、篆刻、摄影、设计、媒体艺术作品，学会运用感悟、讨论、分析、比较等方法欣赏、评述美术作品，感受世界美术的多样性 （2）通过欣赏剪纸、皮影、面具、泥塑、刺绣、蜡染等不同国家的民间美术作品，了解其所使用的材料、用途和特点 （3）运用形状、色彩、空间等造型元素，以及对称、节奏、比例、变化、统一等形式原理，欣赏、评述各国不同民族的建筑，领略各民族的智慧与深厚的文化底蕴 （4）能运用美术语言，以及感悟、讨论等方法，欣赏、评述外国美术作品	以下项目中满足一项即可获得相应数量的积分卡： （1）知道至少6位中外著名美术家及其代表作；能运用感悟、讨论和比较的方法，描述、分析作品的主要内容和特点，获得1~3张积分卡 （2）知道5~7种美术门类，如绘画、雕塑、书法、篆刻、摄影、设计、建筑、媒体艺术等；能说出5~7种中国民间美术的类别，如剪纸、皮影、年画、泥塑、刺绣、蜡染等，获得2~5张积分卡	24%

续表1

评价维度	素养视角	具体标准	维度占比
审美感知	（5）知道几位世界上不同历史时期的著名艺术家及其代表作；知道民间美术作品和建筑是由各国劳动者创造的，并能与同学分享、交流	（3）能口头或书面表述对世界美术多样性和差异性的认识和感受，获得3~5张积分卡	24%
艺术表达	（1）学习冷色调、暖色调、互补色、对比色等方面的色彩知识，体验不同色彩所带来的不同感受 （2）分析圆形、S形、三角形等构图形式的美术作品，体会不同构图形式的美感 （3）从不同角度观察立方体物品，了解平行透视与成角透视的区别 （4）使用不同的工具、材料和媒介，采用写实、夸张、变形等手法，表现自己对生活的感受和认识 （5）学习中国画的白描或写意画法，创作花鸟画、山水画作品；在吹塑板、厚纸板、雪弗板、木板、陶泥板、石膏板、铝塑板等材料上创作黑白或套色版画 （6）根据自己的想象与构思，用纸、泥等多种材料，通过折、叠、捏、塑、组合等方式，塑造动物、人物等雕塑作品	以下项目中满足一项即可获得相应数量的积分卡： （1）根据教师提出的主题或自己的所见所闻、所感所想，创作5~7件富有创意的平面、立体或动态的美术作品，如绘画、泥塑、摄影、定格动画等，运用造型的手段表达美，获得1~3张积分卡 （2）对学校、社区等公共空间的环境进行调研并绘制作品，如手绘草图、制作模型等，或撰写200~300字的调研报告，获得2~5张积分卡 （3）将美术与其他学科的知识、技能相结合，提出解决问题的思路和方案，获得3~5张积分卡	24%
创意实践	（1）了解环境设计的定义、类别、要素和方法，领会人与自然和谐共生的设计原则	以下项目中满足一项即可获得相应数量的积分卡：	24%

续表2

评价维度	素养视角	具体标准	维度占比
创意实践	（2）运用环境设计的知识与原则，对班级、学校、社区公共空间等进行环境考察，撰写调研报告，提出自己的见解 （3）根据调研中发现的问题，提出改进建议，用手绘或计算机制作等方式绘制草图，利用废弃物品制作模型，进行展示与交流 （4）根据不同活动的需要设计海报、请柬、封面、书籍装帧或统计图表等 （5）根据考察结果，撰写简短的考察感受；根据班级、学校的环境特点和需求，绘制草图或制作模型；根据需要设计海报、请柬等	（1）为学校的不同活动设计2~3件作品，如海报、请柬、封面、书籍装帧、统计图表等，获得1~3张积分卡 （2）运用剪、刻、折、叠、编、卷曲、捏塑、磨制等方法，制作2~3件工艺品，如剪纸、编织、刺绣、印染、陶艺等，获得2~5张积分卡 （3）能以校园现实生活中的人物、事物或景物为素材，创编1部微电影，获得3~5张积分卡	24%
文化理解	（1）了解传统工艺的主要流程，认识每一种传统工艺都值得我们保护与传承 （2）运用剪、刻、折、叠、编、卷曲、捏塑、磨制等方法制作工艺品，如剪纸、编织、刺绣、印染、陶艺等 （3）能用传统工艺的方法制作工艺品，如剪纸、编织、刺绣、印染等 （4）知道中国传统工艺代代相传的优良传统，能用口头表达的方式与同学分享关于保护传统工艺的看法与建议	以下项目中满足一项即可获得相应数量的积分卡： （1）能口头或书面表述对守正创新的内涵与意义的感受和理解，获得1~3张积分卡 （2）能口头或书面表述对世界美术多样性和差异性的认识和感受，获得2~5张积分卡 （3）能运用跨学科的方法，多角度、辩证地分析问题，具有一定的综合探索和学习迁移能力，获得3~5张积分卡	24%

续表3

评价维度	素养视角	具体标准	维度占比
美术赛事	—	七小艺术家：50% 积极参与赛事并获得奖项（个人/团体） 校级奖状：获得1~5张积分卡，基数1张 区级奖状：获得6~10张积分卡，基数5张 市级奖状：获得11~15张积分卡，基数10张 省级奖状：获得16~20张积分卡，基数15张 国家级奖状：获得21~25张积分卡，基数20张	4%
		艺术小达人：50% 积极参与赛事，可获得1~2张积分卡，视难度而定	

附表23　　劳动低段积分评价细则

评价维度	素养视角	行为视角	维度占比
爱劳动	（1）主动参与：无论是在学校的劳动课中，还是校外的劳动活动，都能够积极主动地参与其中，逐步养成主动参与劳动的意识 （2）愉快劳动：在参与劳动的过程中，体会到劳动的乐趣，并且感受到美好，由此能够爱上劳动，能够开心、愉快地劳动	以下项目中满足一项即可获得相应数量的积分卡： （1）爱护书本、学习用品，书本干净整洁，每月获得4~5张积分卡 （2）在劳动实践中喜欢劳动，积极参加劳动，每次获得1张积分卡 （3）主动整理自己的生活用品、学习用品，如衣物、玩具、书本、文具等，有整理收纳的意识，每次获得1张积分卡	30%

续表1

评价维度	素养视角	行为视角	维度占比
爱劳动	（3）热爱劳动：喜欢劳动，在劳动的过程中感受劳动的美好，由此爱上劳动；能够在清洁地面、衣物、桌椅等具体劳动过程中，感受到劳动的快乐，愿意参加劳动	（4）注意自身清洁卫生，能独立完成个人卫生相关的劳动，每次获得1张积分卡 （5）在家中积极打扫房间、开展清洁劳动，每次获得1张积分卡（有照片等作为评价依据）	30%
慧劳动	（1）熟练掌握该年龄段应知应会的劳动知识和技能，能够积极主动地去掌握新技能 （2）了解一些常见具体劳动的方法步骤，充分运用自己的智慧去记忆、复述相关方法和步骤，并且能够主动独立按照方法进行劳动实践 （3）认识了解常见的劳动材料工具，能够根据老师的相关要求进行对应的准备，课上能够快速找出并正确使用；掌握清扫地面、洗小件衣物等简单劳动的方法，养成讲究个人卫生的意识和习惯	以下项目中满足一项并且能够坚持，每周即可获得2张积分卡： （1）能熟练运用七步洗手法 （2）能熟练地系红领巾、系鞋带，简单清洗小物品 （3）能自行整理衣物，叠衣服、裤子 （4）课中对各项劳动事物能提出有见解的回答或想法 （5）能按照一定的方法养护1~2种常见水培或土培植物	30%
勤劳动	（1）有始有终，在劳动的过程中能够坚持，不怕苦，不怕脏，感受到通过自己长久的劳动可以创造更多更有意义的美好 （2）无论在校内还是校外，在劳动的过程中能够坚持认真负责，认真对待劳动的每一刻、每一个细节，养成勤劳踏实的习惯	以下项目中满足一项即可获得相应数量的积分卡： （1）完成家庭劳动手册任意板块的打卡，获得4张积分卡 （2）在随机抽查中，书桌桌面干净，抽屉书柜整洁，获得1张积分卡 （3）一个月中有4次以上和爸爸妈妈等家人一起劳动，获得2张积分卡	20%

续表2

评价维度	素养视角	行为视角	维度占比
勤劳动	（3）诚实劳动，能脚踏实地地做好每一次劳动，同时学会尊重他人的劳动	（4）课桌周围的地面一直保持干净卫生，由小组评选，获得1张积分卡 （5）能自己的事情自己做，养成认真负责、有始有终的劳动习惯和品质，由班主任判断，每次可获得1张积分卡	20%
敬劳动	（1）养成珍惜劳动成果的习惯，不浪费、不随意破坏他人和自己的劳动成果 （2）吃苦耐劳，在劳动的过程中不怕累、不怕脏，遇到困难能主动迎难而上 （3）合作创新，在劳动的过程中学会主动寻求合作并愿意和同伴协作；在劳动中逐渐形成寻找最优方案的意识和能力，进而学会在实践中创新	以下项目中满足一项且能够坚持，每周即可获得3张积分卡： （1）爱惜粮食，不浪费粮食，用餐能坚持光盘 （2）保持衣物干净、整洁，玩耍一天后能保持校服干净整齐 （3）能尊重劳动，尊重普通劳动者，珍惜他人劳动成果，有保护他人劳动成果的意识和举动 （4）能在劳动过程中不怕脏、不怕累	20%

附表24　　劳动中段积分评价细则

评价维度	素养视角	行为视角	维度占比
爱劳动	（1）具有用劳动创设洁净的生活、学习环境的意识和公共卫生安全意识，养成良好的个人卫生习惯，具有热爱劳动的态度，初步学会与他人合作劳动 （2）掌握居室、教室内物品整理与收纳的方法，理解及时整理与收纳能让生活、学习环境变得整洁、美好的道理，初步形成热爱劳动的态度	（1）在班级大扫除活动中，完成门窗、墙壁除尘，桌椅清洁、整齐摆放等任务；在家长的指导下，尝试清洗自己的鞋袜、书包等，一次获得1张积分卡 （2）能运用劳动知识和科学方法整理学习用品（如书桌）、生活用品（如衣橱）等，一次获得1张积分卡	20%

续表1

评价维度	素养视角	行为视角	维度占比
爱劳动	（3）能正确认识烹饪劳动的价值，形成热爱劳动、尊重普通劳动者的观念	（3）一周内进行一次烹饪劳动实践，自己动手为家人制作早餐或者简单菜肴，一次获得1张积分卡	20%
慧劳动	（1）掌握居室、教室内物品整理与收纳的方法和技巧，能利用这些技巧进行劳动实践 （2）初步掌握家庭常用小电器的使用方法，会根据需要选择和使用，养成用后及时清理、收纳到位的良好劳动习惯 （3）初步学会与他人合作完成劳动项目，在种植、饲养等劳动过程中逐步习得合作的经验和方法，形成不怕困难、积极解决问题的意识和习惯	（1）在家中学习和实践小型家用电器的使用后，能到学校交流不同类型小电器的使用方法、使用心得，并在全班同学面前分享，每次可获得1张积分卡 （2）能积极参与学校种植劳动或其他生产劳动，在劳动中以小组协作的方式完成工作且组内互相支持协作，视项目时长和难度灵活发放积分卡	40%
勤劳动	（1）逐步养成及时收纳、分类存放的好习惯；初步具有做事有条理、整理有方法、收纳有规律的生活力 （2）在种植、饲养过程中不怕困难，养成有始有终的劳动习惯，懂得“一分耕耘，一分收获”的道理，并在日常学习生活中得以体现	（1）每周能坚持整理自己的学习用品及生活用品，坚持一周可获得1~2张积分卡 （2）利用学校学习的种植方法，回家继续种植，并能养护植物，一周可获得1~2张积分卡	20%
敬劳动	（1）初步形成关爱生命、尊重自然，遵循动植物生长规律和季节特点，进行科学劳动的观念	（1）依据植物生长规律进行植物养护和观察，或借助研学机会走进种植园深入了解植物种植和养护技术，参与一次研学可获得2张积分卡 （2）积极参与学校传统节日环创布置，如制作花灯、写春联、剪窗花等，入选一幅作品可获得1~3张积分卡	20%

续表2

评价维度	素养视角	行为视角	维度占比
敬劳动	（2）能设计并制作简单的传统工艺作品，感受传统工艺技术的精湛，以及劳动的艰辛和收获的快乐，形成传承并发扬传统工艺的意识，初步养成专心致志的劳动品质 （3）体悟现代服务劳动对创造便利、美好生活的重要意义，形成尊重现代服务业劳动、劳动者、劳动成果的观念，以及积极参与现代服务业劳动的态度	（3）参与和日常生活密切相关的现代服务业劳动体验，如服务员、快递员、医生、老师等职业，一次可获得1张积分卡 （4）以班级为单位参与集体的服务性劳动，如爱心义卖、图书捐赠、志愿者服务等，参与一次可获得1~3张积分卡	20%

附表25　　劳动高段积分评价细则

评价维度	素养视角	行为视角	维度占比
爱劳动	（1）懂得劳动是一切幸福的源泉，每天积极参与劳动 （2）主动参与校园卫生和环境美化等劳动，积极参与社区组织的力所能及的公益劳动 （3）在劳动中主动克服困难，形成不怕辛苦、积极探索、追求创新的精神 （4）在服务性劳动中，运用劳动技能服务他人、服务学校	（1）在一个月的周期内，保持自己个人抽屉及书包柜干净整齐，可获得1~2张积分卡 （2）在每天的班级值日中积极承担并出色完成劳动任务，可获得1张积分卡 （3）热爱实践、动手，为班级创造美好环境，可获得2张积分卡	30%
慧劳动	（1）具有较强的整理收纳能力，逐步形成及时清洁环境卫生，清除学习及生活环境中的病原微生物的意识 （2）在劳动过程中，关注操作过程的安全、规范，避免操作不当对身体造成伤害	（1）制作并搭配营养美食与全家人分享，每次可获得1~2张积分卡 （2）对班级的美化布置提出合理的建议或想法，参与班级的美化布置，可获得1~2张积分卡	30%

续表1

评价维度	素养视角	行为视角	维度占比
慧劳动	（3）能对餐食进行营养搭配，具有初步的食品安全意识 （4）掌握常规电器的功能特点及使用方法，具有安全规范进行生产劳动的意识 （5）能种植1~2种当地蔬菜、花草等植物；合法合规饲养1~2种常见家畜 （6）设计并制作简单的传统工艺作品 （7）掌握某项工业生产项目工具、设备的操作方法，具有亲近新技术的情感和使用新技术的意愿	（3）饲养或照顾班级绿化植物、整理图书角等，每周获得1张积分卡 （4）在劳动课堂上提出建设性想法、发表精彩发言，可获得1~2张积分卡 （5）开展设计工作体验日等劳动活动，被班级及学校采纳，可获得3~5张积分卡 （6）参与学校组织的劳动主题活动，可获得1~2张积分卡 （7）发现日常生活劳动中存在的问题，运用生活基本技能解决问题，可获得1~3张积分卡	30%
勤劳动	（1）在劳动过程中吃苦耐劳，主动承担力所能及的劳动，养成安全劳动、规范操作、坚持不懈的习惯 （2）能种植与养护1~2种当地常见植物，或饲养1~2种常见家畜，感受持续性劳动的艰辛和不易，养成持之以恒的劳动品质	（1）在劳动课上持续展现出高标准的劳动成果，每次劳动成果被评为优秀，可获得1张积分卡 （2）在劳动课上展现出非常良好的劳动态度，如对待每项任务都认真细致，规范、安全操作，每次课程结束可获得1张积分卡 （3）在家庭中每周坚持完成一项家务劳动，如洗碗、扫地，通过家长的认可和申请，每周可获得1~3张积分卡 （4）在劳动教育课程中，每次都能全程积极参与，连续一学期，可获得5张积分卡 （5）在劳动活动中，即使遇到困难也能坚持完成，每次活动后根据表现可获得1~2张积分卡	30%

续表2

评价维度	素养视角	行为视角	维度占比
敬劳动	（1）感受家用电器对提高家务劳动效率、提升生活品质的作用，养成在劳动中勤于观察、乐于思考的品质 （2）感受传统工艺劳动的智慧，初步形成追求创新的劳动精神 （3）理解现代服务劳动的过程与特征，增强公共服务意识、与他人协同劳动的意识，形成诚实劳动的品质 （4）了解公益劳动与志愿服务的各个环节，在服务性劳动的过程中形成发现问题、关注他人需要与服务他人的意识与能力	（1）在使用劳动工具后总能正确清洁和归位，连续一个月无违规，可获得2张积分卡 （2）在劳动活动中对同伴的帮助和协作表现出尊重和感谢，每次活动后根据同伴评价可获得1张积分卡 （3）在劳动成果展示中，能够认真对待并尊重他人作品，每次展示后根据表现可获得1张积分卡 （4）在劳动教育中提出合理化建议，帮助改进劳动方法或提高劳动效率，每次建议被采纳时可获得2张积分卡 （5）在劳动活动中，能够主动维护劳动场所的秩序和卫生，每次活动后根据表现可获得1张积分卡	10%

附表26　　信息科技积分评价细则

评价维度	素养视角	行为视角	维度占比
善思	（1）能敏锐地觉察到信息科技在生活中的应用，并思考其价值 （2）对信息有较强的敏感度，能主动从各种渠道获取相关信息；对信息科技的发展趋势有一定的了解和思考 （3）能分析信息的特点和规律，提出有针对性的思考和见解	满足以下要求可获得1~2张积分卡： （1）能积极主动思考问题，提出有价值的见解 （2）展现出良好的逻辑思维能力，表达中条理清晰 （3）能够对所学知识进行深入分析和理解，并愿意主动分享	20%

续表1

评价维度	素养视角	行为视角	维度占比
善思	（4）能将复杂问题分解为简单子问题，并逐步解决 （5）能从计算思维的角度思考和探索解决问题的新方法	（4）善于发现问题，并尝试寻找解决方案 （5）具备创新思维，能提出独特的想法	20%
善言	（1）在信息传播中能遵守法律法规和道德规范，具有责任意识 （2）在交流中能尊重他人的观点，文明用语，体现良好的信息素养 （3）能积极参与信息科技相关的讨论和活动，表达自己的观点和看法 （4）能意识到信息科技对社会的影响，积极传播正能量	满足以下要求可获得1~2张积分卡： （1）表达清晰，语言准确，让他人易于理解 （2）能够用简洁明了的语言阐述自己的观点 （3）积极参与讨论，与他人交流顺畅 （4）能尊重他人的观点，礼貌回应不同意见 （5）在表达中能体现出对信息科技知识的理解	20%
善做	（1）能熟练运用信息科技工具进行学习和创作 （2）积极参与数字化学习活动，展示出较高的学习热情 （3）能运用所学知识进行创新实践，有一定的创意和成果 （4）在学习和实践中不断探索新的方法和途径 （5）能将创新成果与他人分享，共同推动信息科技的发展	满足以下要求可获得1~2张积分卡： （1）认真完成各项信息科技实践任务 （2）操作规范，步骤正确，体现出良好的技能水平 （3）能够灵活运用所学知识解决实际问题 （4）注重细节，作品质量高 （5）具有一定的独立完成任务的能力	20%
善听	（1）课堂上愿意倾听他人发言	满足以下要求可获得1~2张积分卡： （1）能较为专注地倾听老师的讲解和同学的发言	20%

续表2

评价维度	素养视角	行为视角	维度占比
善听	（2）逐步养成专注倾听的习惯，能在倾听后针对他人的想法进行正确的简要复述、提问或补充	（2）能准确理解他人表达的内容，并能正确复述或概括他人观点 （3）在倾听过程中能积极思考，做好记录，能对倾听内容进行补充、质疑等有思维深度的回应 （4）尊重他人的发言，不随意打断 （5）能从他人的发言中获取有益信息	20%
评测	（1）采用定期评测和日常考核相结合的方式，定期评测包括期中评测和期末评测，主要围绕学习点进行学习状况和能力水平的评估，日常考核则贯穿整个学期 （2）评测结果将作为学生信息科技课程学习的重要参考依据，为学生的后续学习以及教学调整提供参考	满足以下要求可获得1~2张积分卡： （1）能认真对待评测任务，尽最大努力做好相应的工作 （2）在信息科技学习中不断进步，表现出良好的发展潜力 （3）对信息科技有浓厚的兴趣和积极的学习态度 （4）能与他人合作，共同完成学习任务 （5）在评测中有突出的表现	20%

附表27　　德育评价维度及标准

维度	内容	详细内容
理想信念教育	领会国家发展使命	（1）小学低年级主要内容：知晓党的名称、党的生日；建立对党、对国家和对人民军队的基本认知和亲近感 （2）小学中高年级主要内容：了解中国共产党的基本性质和奋斗目标；了解我国的自然地理情况和国家政权构成的基本情况；了解国家发展的基本目标

续表1

维度	内容	详细内容
理想信念教育	树立远大奋斗理想	（1）小学低年级主要内容：了解英雄模范人物的光荣事迹，知道今天的幸福生活是无数先烈用鲜血和生命换来的，知道一些战斗英雄的事迹；了解人民军队的建国功勋 （2）小学中高年级主要内容：学习革命烈士身上的优秀品质，有集体意识、组织观念和不怕苦、不怕累的精神，敬仰民族英雄和革命先辈
	坚定社会主义信念	（1）小学低年级主要内容：了解什么是中国梦，了解实现中国梦与自己的人生发展和家庭幸福之间的密切关系；树立作为中国人的自豪感 （2）小学中高年级主要内容：了解为什么提出中国梦，了解中国梦与自己努力学习知识和学会学习方法之间的密切关系；树立作为中国人的责任感
社会主义核心价值观教育	把握价值目标	（1）小学低年级主要内容：了解家乡的发展变化，了解家乡的风土人情和名胜古迹；讲文明、懂礼貌、知礼节、敬长辈、尊朋友、重友情、爱劳动，培养爱家乡、爱祖国的情感；了解个人和集体之间的关系，适应班级和学校集体生活 （2）小学中高年级主要内容：了解祖国的发展变化，了解中华民族历史文化，感受家乡人的幸福生活与国家富强、社会文明之间的密切关系；赞美家乡、体验民俗、歌唱祖国，继承中华民族的优秀文化传统；珍视集体荣誉，维护集体利益，在集体生活中体验民主的意义及个人的权利和义务
	理解价值取向	（1）小学低年级主要内容：了解遵守纪律的重要性；养成良好的生活习惯；了解自由、平等和公正在同学交往中的具体表现；形成国家、国籍、公民的概念；学习在自然界和社会生活中的基本安全知识与安全技能 （2）小学中高年级主要内容：了解遵守法规的重要性，了解制定规则要遵循一定的程序，养成良好的生活学习习惯；了解自由、平等和公正在同学、师生、亲子交往中的具体表现；建立对家庭关系的法律认识；了解人民代表大会制度、主要国家机构，认知国家主权与领土，认识国防的意义；了解公民的基本权利和义务；了解法律对未成年人的特定保护；建立对学生欺凌行为的认知和防范意识；学习在自然界、社会生活和同伴交往中的基本安全知识与安全技能；爱护公共财物，保护自然环境

续表2

维度	内容	详细内容
社会主义核心价值观教育	遵守价值准则	（1）小学低年级主要内容：了解国旗、国徽、国歌的内容和意义；了解自己是班集体中的一员，树立集体责任感，主动为集体做力所能及的事情；了解健康生活的重要性，培养良好的生活习惯；培养关心他人、帮助他人、学习他人长处、诚实待人、认真做事的习惯 （2）小学中高年级主要内容：了解民族的历史和国家的土地与海洋；理解个人、家庭和国家的内在联系，懂得“没有国哪有家，没有家哪有我”的道理，培养尊敬长辈、热爱人民、报效祖国的情感；体验团结的力量和价值，培养集体主义精神；培养刻苦学习的坚强毅力和诚实待人的道德品质
中华优秀传统文化教育	家国情怀	（1）小学低年级主要内容：了解爱国志士的革命故事；知道中华民族的重要传统节日；了解家乡的生活习俗，明白自己是中华民族的一员 （2）小学中高年级主要内容：了解中华民族历代仁人志士为国家富强、民族、团结作出的牺牲和贡献；知道重要传统节日的文化内涵和家乡生活习俗的变迁
	社会关爱	（1）小学低年级主要内容：初步了解传统礼仪，学会待人接物的基本礼节；培育热爱家乡、热爱生活、亲近自然的情感 （2）小学中高年级主要内容：学会理解他人，懂得感恩；有人生理想和远大志向
	人格修养	（1）小学低年级主要内容：孝敬父母、尊敬师长、友爱同学、礼貌待人；养成勤俭节约、吃苦耐劳、言行一致的生活习惯和行为规范 （2）小学中高年级主要内容：逐步提高辨别是非、善恶、美丑的能力；养成良好的行为规范
生态文明教育	认识生态文明	（1）小学低年级主要内容：欣赏大自然的美，感受祖国的山水；知道生物的多样性；有喜欢大自然、热爱大自然的情感 （2）小学中高年级主要内容：了解祖国的大好河山；认识生物的多样性

续表3

维度	内容	详细内容
生态文明教育	形成文明的自然观	（1）小学低年级主要内容：以感知、感受为主，了解并尊重大自然；养成基本的环境保护行为规范和行为习惯；积极参与学校环境保护行动 （2）小学中高年级主要内容：了解家乡生态环境的一些问题，树立环境保护意识；理解人与自然、人与人和谐共存的重要性，体会“人类只有一个地球”的含义，主动参与力所能及的环境保护活动；对损害树木、攀花折枝、踩踏绿地等破坏环境的行为敢于劝阻纠正
	养成健康文明的生活方式	（1）小学低年级主要内容：爱护公物，节约水、电、纸张等资源，为保护周围的环境做力所能及的事；有初步的生态意识 （2）小学中高年级主要内容：爱护家庭周边环境，积极践行绿色消费和光盘行动
家庭生活教育	健康生活	（1）小学低段主要内容：注重营养均衡；保证充足睡眠；坚持适量运动；做好日常卫生 （2）小学高段主要内容：做到合理饮食；坚持早睡早起；合理规划学习和休息时间；注重身心健康
	热爱劳动	（1）小学低段主要内容：积极参与家庭劳动，做一些力所能及的事，如扫地、择菜、洗碗等 （2）小学高段主要内容：具备一定的生活技能，如清洗自己的衣物、能自己做一些简单的美食
实践创新教育	实践创新意识	（1）小学低段主要内容：对周围事物充满兴趣，有一颗好奇心 （2）小学高段主要内容：能运用适合的方法解决自己发现的问题
	实践创新思维	（1）小学低段主要内容：能对发现的问题以多种方式进行记录、思考 （2）小学高段主要内容：能对发现的问题进行分析并尝试解决
	实践创新品质	（1）小学低段主要内容：对实践创新产生浓厚的兴趣，对未来生活充满憧憬和喜爱 （2）小学高段主要内容：将一定的想法或创意付诸实践，提高自身实践创新能力

附表28　　心理健康教育维度及标准

维度	内容	详细内容
心理健康教育	认识自我与尊重生命	（1）小学低年级主要内容：能欣赏自己的优点和长处；能看到自己的成长和变化，并为此高兴；学会照顾自己的生活，积极参加预防疾病的活动；遵守规则，有安全意识，避免意外伤害；有自我保护意识，知晓在紧急情况下的逃生或求助方法 （2）小学中高年级主要内容：认识自己的优缺点和兴趣爱好，有自信心悦纳自己；学习反省自己的生活和行为；知晓生命来之不易，要爱护自己的身体；知晓日常生活中有关安全的常识，有安全意识和基本的自护自救能力
	人际交往与情绪调试	（1）小学低年级主要内容：懂得礼貌交往，乐于与老师、同学交往，在谦让、友善的交往中感受友情；能在成人的帮助下控制和调整自己的情绪 （2）小学中高年级主要内容：有集体意识，善于与同学、老师交往，培养自主参与各种活动的能力；进行恰当的异性交往，建立和维持良好的异性同伴关系；正确面对厌学等负面情绪，学会恰当、正确地体验情绪和表达情绪；学习自我调节的方法，提高适应能力
	升学择业与人生规划	（1）小学低年级主要内容：愿意有计划、有目标地安排自己的生活，心中有榜样，并以此激励自己不断进步 （2）小学中高年级主要内容：提高分析问题和解决问题的能力，为初中阶段的学习生活做好准备